시민, 자본, 국가, 언론의 상호작용과 역사

커뮤니케이션 구조의

정치경제학

시민, 자본, 국가, 언론의 상호작용과 역사

커뮤니케이션 구조의
정치경제학

이진로 지음

kssi 한국학술정보㈜

▨ 서 문

21세기 한국의 언론은 어떠한가? 1987년의 언론민주화 이후 20년이 지난 현재의 모습은 얼마나 달라졌을까? 노무현 정부시기 국가기관이 언론에 미치는 영향은 매우 줄어들었다. 강제로 언론을 통폐합하는 일은 물론, 언론사에 대하여 간섭한다는 것은 상상하기 힘들었다. 언론은 정부의 통제 의도로부터 거의 완전한 자유를 얻었다.

하지만, 이명박 정부의 등장이후 공영방송에 대한 정부의 개입이 확대됐다. 대통령 선거과정에 참여한 인사의 YTN 사장 임명과 KBS 사장 교체 방식에서 시작된 개입은 보도 내용 등에 영향을 미칠 수 있다는 점에서 방송민주화의 후퇴에 해당한다.

정부의 방송개입에 대해 신문의 시각은 크게 둘로 나뉜다. 하나는 조중동으로 불리는 메이저신문의 경우 정부의 교체로 인해 책임자교체가 이루어진 점에서 특별히 문제 삼지 않는다. 다른 하나는 한겨레, 경향 신문의 경우 임기가 보장된 방송사 책임자는 방송의 독립성을 훼손시켜 결국 정부의 방송개입과 방송의 보도 기능 왜곡을 가져올 것이란 점에서 비판적이다.

그러면 언론은 어떤 상황에서 정말 자유롭고, 이상적인 기능을 수행할 수 있을까? 언론의 주요 기능은 환경감시, 사회화, 문화전승, 캠페인, 오락과 광고 등이다. 언론의 이상형이란 이런 기능을 시민의 입장에서 수행하는 것이다.

그런데 오늘의 언론은 이런 기능을 충분히 수행하지 못하고 있다.

왜냐하면 언론이 이윤추구를 위한 기업으로 활동하는 과정에서 시민보다는 대기업과 재벌 등 자본의 영향에 취약하기 때문이다. 신문의 경우 매출액의 70~90%가 자본이 제공하는 광고이고, 단지 10~30%만이 독자의 구독료 수입이다. 광고가 신문 산업을 움직이는 주요 재원이 된 것이다. 몇 년 전부터 늘어나기 시작한 지하철 무료신문은 구독료 수입 없이 신문 발행이 가능함을 보여준다. 신문 정보의 일부이자, 재원 조달 기능을 수행한 광고 위상이 강화되고, 광고가 신문의 주요 기능이 된 것이다.

신문의 경영이 광고에 의존하는 것은 신문의 논조에도 영향을 주었다. 자본, 즉 광고주가 선호하는 독자는 구매력 있는 중산층 이상의 집단이다. 이들 집단은 기득권을 유지, 강화하길 희망하고 분배를 지향하는 사회의 진보적 변화에 소극적이다. 중산층 보수 지향 집단의 독자 확보가 광고주로부터 선호되는 경향은 주요 신문의 보수적 논조를 강화시킨다.

노무현 정부시기 언론은 사회의 민주화 속에서 언론의 자유를 보장받았다. 하지만 이 언론의 자유는 시민의 이익이 아니라 신문 산업의 이익과 일치하는 방향으로 행사됐다. 언론은 자본의 지원 속에서 자본의 입장을 반영하며 존립과 성장을 추구했다. 시민의 경우 상대적으로 구매력이 높은 집단의 경우 자본의 광고 대상으로서 중시되고, 보수적 논조의 신문을 통해 여론을 형성한다. 사회의 다수를 이루는 경제적 약자 집단의 경우 구매력이 낮은 데 따라서 언론에의 접근 가능성이 줄어든다. 왜냐하면 이들의 입장은 발행부수가 많은 보수적 논조의 신문에서는 상대적으로 낮게 다루어지고, 발행부수가 적은 진보적 논조의 신문이 적극적으로 반영할지라도 파급 효과와 영향력이 적기 때문이다.

언론과 국가의 관계는 정부를 구성한 집단의 성격에 따라서 영향을 받고 있다. 정부의 성격이 주요 언론과 입장을 같이하고, 적극적인 지원을 받았을 경우에는 언론이 국가를 움직이는 주요한 세력의 하나로 간주됐다. 하지만 정부의 성격이 주요 언론과 대립적일 경우, 집권 기간 동안 정부와 언론의 갈등이 일상화되고, 주요 언론의 정부에 대한 부정적 여론이 우세하게 형성됐다.

이처럼 언론의 성격이 시민, 자본, 국가와의 역동적인 관계에 의해서 형성된다는 시각으로 언론의 정치경제학을 들 수 있다. 언론의 정치경제학은 무엇보다도 언론이 기업의 형태로 존재하므로, 이익을 추구하는 과정에서 특정한 방향으로 작용하게 된다는 점에 주목한다.

제1부의 글은 1980년대 한국 신문 산업을 대상으로 정치경제학적 분석 방법을 적용하고, 한국 신문의 성격을 구명한 내용이다. 연구의 구상은 필자가 서울대학교 신문학과(현 언론정보학과) 석사과정에 재학 중인 1987년의 6월 민주화 운동 이전의 어두웠던 언론 상황에 대한 경험과 관찰에서 시작됐다. 언론이 정부의 권위주의적 통제를 어

떻게 수용하고, 그 결과 어떤 내용을 전달하고 있는가를 파악하고자
하는 소박한 심정에서 출발했다.

　관련 자료를 얻기도 힘들었지만, 무엇보다도 그러한 문제의식을 지
니고 밝히는 것조차 쉽지 않았던 상황이다. 하지만 큰 문제를 작게
나누어 해답을 찾기 시작했고, 필요한 순간과 장소마다 운 좋게 실마
리를 찾을 수 있었다. 6월 민주화 운동 이후 이러한 연구에 대한 사
회적 관심이 높아졌고, 부족한 내용을 충분히 보완할 겨를도 없이 완
성해야 했다. 그 후 이상희 교수님의 지도를 받아 몇 차례 보완을 거
쳐 1987년 12월에 완성됐고, 1988년 2월 "1980년대 한국 신문 산업에
대한 연구"(서울대학교 신문학과 석사학위논문)란 제목으로 제출, 통
과됐다. 적지 않은 세월이 흘렀다. 한국 언론이 다양하게 변모했다.

　하지만 한국 언론을 이해하는 기본 논리는 이 글에서 제시한 시각
과 분석으로부터 크게 다르지 않았다. 다시 이 글을 꺼내 든 이유다.

　역사를 공부하는 목적은 과거를 이해하면서 현재를 확인하고, 미래를
전망하기 위한 것이다. 현재와 미래를 위해 비교적 최근의 언론 연구
내용을 함께 소개할 필요성을 느꼈다. 그래서 제2부 한국 언론구조의
변화에 관한 연구와 제3부 2008년 한미 쇠고기 협정 관련 촛불 집회의
커뮤니케이션 구조 연구를 추가했다. 제2부와 제3부는 제1부에 비해
서 분량은 적더라도 정치경제학적 시각을 바탕에 두고 최근의 언론현
상에 대해 논의와 분석을 이어간 것이다.

모든 연구는 기존의 연구와 다양한 사례 및 참고자료의 결과이다. 이 글 역시 국내외 관련 연구와 사례를 참고하지 않고는 작성될 수 없다. 그런 점에서 이 글에 도움을 준 모든 연구자와 언론인에 대해 감사의 말씀을 드린다.

끝으로 교정을 도와준 임춘영님, 심정욱님, 편집을 맡아준 임은정님 께 고마움을 전한다.

2008년 8월 15일
경남 양산시 주남동 천성산 기슭 연구실에서
이진로(영산대학교 교수, 신문방송학 박사)

▨ 목 차

서 문_4

제1부 1980년대 민주화 이전시기 한국언론의 정치경제학
1980년대 한국 신문산업에 대한 연구

---

1. 서론__ 17
   1) 문제의 제기_17
   2) 연구의 주제 및 연구의 구성_22

2. 한국 신문에 대한 정치경제학적 연구_27
   1) 한국 신문에 대한 기존연구 검토_27
   2) 미디어의 정치경제학 – 영국을 중심으로_37
   3) 한국 신문에 대한 정치경제학적 접근_45

3. 현대 한국 신문산업의 분석_52
   1) 신문산업의 자기증식운동의 현실_52
   2) 생산요소 구매단계의 분석_59
      (1) 생산수단의 구매__62
      (2) 노동력의 구매__103
   3) 직접적 생산단계의 분석_121
      (1) 편집과정__126
      (2) 인쇄과정_181
   4) 판매단계의 분석_183
      (1) 신문판매_184
      (2) 광고판매_192
      (3) 신문산업자본의 증대_197
      (4) 조세__208

4. 결 론_212

　　1) 한국 신문산업의 성격_212

　　　(1) 경제적 성격_212

　　　(2) 이데올로기적 성격_217

　　2) 요약 및 본 연구의 한계와 제언_220

참고문헌_223

제2부 1987년 민주화 이후시기 한국언론의 정치경제학

한국 언론 구조의 변화에 관한 연구: 노무현 정부 시기를 중심으로

---

1. 문제의 제기_233

2. 이론적 논의와 분석틀_236

　　1) 기존 연구 검토_236

　　2) 정치경제학적 연구_239

　　3) 분석틀_242

3. 노무현 정부 시기 언론 구조_243

　　1) 1980년대 이후 한국 사회 언론 구조의 변화 과정_243

　　2) 노무현 정부 시기 언론 구조_255

4. 결 론_264

참고문헌_268

제3부: 이명박 정부시기 한국 언론의 정치경제학

2008년 한미 쇠고기 협정 관련 촛불 집회의 커뮤니케이션 구조 연구

1. 문제의 제기_275

2. 연구문제와 연구방법 및 주요 개념의 정의_277
   1) 연구문제_277
   2) 연구방법 및 분석틀_278
   3) 주요 개념의 정의_279

3. 쇠고기 협상과 커뮤니케이션_280
   1) 협상 결과에 대한 언론의 보도와 시민의 대응_280
   2) 촛불집회의 커뮤니케이션(정보 공유와 행동) 구조_287
   3) 촛불집회의 담론에 참여한 주요 매체를 통해본
      커뮤니케이션(언론) 구조와 전망_290

4. 결 론_293

참고문헌_298

▨ 표 목차

- 1부

〈표 3.1-1〉 신문산업과 제조업의 자본성장 비교 ·······················56
〈표 3.1-2〉 GNP와 제조업 및 신문산업 매출액의 성장비교 ·············57
〈표 3.1-3〉 이윤율의 결정요인과 증대방안 ·····························59
〈표 3.2-1〉 총자본의 구성 ···61
〈표 3.2-2〉 중앙지 5개사 소유 고속 윤전기 변동 상황 ···················66
〈표 3.2-3〉 5대 신문사 비행기 보유 상황 ·······························70
〈표 3.2-4〉 5대 신문사의 신문 이외의 매출액 구성 비율 ·················76
〈표 3.2-5〉 전년대비 자산재평가 증가액 ·······························77
〈표 3.2-6〉 5대 신문사 담보제공자산 목록 ·····························78
〈표 3.2-7〉 5대 신문사 통신기사 전재료 ·······························85
〈표 3.2-8〉 연합통신사 주식소유 상황 ································88
〈표 3.2-9〉 연합통신 외신계약요금표 ··································89
〈표 3.2-10〉 5대 신문사 원고료 ·······································93
〈표 3.2-11〉 5대 신문사 제조원가 구성비율표 ·························94
〈표 3.2-12〉 연도별 신문용지 수급추이 ································96
〈표 3.2-13〉 신문용지 가격 변동 추이 ·································97
〈표 3.2-14〉 신문용지 수입단가 추이 ··································99
〈표 3.2-15〉 노동의 성질에 따른 5대 신문사 노동자 분포 ···············110
〈표 3.2-16〉 신문기자의 월평균 임금 수준 비교 ······················113
〈표 3.2-17〉 정신노동자의 임금 변화 ·································115
〈표 3.2-18〉 각 사별 노동조건. 후생복지사업 실태(1982년 6월) ·········116
〈표 3.3-1〉 기자의 속성상 특징과 편집 내용에의 영향 ·················135
〈표 3.3-2〉 문공부 정원 현황 ·······································146
〈표 3.3-3〉 신문기자 해외연수 현황 ··································148
〈표 3.3-4〉 한국방송광고공사의 대언론인 공익사업 ···················149
〈표 3.3-5〉 1984년 이후'신동아'발행에 대한 탄압 사례 ················152
〈표 3.3-6〉 5대 신문사의 인쇄노동자 수와 그 비율의 변화 ·············183
〈표 3.4-1〉 신문구독료 인상 추세 ····································189
〈표 3.4-2〉 신문발행면수(주 단위) 변화 추세 ························190
〈표 3.4-3〉 서울, 조선, 한국의 광고매출액 및 비율 ···················193
〈표 3.4-4〉 신문광고비 추이 ··194
〈표 3.4-5〉 5대 신문사 매출액과 다각경영 현황 ······················201

〈표 3.4-6〉 5대 신문사 조세(법인세 등) 납부액 ······················208
〈표 3.4-7〉 각종 성금 모금실적 ····································210

- 2부
〈표 1〉 권력 행사 수단에 따른 언론통제 유형 ·······················237
〈표 2〉 한국에서의 시기별 언론-국가 모형과 특성 ··················238
〈표 3〉 정부별 자유도 ··238

- 3부
〈표 1〉 한미 쇠고기 협상 이후 시기별 주요 상황 변화(2008년) ·······281
〈표 2〉 네티즌이 공유하는 조중동의 2007년 광우병 위험 보도 내용 ···283
〈표 3〉 이명박 대통령 지지율 추이 ·································285
〈표 4〉 촛불집회와 맞불집회의 특징 비교 ··························288

▨ 그림 목차

- 1부

〈그림 2.3-1〉 산업자본의 순환 ···47
〈그림 2.3-2〉 커뮤니케이션을 조건짓는 요인과 연관의 삼각형 ·················51
〈그림 2.3-3〉 미디어 생산물을 결정하는 힘의 관계에 대한 모형 ···············51
〈그림 3.2-1〉 생산도구 구매관정에의 개입요인 ·································73
〈그림 3.2-2〉 토지와 건물 구매에의 개입요인 ··································80
〈그림 3.2-3〉 통신기사구매와 개입요인 ··90
〈그림 3.2-4〉 신문용지 구매과정의 제 요인과 관계 ·························101
〈그림 3.2-5〉 노동력 구매에의 개입요인 ·······································118
〈그림 3.3-1〉 신문편집과정에 개입하는 내적요인의 관계 ···············138
〈그림 3.3-2〉 문화공보부 기구도 ···146
〈그림 3.3-3〉 편집과정에서 기자에 대한 국가의 개입방식 ···············158
〈그림 3.3-4〉 편집과정에서의 자본의 개입 ·····································165
〈그림 3.3-5〉 신문 편집 과정에서의 민중의 위치 ···························170
〈그림 3.3-6〉 신문편집에 대한 제국주의 국가의 개입 ·····················178
〈그림 3.3-7〉 신문편집에 대한 국제통신사의 영향 ························181
〈그림 3.4-1〉 신문산업의 판매단계 ···184
〈그림 3.4-2〉 신문판매에 개입하는 제 요인 ··································192
〈그림 3.4-3〉 광고판매에서 신문산업에 개입하는 제 요인 ···············197
〈그림 3.4-4〉 신문산업의 집적과 집중 ··198
〈그림 3.4-5〉 신문산업의 집중 ···207
〈그림 3.4-6〉 조세를 둘러싼 개입요인 ··211

- 2부

〈그림 1〉 전두환 정부 시기 언론 구조 ··245
〈그림 2〉 노태우 정부 시기 언론 구조 ··247
〈그림 3〉 김영삼 정부 시기 언론 구조 ··249
〈그림 4〉 김대중 정부 시기 언론 구조 ··251
〈그림 5〉 노무현 정부 시기 언론 구조 ··263

- 3부

〈그림 1〉 촛불집회 시민의 커뮤니케이션 구조 ·······························287
〈그림 2〉 한미 쇠고기 수입 협상을 통해 본 한국 언론의 구조와 전망 ··········297

제1부 1980년대 민주화 이전시기 한국언론의 정치경제학

1980년대 한국 신문산업에 대한 연구

1980년대 한국 신문산업에 대한 연구

1. 서 론

1) 문제의 제기

1980년대 한국사회는 먼저 정치적으로는 유신체제가 붕괴된 후 일어난 1980년의 민주화 노력이 계엄령하에서 출범한 제5공화국 정부에 의하여 중단된 채 강력한 통제를 바탕으로 한 정치체제가 다시 형성되는 과정에서 볼 수 있듯이 급격한 변혁으로 특징지어진다. 또한 경제부문에서는 1980년도에 첫 마이너스 성장을 기록하여 경제 개발계획 이래 가장 큰 위기에 직면하였고 제3공화국 이래 누적된 외채가 4백억 달러를 넘어서며 가중된 외채의 원리금 상환은 한국 경제에 큰 짐이 되었다.[1] 그리고 사회적으로는 양적 성장의 그늘 밑에서 소외당해 온 노동자계급의 권익요구가 두드러져 체제개혁의 잠재적인 요인으로 등장했다.

---

1) 1980년 이전까지 20-30억 달러이던 신규외채가 1980년 45억 달러, 1981년 64억 달러, 1982년 46억 달러로 크게 늘어났음.

이러한 격동의 소용돌이 속에서 언론도 큰 변화를 겪었다. 정부는 1980년 11월 14일 한국 신문협회와 방송협회로 하여금 '언론통폐합조치'를 취하는[2] '건전언론육성과 창달을 위한 결의문'을 발표하도록 했다. 이 결의문은 며칠 후 신문, 통신의 경우 신아일보를 경향신문에 흡수, 통합시키고 같은 방식으로 경제지와 지방지를 줄였으며 기존의 통신사를 해체하고 새로운 통신사를 설립하는 것으로, 방송의 경영은 KBS가 MBC의 주식 70%를, 그리고 기독교방송을 제외한 5개 방송을 완전히 흡수하는 것으로 나타났다.

이로 인해 전국 총 64개의 신문, 방송, 통신이 약 3분의 1인 23개사로 대폭 감소되었다. 비록 외형상 자율 결의 형식을 취했으나, 국가권력의 개입하에 이루어진 이 제도는 더욱이 지방의 경우 1도 1지제로 정보의 제한과 언론의 통제 강화를 의미하는 것이었다.

뒤이어 12월 말에는 입법회의를 통해 '언론기본법'이란 강력한 제도적 규제 장치를 마련했고[3] 이와 함께 법정언론단체를 신설하고 소위 부패 언론인 등의 숙정을 단행했다.[4] 또한 문화공보부 내에 홍보조정

---

2) 이로써 중앙지 6개, 경제지 2개, 영자지 3개, 지방지 10개, 통신 1개, 방송 2개사로 개편되었다. 신문과 방송 제121호(한국 언론연구소, 1980. 12) 24-43쪽.

3) 언론기본법을 제정한 배경에 대해서는 신문과 방송 제122호 36-48쪽을 참조할 것. 또 이 법의 의미에 대해서는 제정의 실무를 담당한 것으로 알려진 박용상의 언론의 자유와 공적과업(교보문고, 1982)을 볼 것.

4) 법정언론유관기구들은 한국방송광고공사(국가의 재정적 후원역할담당), 언론연구원(연구 및 교육 담당), 언론중재위원회, 방송위원회, 방송심의위원회(이상, 앞의 세 위원회는 언론의 자율적인 규제유도)로 나눌 수 있다. 한편, 1980년도의 제반 조치로 해직된 기자는 707명이다. 숙정기준은 부패언론인 외에 나머지는 정치성향이 강하거나, 시국관이 오도되거나, 언론검열 거부운동에 앞장선 이들이다. 임채정, "80년도의 언론정책과 그 비판", 민중과 자유언론(아침, 1984) 202-27쪽.

실을 따로 설치하고 언론통제의 구체적 실무 작업을 담당케 했다.5)

정부의 언론통제 강화는 그 후 구체적으로 드러났는데 방송의 경우 1985년 2·12국회의원선거를 전후로 한 공영방송 KBS-TV의 정부, 여당 위주의 편파적인 뉴스는 그 정도가 심해 급기야는 종교단체를 중심으로 한 국민의 광범위한 시청료 납부 거부운동을 불러일으켰다.6) 신문의 경우는 1986년 9월 '말'지 특집호를 통해 '보도지침'이 처음으로 공개되었는데 FBI(미국연방수사국) 국장의 방한 사실이나 예비군 훈련장 사망사고를 일체 보도하지 말라고 지시하며 민정당대표의 회견 기사를 꼭 1면 톱기사로 쓰라는 등에서 나타나듯이 사실을 은폐하거나 조작할 것을 목적으로 한 세세한 내용으로 이루어져 언론이 정부의 한 기관화된 측면을 보여주었다.7) 그런데 악화된 언론현실과는 반대로 오히려 언론산업은 경쟁이 배제된 독과점하에서 국가권력의 엄청난 비호와 특혜를 받으며 유례없는 번영을 누리는 기현상을 보이고 있다.8) 8면에서 12면으로 지면이 늘어남에 따라 광고 수입이 증가했고9), 여성월간지, 전문잡지 및 출판 등으로의 업종 확대를 통해 언론산업이 크게 성장했기 때문이다. 실제로 이러한 성장에 힘입어 중앙, 조선 등의 신문사는 초대형사옥을 신축했거나 신축 중이고,10) 기자의 급료도 크게 늘어 월평균 급료가 80만 원(1986년)을 상

---

5) 처음 실시 시에는 홍보조정실이나, 1985년 10월 현재의 명칭으로 바뀌었다. 한편 이는 다시 1987년 12월부터 공보실로 흡수되었다.

6) 서정우, "한국 공영 방송의 이념과 과제", 한남대학교, 청림29(1986) 212쪽.

7) 민주언론운동협의회, 말, 특집호(1986년 9월 6일).

8) 김용기, 박형준, "한국 대중매체의 사회적 성격", 공동체문화 2집(공동체, 1984) 91쪽.

9) 증면과 더불어 신문의 단수가 17단에서 15단으로 줄어들어 상대적으로 불변인 광고지면(5단)의 비율이 늘어났다. 제일기획, 광고연감85, 158쪽.

회하여 전국가구 소득별 순위의 상위 20% 내에 들고 있다.[11]

이러한 언론현상은 오늘날 '제4부'라 불릴 정도로 사회에 커다란 영향력을 미치는 매스미디어의 본질에 대한 기존의 개념에 대해 새로운 평가를 필요로 할 정도이다. 지금까지 현존 사회 내에서의 미디어가 수행하는 역할에 대한 기존연구는 주로 현존 체제나 기성구조를 불가변적인 세트로 보고 그 사회 내에서의 미디어가 현실적인 기능인 환경감시의 기능, 합의의 기능, 사회화의 기능, 오락의 기능 등을 하는 것으로 파악해 왔다. 이러한 시각은 미디어가 나타내는 다양한 현상의 일부를 설명하고 있다. 그러나 무엇보다 신문이 자본주의사회의 등장과 함께 봉건세력에 대한 신흥 부르조아지의 정치적 투쟁과 더불어 발달했다는 측면을 간과하는 한계가 있다. 즉 미디어는 부르조아지계급의 정치적 이념을 널리 알리는 데 기여하며 그들의 사회인 자본의 사회를 이루어나가는 데 큰 기여를 했다는 것으로 이데올로기적인 기능을 수행하고 있다는 점이다.[12]

실제로 영국이나 유럽 각국 및 미국의 신문사는 한결같이 바로 자본주의 등장기에 신문이 정론지의 성격을 보여주며 부르조아사회를 정착시키는 데 큰 기여를 했음을 서술하고 있다.[13] 또한 오늘날에도 신문을 비롯한 제 매스 미디어가 단순히 자본주의사회를 반영하는 외에도 적극적으로 그 사회의 모순을 감추고 이에 대한 대안을 배제시

---

10) 최정호, '신문의 날을 맞이하여', 중앙일보, 1987년 4월 6일 3면.

11) 김정탁 '누가 신문기자가 되는가', 신문연구42호(관훈클럽, 86년 겨울) 7-46쪽.

12) 임근수, 언론과 역사(정은사, 1984) 337 및 456쪽.

13) 위의 책. 17-29쪽 및 186-203쪽.
    차배근, 미국신문사(서울대 출판부, 1984).

키는 이데올로기 측면의 체제 유지기능을 하고 있다고 주장되기도 한
다.[14] 이와 같이 매스미디어의 이데올로기적인 측면을 강조하는 시각
은 미국을 중심으로 하여 전개되어 온 앞서의 전통적 연구와는 판이
하게 다른데 그것은 주로 막시스트적인 논리인 사적 유물론을 전제로
깔고 있기 때문이다.

그런데 현대의 매스미디어는 이데올로기적인 기능을 담당하는 외에
도 그 자체가 다른 산업과 같이 계속 성장하는 기업으로서 존재하는
것이 또 하나의 특징이다.[15] 신문사들이 더 많은 수입을 올리기 위해
경쟁적으로 흥미 위주의 주간지와 월간지를 발행하며 각종 사업을 벌
이는 현상을 미디어의 이러한 산업적인 측면에 기인한다고 보는 것이
다. 심지어는 미디어가 계속적으로 이데올로기적 기능을 수행하기 위
해서 끊임없이 스스로를 재생산해야 하기 때문에 오히려 앞의 이데올
로기적인 것보다 더 본질적인 측면으로 보기조차 한다.[16]

이렇게 산업적인 측면에 초점을 맞추는 연구로 앞서의 막시스트적
인 커뮤니케이션 연구 중의 하나인 정치경제학적 접근을 들 수 있다.
머독이나 골딩 등 정치경제학적 접근을 취하는 학자들은 자본주의사
회에서 미디어가 이데올로기적인 성격과 더불어 경제적인 성격을 강
하게 보여주고 있음을 지적한다.[17]

위에서 살펴본 커뮤니케이션에 대한 연구는 기본시각과 방법에 있

---

14) 김승수, "커뮤니케이션, 독점자본과 사회관계", 강상호, 이원락(편) 현대
    자본주의와 매스미디어(미래사, 1986) 31쪽.
15) 위의 글.
16) 임근수, 앞의 책 341 및 455쪽 및 골딩과 머독, "이데올로기와 매스미디
    어: 결정의 문제", 강상호, 이원락(편) 앞의 책. 65-108쪽.
17) 골딩과 머독, 위의 글.

어 각각 어느 정도의 차이를 보여주고 있는데 전통적 연구에 대하여 막시스트적인 연구가 그리고 후자 중에서도 정치경제학적 접근이 총체적으로 분석하는 것을 가능하게 해준다고 본다. 왜냐하면 정치경제학적 접근은 매스미디어를 그것에 작용하는 요인이 미디어의 활동 및 성장에 작용하여 나타내는 현상과 관련시켜 인과적으로 설명하면서 그것의 성격을 구명하기 때문이다.

정치경제학적 접근이 전개하는 이러한 논리는 서두에서 기술했듯이 1980년의 언론통폐합 이후 신문산업이 체제유지를 위한 이데올로기적 역할을 강화해 오며 높은 성장을 나타낸 한국의 언론현상과 많은 부분에서 일치한다. 그런 점에서 한국 언론현상의 문제점을 구명하고, 그 해결을 모색하는 데 있어 정치경제학적 분석을 하는 것이 가능하고 또 필요하다고 본다.[18] 따라서 본 연구는 한국 언론의 성격을 그 가장 대표적인 분야라 할 수 있는 신문산업을 대상으로 하여, 정치경제학적 분석을 통해 밝혀 보겠다는 데 그 목적이 있다.

2) 연구의 주제 및 연구의 구성

한국 신문산업은 크게 독자적인 자본의 논리에 의해 규정되나 그 과정에서 국가의 통제와 다른 산업자본을 비롯한 제 요인의 영향을 받아 특수한 현상을 나타낸다고 볼 수 있다.

따라서 먼저 이윤추구를 통해 자기 재생산을 해야 하는 자본주의

---

18) 본 연구와 논리 전개는 다르나 국내언론현상을 정치경제학적으로 접근한 논문이 있다. 정상환, "매스커뮤니케이션의 정치경제학적 접근" 한국 외국어대 홍보학과 석사학위논문, 1987.

신문의 산업자본적 성격에서 나타나는 다양한 현상을 살피고 나서 이 것들이 각각 국내외적 요인들과 맺고 있는 관계를 구조화하여 드러내 겠다. 즉 80년 이후 신문산업의 재무제표를 분석, 성장률과 수익성이 다른 제조업에 비해 어떠한가를 비교하고, 그것이 주는 영향을 파악 하겠다. 재무제표에는 자산, 자본 및 부채상황을 나타내는 대차대조표 와 손익액을 나타내는 손익계산서 등이 첨부되어 있어 본 연구의 분 석을 위한 자본액 변동 상황에 관한 자료의 입수가 가능하다.

이와 더불어 뉴스를 상품으로 취급 판매하는 데에서 나오는 수입- 판매수입-과 독자를 광고주에게 파는 데서 얻는 광고수입의 크기를 비교하여 신문이란 상품을 생산하는 과정에 개입하는 광고주(광고를 제공한 산업자본가)의 영향이 어떻게 작용하는가를 밝히겠다. 또한 이러한 가능을 원활히 하기 위해 기업을 조직화하고 통제하는 입장에 서 경영자(신문산업자본가)를 파악할 것이다. 이 과정에서 자본가의 이익을 대변하는 경영자는 더 많은 잉여가치를 획득하려 하므로 여타 산업에서처럼 노동자와 갈등을 겪게 된다. 그러나 신문산업 노동자 중에서 언론인은 정신노동에 종사하여 상대적으로 높은 임금을 받음 으로 육체노동자와는 다르다. 한편으로는 노동귀족화하여 자본가 편 에 서려 하고 다른 한편으로는 사회의 모순을 자각하여 억압당하는 민중의 편에 서려 하는 쁘띠 부르조아의 속성을 지니기 때문이다.[19]

다음에 법과 제도를 통해 신문산업에 영향을 미치는 국가권력의 위 치에 주목하여 그것이 이윤추구의 논리와 어떠한 관계에 있는지를 알 아보겠다. 즉 그람시가 주장한 것과 같이 부르조아사회에서 국가의 기

---

19) 쁘띠 부르조아의 속성에 대해서는 풀란챠스 외, 사회계급론, 박현우 편 역, (백산서당, 1986)을 참조할 것.

능은 한편으로는 직접적으로 물리적 강제력을 사용하여 지배체제를 유지하고, 다른 한편으로는 간접적으로 지배계급의 이데올로기를 그 사회의 지배적인 이데올로기가 되도록 하여 피지배계급이 그에 동의 하도록 하는 데 있다.[20] 그러나 후자의 과정에서도 국가는 물리적 강 제력에 기반을 두어 그러한 기능을 수행함에는 변함이 없다. 그러므 로 여기에서의 분석은 이점에 유의하여 언론기본법을 비롯한 언론에 관한 제반 법령과 보도와 관련한 행정부의 조직제도 및 그로부터 나 온 보도지침 등을 대상으로 하여 언론산업에 미치는 작용이 어떻게 구조화되는지를 파악해 볼 것이다.

이 밖에도 신문을 구매하여 잉여가치를 실현시켜 주는 독자로서 민 중을 들 수 있고 국내에 이해관계를 두고 있는 국외세력인 제국주의 국가와 제국주의 자본도 신문산업에 대해 직접적으로 개입하거나 또 는 국제통신사를 통해 간접적으로 영향을 미친다고 볼 수 있다.[21]

이러한 제 요인들은 각각의 특수성을 지니면서 독자적인 작동논리 를 지니는 한편, 상호 작용을 통하여 중첩적인 영향력을 행사하면서 전체적인 틀을 형성하게 된다. 그러므로 구체적인 분석 속에서 신문 산업과 그것이 제 요인들과 맺는 관계 및 개개 요인들의 성격이 명확

---

20) 그람시, 옥중수고, 이상훈 역(거름, 1986), 171-176쪽 및 2장 '국가와 시 민사회'. 이러한 논리를 한국사회에 적용시키는 것에는 구체적인 검토가 따라야 할 것이나, 여기서는 국가의 체제유지 역할을 설명하려는 의미에 서 사용했다.

21) 언론에 미치는 제 세력에 대해서는 Yve de la Haye, "The Genesis of communication apparatus in France", in Mattelert, A and Sieglaub S(eds.) Communication and class struggle, Vol. I, (New York International General, 1979) 및 이수원, "자본주의에서의 미디어의 생산물의 결정요인 에 관한 연구" 서울대 신문학과 석사학위논문(1987)을 참조할 것.

히 드러날 것이다.

따라서 본 연구는 한국 신문산업의 성격이 가장 잘 드러날 수 있는 대상으로 현대 자본주의사회의 가장 보편적인 형태인 주식회사로 활동하는 신문사가 분석대상으로 적당하리라고 생각된다. 국내의 신문은 그것이 다루는 내용에 따라 종합지와 전문지로, 배포되는 지역에 따라 전국지(중앙지)와 지방지로 그리고 쓰이는 문자에 따라 국문신문과 외국어신문 등으로 나뉜다.[22]

이 연구에서는 그중에서 상대적으로 적은 양의 부수를 발행하고 또 별다른 특성을 가지지 않아 시장성이 작다고 볼 수 있는 전문지와 외국어신문 및 지방지를 제외한 국문종합전국지만을 분석대상으로 하여 다루려고 한다. 그러나 체육전문지(스포츠신문)의 경우는 위의 분석대상과 같은 기업 내에서 발행되며 같은 재무제표 내에서 회계처리가 되므로 부분적으로 분석을 위한 자료로 사용할 필요가 있다고 본다.

이상과 같은 조건에 해당하는 것으로는 구체적으로 사단법인인 경향신문사를 제외한 조선일보사, 동아일보사, 서울신문사, 한국일보사 및 중앙일보사를 들 수 있다.

이정춘에 따르면 동아일보사(경방그룹 - 경방, 삼양사, 경방기계 등)와 중앙일보사(삼성그룹 - 삼성물산, 제일제당 등 30여 기업)는 각각 재벌그룹의 관계회사와 하위기업이며 조선일보사와 한국일보사는 그 자체가 대기업이라고 한다.[23] 정부소유로 알려진 서울신문사는 KBS가 대주주로 있는 주식회사로 1971년까지는 적자운영을 면치 못했으나, 그 후 거의 매해 흑자를 내왔으며 지금은 중앙, 동아, 조선 다음

---

22) 임근수는 전국지와 지방지의 구분을 일본 봉건주의적 요소의 영향으로 본다. 임근수, 앞의 책. p.473.
23) 이정춘, 커뮤니케이션 사회학(범우사, 1984).

으로 많은 526억 원의 매출을 올리고 있는 데서 볼 수 있듯이 완연히 자립된 형식을 갖추고 있다.[24]

이상과 같은 맥락에서 이들 5개 신문사의 자본의 운동을 분석하여 밝힐 연구문제를 구체적으로 서술해 보면 다음과 같다.

첫째, 1980년대 한국 신문산업자본의 운동논리는 존재하는가? 있다면 그것은 어떻게 나타나는가?

둘째, 1980년대 한국 신문산업자본의 운동에서 구매, 생산, 판매의 각 단계에 작용하는 요인들은 무엇인가? 또 그것은 어떻게 나타나는가?

셋째, 이상에서 1980년대 신문산업의 성격을 규정짓는 요인들은 무엇인가? 또 그것으로부터 나타난 신문산업의 성격은 무엇인가?

연구의 구성은 먼저 2장에서 한국 신문에 대한 기존연구와 영국의 미디어의 정치경제학을 검토한 후 한국 신문에 대한 정치경제학적 분석에 사용할 구체적인 틀을 설정하고 그것이 가지는 유용성을 논하겠다. 다음에 3장에서는 앞서의 시각으로 1980년대 한국 신문이 산업자본의 논리에 따라 움직이는지를 밝히고 나서 순환과정의 각 단계를 그에 개입하는 요인과 함께 살펴보겠다. 그리고 결론에서 신문산업자본의 운동에서 나타나는 제 요인들에 의해 구조화되어 경제적인 성격과 이데올로기적인 성격 모두를 지니는 신문산업의 본질을 구명하겠다. 끝으로 연구의 전반적인 의미를 간단히 요약하고 그 한계와 문제점을 지적하겠다.

---

24) 서울신문사 40년사 및 동사의 1986년도 감사보고서를 참조할 것.

2. 한국
신문에 대한
정치경제학적
연구

1) 한국 신문에 대한 기존연구 검토

한국 신문의 성격에 대한 학문적 관심은 1960년대부터라고 할 수 있다. 신문학보 제1집(1960. 4)에서 "한국 신문의 구조와 과제"란 제목으로 발표된 곽복산의 논문이 있으나 본시 사상계에 실렸던 글을 재록한 것으로 내용에 있어서도 한국 신문 구조에 대한 체계적인 접근을 취했다기보다는 현상을 개괄하면서 후진성을 지적하고 신문사가 '건전 기업화'되어야 하는 필요성을 제기하는 정도에 그치고 있다. 그는 또 다른 글에서 언론에 대해 본질적인 제안을 했는데 여기서는 한국적 특수성에서 국가와 신문기업과의 연관성을 강조했다고 한다.[25]

그러나 얼마 후 실증적인 자료를 사용해 한국 신문의 성격을 구명하려는 논문이 처음 나왔는데 임근수의 "한국 신문 구조론 서설"이 그것이다. 그는 이 글에서 신문사를 "경영 기업상의 형태를 중심으로

---

25) 임근수, 앞의 책, 434쪽.
    곽복산의 제목은 "민주재건과 언론보도"로 신문논조평가 제53호(공보부
    1962. 5. 2)에 실렸음.

분류하여 그 역사적 배경을 이해하는 것은 신문구조연구상 중요한 첫 과제"라고 강조했는데 신문기업의 역사적 배경을 다음과 같이 나누고 있다.[26]

> 제1기 근대적 신문의 발생과 민족투쟁시기(1896-1945)
>> 전기＝근대적 신문의 발생기(1896-1920)
>> 후기＝민간 3대지의 발전기(1920-1945)
> 제2기 신문의 혼란정체기(1945-1947)
> 제3기 독립 이후의 신문기(1948-현재)
>> 1) 자유당 치하의 신문기(압제)(1948-1960)
>> 2) 민주당 치하의 신문기(난립)(1960-1961)
>> 3) 군정 이후의 신문기(신문설치 기준 및 신문, 통신등록법)(1961-현재)

그 다음에 발행부수와 독자의 분포, 신문자본의 구성, 조직형태, 조석 간별 비율 및 면수, 신문사의 분포와 지종별 비율[27]을 비롯하여 신문 인 재교육과 대우 등 모두 8가지 항목으로 나누어 문제점을 지적하고 있다. 그런데 이 논문은 신문구조의 기본 동인으로 자본과 같은 경제적 측면을 지적하고 그에 따라 다양한 제 현상을 설명하려 해 비교적 정확 한 문제의식과 함께 과학적인 접근을 취하고는 있으나 스스로 밝히고 있듯이 자료의 부족으로 몇몇 기초적 숫자를 나열하는 것에 그치고 있 다. 여기서는 또 장래의 연구를 위해 신문구조상의 기본과제로서 신문 자본의 구성과 실태 등 14개 항목을 제시하고 있는데[28] 이들 사항은

---

26) 위의 책, 429-422쪽.
27) 그는 지종별로 일반지, 경제지, 영문지, 어린이지, 일요지로 구분했다. 위 의 책, 437쪽.

지금의 한국 신문구조를 연구하는 데도 큰 시사를 주는 것들이다.

임근수는 앞서와 같은 맥락으로 신문의 성격을 산업적인 측면에서 접근한 몇 편의 연구결과를 남겼는데 〈매스커뮤니케이션 사업의 본질에 대한 일고찰〉, 〈한국매스 미디어 경영산업의 변천과정과 현황분석〉 및 〈현대언론사업의 제 문제〉가 그 주요한 것들이다. 그는 이러한 일련의 글에서 언론산업이 가지는 공공성과 기업성의 이율배반적 측면을 지적하며[29] 기업적인 측면에서 나타날 센세이셔널리즘, 자본의 집중화, 다각적 경향 등의 문제를 일반적인 산업자본의 운동을 통해 전개하는데 그러한 논리는 자본주의 자체가 모순을 극복하기 때문에 그 해결 역시 낙관적으로 보는 점만을 제외한다면 어느 면에서는 최근 들어 대두되고 있는 신문연구에 대한 정치경제학적 시각과 유사한 것으로 보인다. 즉 근대신문의 등장을 자본주의적 산물로 파악하는 것 등에서도 그러한 측면을 엿볼 수 있다.

주지하는 바와 같이 근대신문의 성립은 서구 근대사회의 형성과 더불어 그 일부분으로서 이뤄진 것이다. 이것을 경제사적으로 풀이한다면 근대신문의 발생, 성립 및 발전은 자본주의를 전제로 하지 않고서는 절대로 상상조차 할 수 없다는 말이 된다. 요컨대 매스미디어(발

---

28) 위의 책, 434-5쪽.

  1〉신문조직형태의 분석, 2〉신문자본의 구성과 실태(특히 신문재정의 내용동향분석), 3〉신문인의 인적요소, 4〉신문경영 내용의 동태와 이에 대한 5〉신문독자 시장의 설정과 그 전망, 6〉독자분포상황과 인구와의 비율, 7〉신문용지생산과 수급, 8〉신문시설 내용의 실태, 9〉신문법제의 역사 및 실정, 10〉신문인(발행인까지 포함) 교육 재훈련, 11〉편집경향에 대한 종합적 검토 12〉내용분석과 비교연구, 13〉신문인 단체(출입기자단까지 포함)의 설정, 14〉한국 신문기업의 역사적 발전단계.

29) 위의 책, 343 및 405쪽. 박무승, 신문경영론(탐구당, 1972) 3-5쪽. 이환의 매스컴 경영론(열화당, 1975), 17-9쪽.

생 당시에는 주로 신문)는 고대사회와 중세사회의 길고 긴 우여곡절
을 거쳐서 자본주의적 산물인 인쇄기의 발명, 이용과 더불어 자본주
의적 제작물이 되었으며 이를 영위하는 중심체도 자본주의적 경영형
태로서의 신문산업으로 성립되었다.[30]

그 후 언론산업적 측면에 주목한 연구가 1964년에 최대훈에 의해[31]
그리고 1968년에는 정수경에 의해 계속 나왔다. 최대훈은 전국 35개
신문과 6개 통신사를 대상으로 신문일면당의 제조원가 등 18개 항목
에 대해 우편질문법을 사용해 24개사로부터 답을 얻었는데 조사표를
우송한 기업의 경우에도 신뢰할 수 없음을 지적하며 자료의 입수가
가장 큰 난관임을 밝힌다. 정수경은 앞의 최대훈과 똑같은 방식으로
조사했는데 29개사로부터 답을 받아 다음과 같은 결과를 얻었다.[32]

1) 기업의 형태로 이들 일간신문 및 통신기업의 대부분이 주식회사
  (71%)로 되어 있고 다음에 개인소유(14%)와 사단법인(14%)으
  로 나타났다.

2) 이들의 자본액은 중앙지 기업이 89% 지방지 기업이 11%이다.

3) 신문기업의 윤전기 대수는 중앙지 기업이 57% 지방지 기업이
  43%를 보유하고 있다.

4) 일간신문의 판매수입대 광고수입은 51% 대 41%이다.

5) 발행부수의 연별증가율은 1965년을 기준으로 해서 중앙지는 45%
  가 증가하고 있는 데 비해 지방지는 25% 증가이고 전체 증가율

---

30) 임근수, 앞의 책, 337쪽.

31) 최대훈, "신문통신기업 실태조사보고" 신문연구소학보, 제2집(서울대학
   교, 신문연구소, 1965) 123-136쪽.

32) 정수경 "한국 Mass Media 기업의 경영실태에 관한 조사연구", 신문연구
   소학보, 제4집(서울대학교 신문연구소, 1968) 71-95쪽.

은 매년 20% 이상이다.

이 밖에도 제대로 연구틀을 갖추지는 않았으나 신문학이론에다가 신문기자 생활을 경험한 데서 얻은 산 지식을 접목시켜 한국 신문의 상업주의적 성격을 구체적 사례와 언론인들의 증언 등을 통해 분석한 '한국 신문의 내막'이 있다.[33] 여기서는 1960년대부터 두드러지게 나타난 경영주와 국가권력의 밀접한 관계 그리고 이러한 현실에서 신문사가 크게 성장한 과정을 명확하게 드러내려 했는데 이러한 내용은 오늘날의 한국 신문산업의 구명에 도움을 주는 귀중한 것이다.

1970년대 이전까지 나온 이상의 글들은 주로 신문을 산업으로 보고 경영상태와 경제지표 등을 통해 그 성격을 파악하려는 것으로 볼 수 있다. 그러나 그 의도에 비해 그것을 뒷받침해줄 만한 체계적인 이론의 미비, 불충분으로 인해 문제제기 수준 이상의 성과를 거두지는 못한 느낌이다. 그런데 1970년대에 들어서부터는 이처럼 신문현상을 사회의 경제적 요인에 주목하여 파악하려는 입장과는 성격을 달리하며 실증주의에 입각, 기능에 초점을 맞추는 연구들이 나왔다. 그러한 경향에 해당하는 것으로 기능별로 기사를 분류하고 그것의 변화를 살피는 내용분석방법을 사용한 박춘옥의 "한국 신문의 구조적 성격변화에 대한 일고"와 조직이론과 체계이론을 적용한 원우현의 "한국 언론제도의 구조에 대한 서술적 고찰" 및 Wiio의 system approach를 사용한 이강수의 "한국 신문의 제도적 성격에 대한 communication system approach"가 있다. 그러나 이러한 연구들은 신문현상을 내적 논리에 따라 설명하기보다는 외부적 측면만을 지나치게 강조하여 설명하거나 질적 수준의 자료를 양적 차원에서 사용하여 신문현상의 본질적인 면보다는 한 부

---

33) 이상우, 한국 신문의 내막(삼성사, 1969).

분의 파악에 그치는 듯하다.

한편 1970년대 들어서면서부터는 또 다양한 경향을 보이며 양적으로 많은 연구가 이루어졌다. 이에 대해 김남석은 '한국 언론제도 연구시각의 비판'이란 글에서 1970년대 이후 언론제도 연구에 대해 다음과 같이 말한다.

> "언론제도를 보는 시각은 1970년대에 들면서부터 10여 년간 여러 가지로 다변화되어 왔다. 그러나 앞서 본 바와 같이 언론제도 연구의 제 경향들이 이론정립을 촉구하고 노력을 기울였음에도 불구하고 그에 응당한 성과를 거두었다는 증거는 없다. 그들은 오직 기존자료들을 체계적으로 정리하거나 아니면 구미의 이론적 경향을 소개하고 그것을 통해 한국사회의 언론제도도 해명될 수 있을 거라는 시사를 한 데에 불과하다. 그리고 그들이 그러한 이론적 경향을 한국사회에 성공적으로 적용시켜 해명하거나 이론의 재정립을 시도했던 예도 보기 드물다."[34]

이에 따르면 이 기간의 연구들은 주로 언론의 정치권력과 관계에 있어서 자유와 통제에 관한 문제에 초점을 맞추었는데 각각의 유형에 따라, 언론법제연구, 언론제도와 사회체계의 관련성에 관한 연구, 언론통제에 관한 실증적 연구, 언론제도에 관한 비교론적 연구 등 네 가지로 나뉜다고 한다.[35] 이들 분류 중 마지막 것을 제외한 나머지 분야들은 주로 미국에 있어서의 연구 경향을 답습하거나 소개하는 것이 주류를 이루고 있다. 김남석의 분류에는 한국 신문연구를 포함한 매스미디어 전반을 다루고 있는데 여기서는 신문에 초점을 맞추어 각

---

34) 김남석, "한국 언론제도 연구시각의 비판적 고찰" 경남대 사회과학논집, 1987, 118쪽.
35) 위의 글, 100쪽.

각의 유형을 재정리 그에 해당하는 몇 가지 주요 연구를 접근방법에 따라 살펴보겠다.

한국 신문에 대한 연구는 1970년대 들어 미국식 기능주의적 연구가 활발하게 소개되면서 한편으로 이의 영향을 크게 받아 나온 글들과 다른 한편으로 그러한 연구가 갖는 문제의식과 문제해결의 한계성을 비판하는 데서 출발한 것으로 나눌 수 있다. 전자에 해당하는 것으로는 실증주의적 연구와 체계론적 접근을, 그리고 후자에 해당하는 것으로 이른바 비판적 연구를 들 수 있는데 각각의 문제를 검토하기로 하겠다.

첫 번째로 흔히 전통적 연구로 불리는 실증주의적 분석방법을 사용한 것으로 주로 미국에서 닉슨(Nixon)이나 로웬스타인(Lowenstein)의 파이카(PICA) 지수연구와 같이, 계량적 방법으로 진행되어 온 언론통제의 유형화연구와 유사한데 추광영의 '국가적 특성과 언론통제의 상관분석적 연구'와 김진홍의 '언론통제의 정치학'을 들 수 있다. 추광영은 정치체계뿐 아니라 여타의 사회구조적 변수로 정치안정도, 국가발전도, 종교 및 국가의 위치 등 5개 유형의 변수를 함께 고려했다.[36] 그러나 신문을 포함한 매스미디어 일반을 다룬 그의 또 다른 글에서는 사회변동과 매스미디어와의 관계 및 이를 통한 매스미디어 특성을 구명하였는데 여기서 양자는 상호 영향을 미치는 것으로 파악되며, 실증주의적 분석자료와 더불어 사회의 경제적 발전 및 미디어와 관련한 광범위한 실증적 자료를 이용하고 있다.[37] 추광영은 여기서 매스미디

---

36) 추광영, "국가적 특성과 언론통제제도의 상관분석적 연구" 신문학보, 제14호, 128-162쪽.
37) 추광영, "1960-70년대의 한국의 사회변동과 매스미디어" 성대사회과학연구소, 한국사회의 변동, (성균관대 출판부, 1986) 245-85쪽.

어가 1960-70년대에 괄목할 만한 양적 성장을 달성하며 독재정권의 선전도구로 기능하는 '질적왜곡'을 대가로 치렀다고 결론짓고 있다. 이러한 결론은 뒤에서 소개할 정치경제학의 연구와 그리고 산업적 측면에서 한국 신문을 분석하는 이 글의 시각과 상당히 유사하다.

한편 김진홍은 국가권력과 언론 간의 관계에 주목하여 현대언론통제의 변화추이를 추적했는데 PICA 지수를 한국현실에 맞도록 수정하여 17개의 변수가 한국사회(1961년부터 1972년까지)의 경제발전도 정치적 안정도 및 국가안보 위협도 등의 제 변수와 가지는 상관성을 분석하였다.[38] 그런데 김남석에 따르면 이러한 연구들은 "사회구조적 제 변수들을 구조적으로 파악하는 시각을 결여하고 있어 각 언론제도를 구체적으로 사회 내에서 구조적으로 해명하기보다는 제 변수들을 파편화시켜 상관관계를 중심으로 재구성"하는 데 그치고 있다고 지적된다.[39]

두 번째로 T. 파슨즈류의 체계이론적 접근방법에 의해 언론제도를 규정하려는 시도인데 원우현과 이강수의 연구가 있다. 원우현은 '한국 언론제도의 구조에 관한 서술적 고찰'에서 카츠와 칸의 체계이론을 수용, 한국 언론기관을 개방체계로 보는데, 한국의 신문사는 영리를 목적으로 상행위를 하는 사업조직으로서의 법적 지위를 지니며 이로 인해 제 문제를 일으킨다고 지적한다.[40] 이와 달리 이강수는 '한국 신문의 제도적 성격에 대한 커뮤니케이션 시스템 접근 방법'에서 위 오가 커뮤니케이션 틀에 맞게 변용한 체계론을 받아들였는데, 다시 수신자 체계를 제외한 메시지 체계만을 대상으로 수정하여 개방성과

---

38) 김진홍, 언론통제의 정치학(홍성사, 1983).

39) 김남석, 앞의 글, 109쪽.

40) 원우현, "한국 언론제도의 구조에 관한 서술적 고찰" 신문학보 제14호(1981) 72-104쪽.

폐쇄성을 측정했다. 분석 결과, 동아일보와 조선일보는 개방적 체계로 서울신문과 경향신문은 폐쇄적 체계로 나타났다.[41] 한편, 사시, 소유형태, 자아상, 독자상이 편집정책으로 작용하여 뉴스의 선택에 영향을 미치고 그것이 신문의 유형을 결정한다는 관점에서, 한국 신문에 대해 분석한 최종수의 논문도 체계이론에 해당한다고 볼 수 있다. 그는 맥케일(D. McQuail)의 국가적 비교를 신문사 간 비교에 적용했는데, 분석결과 동아일보, 한국일보, 조선일보는 자유주의형에, 중앙일보는 사회책임형, 경향신문은 발전매체형, 그리고 서울신문은 권위주의형으로 각각 판명되었다.[42] 그러나 이들 연구들은 이론의 추상성과 현실적 자료 사이의 괴리를 좁혀 나가지 못하고 더 이상의 현실에 관한 연구도 유도해 내지 못했다고 비판받는다.[43] 그것은 위의 세 연구에서 보듯이 체계이론 자체가 갖는 문제는 논외로 하더라도 그 수용과 분석과정에서 충분한 절차를 거치지 않은 채 자의적으로 진행, 연구의 결과에 의문을 일으킨다고 볼 수 있다.

세 번째로 사회구조적 맥락에서 접근하는 비판적 연구를 들 수 있

---

41) 이강수, "한국 신문의 제도적 성격에 대한 커뮤니케이션 시스템 접근방법" 동저, 매스커뮤니케이션의 사회학, (나남: 1987) 301-339쪽.

42) 최종수, "한국 신문의 구조적 성격에 관한 연구" 연세대 박사논문, 1986.

43) 김남석, 앞의 글. 106쪽.
김남석은 원우현이 한국사회구조와 관련한 경험적 자료의 대입에 실패하였다고 지적하는데 이와 함께 연구의 진행과정에서 한국사회의 신문에 대한 개방체계를 전제로 하는 것도 사전검토가 선행된 다음 이루어져야 할 것이다. 이강수는 위오의 틀 중 메시지체계만 사용하였는데 이것만으로도 연구결과를 충분히 밝힐 수 있음을 설명함이 필요하다고 본다. 그리고 최종수의 연구도 국가 간 특성규정을 국내신문사 간에 적용하는 데 따른 문제점(즉 맥케일이 처음 제시한 6개 유형 중 공산주의형과 민주적 참여 이론 등이 빠지고 있음)을 내포한다고 하겠다.

다. 앞서의 연구가 현상의 단편적인 파악에 그치며 문제의 구조적 해
결의 가능성을 결여하고 있음을 비판하는 것에 공통점이 있다. 이 연
구는 다시 세 가지로 나눌 수 있다.

먼저 사회체제의 관련 속에 한국 언론을 연구하는 것인데 오진환은
그러한 자세가 결여된 당시의 연구경향에 대해 "한국 언론은 왜 언론
활동을 하며 무엇 때문에 한국 언론은 존재하고 그 과제는 무엇인가
라는 본질적인 문제를 깊이 다루어 본 일이 별로 없으며 언론철학이
부재하고 언론이론이 체계화되지 않은 상태에 놓여 있다고 할 수 있
다"며 비판적으로 지적한다.[44] 전술한 지적은 사회체제 내에서의 언
론제도의 성격을 규명하여야 한다는 이상희의 주장과 일치하는 것이
기도 하다.

"즉 언론(press)이 존재하고 있는 그 사회나 국가를 성립시키고 있는
기본적인 이념이나 구체적인 정치형태, 경제기구, 문화전통, 지리적, 풍
토적 요건이나 나아가서는 현실적인 정치적 상황 등에 의해서 규정지어
진 것이 언론제도(press system)라 볼 수 있는 것이다. 따라서 이와 같
은 매스 커뮤니케이션제도를 규정하는 여러 가지 요인에 대한 고찰이
필요하게 된다. 말하자면 무엇이 어떤 사회나 어떤 국가의 매스커뮤니
케이션제도를 그렇게 존재하게끔 했는가 하는 것이 연구과제로 떠오르
게 된다."[45]

다시 말해 한국 신문연구에 있어서 그 사회적 배경 및 역사적 조건
속에서 총체적으로 연구할 필요성을 제기하는 것인데, 후에 나온 '매
스미디어의 존재양식에 대한 고찰'[46]에서는 미국과 소련의 방송미디

---

44) 오진환, "개발도상국과 언론철학" 신문학보 제7호(1974) 31쪽.
45) 이상희, "사회체제와 mass communication" 한국사회학 3집(1967) 48-49쪽.

어에 적용 분석했다.

다음에 프랑크푸르트학파의 비판이론적 관점에서 변증법적 방법을 강조하는 연구로 방정배의 '자주적 말길이론'과 김경근의 '언론현상과 언론정책'에 나온 일련의 글들을 들 수 있다. 이 연구는 앞의 시각을 좀더 구체화했다. 즉, 매스미디어를 학문적 논의의 출발점으로 잡지 않고 그것을 총체적 연구관찰에서 결코 고립시키지 않고, 오히려 정치경제학적(유물론적) 사회이론의 맥락에서 포착하려 한다. 또 이론 자체를 사회적 실제와 분리하지 않고, 이론이 그 대상인 사회 실제의 일부를 형성하도록 사회적 실제와 이론의 접합관계를 설정하고 있다.[47]

끝으로 최근 들어 나온 정치경제학적 연구를 들 수 있다. 지금까지는 석사논문 등에서 영국을 중심으로 미디어의 정치경제학 이론의 소개와 시론적 분석에 그치고 있다. 그러나 서론에서 간단히 살펴본 것과 같이 특히, 한국사회에 적용할 필요성이 큰 점에서 매우 중요하다고 본다. 또 이 연구는 본 논문의 분석방법이므로 뒤에서 한국 신문에 대한 정치경제학적 연구에 대해 검토하면서 다루겠다.

2) 미디어의 정치경제학 – 영국을 중심으로

커뮤니케이션 학계에 고전적 마르크시즘의 논리를 발전시켜 현대 독점자본주의시대의 매스미디어를 분석하려는 정치 경제학적 시각이 수용된 역사는 국내뿐만 아니라 세계적으로도 비교적 짧다고 할 수

---

46) 이상희, "매스미디어의 존재양식에 대한 일고찰" 서울대 신문연구소학보 제9집(1972) 15-35쪽.
47) 추광영, "커뮤니케이션학의 접근방법과 쟁점" 사회과학과 정책연구 24집 (1986. 여름) 264쪽.

있다.

즉 실용주의적인 정책과학으로 성격을 굳혀간 1930년대 이후의 미국의 커뮤니케이션 연구에 대한 비판이 1950년대부터 프랑크푸르트학파 등에 의해 나오기 시작했고 1960년에 들어서면서 영국의 버밍햄학파에 의한 문화론적 연구와 프랑스, 이탈리아를 중심으로 한 구조주의적 연구가 대두되기 시작했다.[48] 흔히 비판적 연구로 불리는 이러한 일련의 연구들은 모두 어느 정도의 막시스트적인 논리를 내포하는 것에 공통되나, 커뮤니케이션 현상을 실제로 접근하는 데 있어 각각이 주목하는 대상과 분석방법은 다르다고 할 수 있다. 이러한 차이는 기본적으로 철학과 인식론의 차이에 기반을 둔 것인데, 그것은 구체적으로 토대와 상부구조에 대한 해석에서 나타난다고 할 수 있다.[49] 그러면 정치경제학과 다른 비판적인 연구를 토대와 상부구조에 대한 상이한 해석을 통해 알아보며, 영국을 중심으로 한 정치경제학적 연구의 위상을 분명히 하여 보자.

'토대와 상부구조'는 위의 연구들이 그 뿌리를 두고 있는 막시스트적 이론의 핵심을 이루는 개념으로서 변증법과 유물론의 시각에 의해서 파악되어야 하는 것으로 그렇지 않을 때 형이상학 또한 관념론에 빠져 연구 대상을 정확히 구명할 수 없다.[50] 이는 막스가 기술해 놓은 다음과 같은 구절에서 출발한다.

---

48) 이상희, "감수의 글" 강상호, 이원락(편), 앞의 책. 8쪽.
49) N. 간햄 "매스커뮤니케이션의 정치경제학" 이상희(편), 위의 책, 83-122쪽.
50) F. Jakubowski Ideology and Superstructure, New York ST. Martin's Press. 30-65쪽.

"인간은 사회적 생산에 있어서 자신의 의지로부터 독립된 일정한 필연적 관계, 즉 생산관계에 속해 있다. 생산관계는 그들의 물질적 발전의 일정 단계에 대응한다. 생산관계의 총체는 사회의 경제적 구조를 형성한다. 이것이 현실에 있어서의 토대이며 그 위에 법률적 정치적 상부구조가 서로 또한 거기에 일정한 사회적 의식 제 형태가 조응한다. 물질적 생활의 생산양식이 사회적, 정신적 생활과정 일반을 조건짓는다. 인간의 의식이 그들의 존재를 규정하는 것이 아니라, 반대로 그들의 사회적 존재가 그들의 의식을 규정하는 것이다. 사회의 물질적 생산력은 일정한 발전단계에서, 현존의 생산관계(혹은 이것의 법률적 표현이 소유관계)와 모순관계에 들어서고 따라서 생산력의 발전을 이끌어 내었던 생산제 관계는 생산력 발전에 대한 질곡으로 전환된다. 이때 사회혁명의 시기가 시작된다. 경제적 토대가 변화함에 따라 거대한 상부구조가 서서히 혹은 급속히 변혁된다. 이러한 변혁을 고찰하는 데 있어서, 자연과학에서처럼 매우 정밀하게 확인할 수 있는 경제적 생산조건에 있어서의 물질적 변혁과 법률, 정치, 종교, 철학, 예술적 이데올로기의 제 형태를 구별하지 않으면 안 된다. 어떤 사람을 판단하는 데 있어서 그가 자신을 어떻게 생각하고 있는가에 따라서 판단할 수 없듯이, 이러한 물질적 변혁을 그 시대의 의식으로부터 판단할 수는 없는 것이다. 오히려 이 의식은 물질적 생활의 제 모순으로부터, 사회적 생산력과 생산관계에 존재하는 모순으로부터 설명되지 않으면 안 된다. 하나의 사회구성체는 그것이 필요로 하는 만큼의 전체 생산력이 완전히 발전하기 전에는 결코 몰락하지 않으며, 또한 보다 진보적인 새로운 생산관계는 기존 사회 자체의 태내에서 그 물질적 존재조건이 부화되기 전에는 결코 기존의 생산관계에 대체되지 않는다. 따라서 인간은 항상 스스로 해결할 수 있는 과제만을 제기할 뿐이다. 다시 말하면, 언제나 문제 그 자체는 그것이 해결되는 데 필요한 물질적 조건이 이미 현존하든지 아니면 적어도 그 조건이 성립되고 있을 경우에만 비로소 발생하는 것이다."51)

---

51) K. Marx, "Preface to a Contribution to the Critique of Political Economy" in K. Marx and F. Engels Selected Works Vol.1.(Lawrence and Wishart,

먼저 프랑크푸르트학파의 시각을 그 대표적인 연구자 중 한 사람인 아도르노를 통해 보면 그는 자본주의사회의 문화를 '물화'되고 '지배된', '문화산업'으로 파악하며 프롤레타리아는 자신의 존재를 파악하지 못하는 무력한 존재라고 한다.[52] 이러한 아도르노의 이론에 대해 골딩과 머독은 문화산업이 판매하는 상품을 실제로 만들어 내는 사람들의 구체적 행위를 제반의 경제적 관계와 연관시키지 않은 채 토대와 이데올로기가 필연적으로 일치할 것이라고 주장하는 것을 비판하는데[53] 아도르노는 토대의 중요성을 과소평가한 채 변증법적 방법론만을 강조한 것이라고 하겠다. 머독과 골딩은 문화적 지배의 과정이 '문화산업'의 경제적 역학에 근거하고 있다는 주장은 단지 출발점이라며 계속해서 "문화기업가의 전반적인 전략과 작가, 언론인, 배우, 음악가 등 '문화산업'이 판매하는 상품을 실재로 만들어내는 사람들의 구체적 행위를 제반 경제적 관계가 어떻게 구조화되는가를 제시함으로써 이러한 재생산과정이 실제로 어떻게 이루어지는가를 해명하는 것이 필요하다"고 지적한다.[54] 요컨대 미디어의 정치경제학적 연구자들은 프랑크푸르트학파가 토대의 중요성을 간과한다며 비판한다고 하겠다.

두 번째로 문화론적 연구는 자본주의사회에서 계급지배를 정당화하는 문화나 이데올로기의 독특한 역할을 강조하는데 그 연구자인 윌리암스는 속류 유물론자의 경제결정론에 반대하며 인간의 의식은 처음부

1970).

52) Lee Hyo seong "Overcoming Reified and Administered Communication: A critical Analysis of Theodor W. Adorno's Theory of the Culture Industry" Chapter Ⅱ.

53) 머독, 골딩 "자본주의와 커뮤니케이션" 이상희 편, 앞의 책, 157-186쪽.

54) 같은 글, 162-3쪽.

터 물질적인 사회과정, 즉 의식과 그 생산물이 항상 물질적인 사회과정의 일부로서 존재한다며, 상부구조의 자율성을 강조한다.[55] 다시 말하면 그는 먼저 토대에 주목하며, 토대는 근본적인 모순과 변화를 내포한 역동적 과정인 사회적, 경제적 제 관계 속에서의 인간들의 일정한 활동으로 재평가되어야 한다고 말하고, 그러므로 그러한 인간활동에는 애당초 의식이 게재되어 있는 것으로 간주한다.[56] 또한 상부구조의 개념을 그것이 관련된 범위의 문화적 실천으로 보아야 한다고 주장한다.[57]

이와 같이 윌리암스가 문화의 물질성을 강조하는 데 대하여 간햄은 문화를 토대와 상부구조의 양 측면을 동시에 지니는 것으로 잘못 파악하고 있으며 '물질적인 것'과 '경제적인 것'을 구분하지 못해 사적 유물론이 아니라 단순한 유물론적 공식화에 지나지 않는다고 비판한다.[58] 어느 면에서 윌리암스는 포이에르바하의 존재가 본질이라는 주장을 되풀이하는 듯하다. '강'에 사는 '물고기'의 본질이 '강'일 수 없는 것은 그것이 오염되었을 때 잘 드러난다.[59] 요컨대 윌리암스의 문화론적 연구는 유물론에 집착한 나머지 변증법적 방법을 결여, 사회를 파악하는 데 있어서는 관념론에 빠진다고 볼 수 있다.[60]

끝으로 구조주의와 관련하여 알튀세의 ISA(이데올로기적 국가기구) 개념과 이데올로기 및 인간관을 비교하며 살펴보겠다. 그는 스탈린주의적인 경제 결정론을 배격하고 경제적 층위로부터 정치적 이데올로기

---

55) R. Williams, 이일환 역, 이념과 문학, 문학과 지성사.

56) 같은 책, 33-34쪽.

57) 같은 책, 34쪽.

58) 간햄, 위의 글, 95쪽.

59) Marx, German Ideology(London: Lawrence & Whishart, 1964).

60) 편집부, 마르크스주의 철학사전, 친구, 1987, 38쪽.

적 층위의 상대적 자율성을 주장했다.[61] 이와 함께 이데올로기가 경제
적 수준에 의해 최종적으로 결정된다고 말한다.[62] 그러나 이러한 주장
은 상부구조의 자율성이란 말에서 드러나듯이 토대와의 관계를 약화
내지는 배제하는 것으로 해석될 여지가 있다. 왜냐하면 IAS(이데올로
기적 국가기구)라는 개념으로서 오늘날의 독점자본주의사회에서의 매
스 미디어처럼 영리를 추구하는 기업형태로 움직이는 것을 설명하는
것은 곤란하다고 생각하기 때문이다. 또 그가 말한 "이데올로기는 물
질적 존재성을 지닌다"라는 말도 그것이 토대로서의 측면이 아니라 기
구로서의 성격을 강조하는 데 그칠 뿐이라는 점에서도 이런 논리가 가
능하다고 본다.[63] 또한 알튀세는 역사의 주체 또는 대행자로서 인간이
라는 개념을 거부하고 개인은 그들이 위치하게 되는 구조적 관계의
'담지자' 혹은 '운반자'로서 주장되는데 다시 말해 'SUBJECT'(대주체)
에 의해 'subject'(개인)는 수동적으로 구성된다는 것이다. 알튀세가 펼
치는 앞의 논리는 막스가 이데올로기를 허위의식으로 보며[64] 환경 속
에서 인간의 능동성을 강조하는 논리, 그리고 현상과 본질의 관계에서
본질과 함께 현상을 중요시하는 논리와는 다르다고 할 수 있겠는데[65]
이는 그가 상부구조의 역할을 지나치게 강조하는 것으로 볼 수 있다.

---

61) Althusser and Balibar, Reading Capital(London: NLB. 1970) 112쪽.
62) Althusser, For Marx(London; NLB. 1977) 111쪽.
   여기서 그는 경제가 최종수준에서 결정한다는 것과 상부구조의 자율성
   을 주장한다.
63) Althusser "States and Ideological States Apparatus" in Lenin and Philo-
   sophy and Other Essays, (London: Constable. 1973).
64) Jakubowski, 앞의 책, 2장, 4장, 5장.
65) M. 글룩스만, 구조주의와 현대마르크시즘, 정수복 역, 한울, 1983. 1. 2. 5
   장 참조.

이상에서 영국의 미디어의 정치경제학을 중심으로 비판적 연구에 속하는 제 이론을 살펴보았다. 여기서 정치경제학은 막스의 사적 유물론에 따라 토대와 상부구조를 유물론적 입장에서 변증법적으로 파악한다고 하겠다.[66] 그러면 미디어의 정치경제학을 그 논리와 연구 내용을 중심으로 살펴보기로 하자.

미디어의 정치경제학이 본격적으로 두드러지기 시작한 것은 1960년대 영국의 간햄(N. Garnham), 머독(G. Murdock), 골딩(P. Golding) 등에 의해서인데,[67] 이는 다음과 같은 틀에서 나온다고 할 수 있다.[68]

19세기 말과 20세기 초에 서구 산업자본주의사회가 직면한 구조적 모순을 일시나마 해결하기 위하여 소수의 경제, 정치 독점세력에 의한 '자본'과 '이데올로기'의 지배를 더욱 강화시키면서 '독점자본주의'의 영역을 문화로 확대시킨다. 이미 장기간의 사회적 자본축적을 이룩한 독점세력은 현대사회에서 가장 중요하고 마지막 남은 이윤창출기관인 '언론'을 급진적인 방법으로 소유, 통제하기 시작하였다. 이와 같은 역사적 맥락은 커뮤니케이션의 성격을 '상품을 생산하고 분배하는 최우선의 산업, 상업기구'로 규정지었고,[69] 일련의 생산양식은 곧 '지배집단'의 통치이념을 전달하고 판매하는 '이데올로기 생산자'로서 커뮤니케이션의 사회적 성격을 낳게 하였다.[70] 즉 사회의 지배적 경제, 이념, 문화세력은 커뮤니케이션을 이용하여 막대한 이윤은 물론,

---

66) 골딩과 머독, 앞의 글.

67) 이상희, 앞의 글, 8쪽.

68) 김승수, 앞의 글, 30-31쪽.

69) G. Murdock and P. Golding. "For a political economy of mass communi-cation", in R. Milliband and J. Saville(eds.) Socialist Register, 1973 (London: Merlin press, 1974).

70) 김승수, 앞의 글, 31쪽.

사회의 통제를 강화하기 위해 다양한 방법으로 문화를 조작한다.

따라서 오늘날 자본주의사회의 미디어 분석에서 가장 중요한 측면
은 누가 그 기업을 소유하고 경영하는가의 문제이다.[71] 그러므로 정
치경제학적 입장은 미디어 기업의 소유, 경영구조에 관심을 집중하고
있으며, 미디어 기업이 생산하는 생산물의 이데올로기적 성격도 그것
이 상품으로서 생산되고 분배되는 과정에 의해 결정되는 것으로 보아
서 문화의 상품화 조건 및 생산, 분배과정 등을 주로 연구한다.[72]

이들 중 대표적인 머독과 골딩의 연구는 기본적으로 미디어가 국내
적으로 지속되고 있는 불평등의 정당화에 기여한다는 전제를 갖고 있
어[73] 이윤추구의 논리로 언론현상을 파악하는 입장을 취한다. 그러므
로 매스미디어란 제일 먼저 '후기 자본주의' 경제 질서 안에서 상품을
생산하고 분배하는 산업적이고 영리적인 조직이라며[74] 미디어 생산
물의 경제적 역학과 이데올로기의 생산을 분리시키지 말 것을 주장한
다. 예를 들면, 다른 연구에서 그들은 영국에 대중적인 급진적 일간지
가 없는 것을 기본적으로 엄청나게 비싼 시장 참여비용과 광고수입의
불공평한 분배로 보는 것이다.[75] 또한, 신문뉴스의 경우 생산수단의
소유 및 통제로 인해 이데올로기와 점차 일치해진다고 주장한다.[76]

---

71) 머독, 골딩, 176쪽. 이는 또한 미디어에 대한 가장 오랜 비판이기도 하다.
   자세한 것은 추광영, "언론의 독점화 경향과 사회적 책임", 언론과 사회
   (민중사, 1983) 26쪽.

72) N. 간햄, 위의 글, 83-122쪽.

73) P. 골딩, G 머독, 위의 글, 65-92쪽.

74) G. Murdock and P. Golding(1974), R. Milliband and J. Saville(eds.), 205-6쪽.

75) P. Golding and G. Murdock, "Confornting the Market; public and press
   diversity". in J. curran(ed.), The British Press: a manifesto, (Macmillan, 1978).

76) J. 쿠란, "자본주의와 언론통제(1600-1975)", 강상호, 이원락(편), 앞의

이 밖에도 쿠란에 따르면 영국의 경우 경제적 차원의 언론 통제가 성
공하여 정치 안정을 가져왔다고 지적하고 있다.[77] 머독은 대기업과
언론산업의 통제에서 언론 내용에 대한 소유(경영)자의 힘이 결정적
임을 실증적인 자료와 함께 밝히고 있다.[78]

3) 한국 신문에 대한 정치경제학적 접근

이상에서 정치경제학적 커뮤니케이션 연구의 시각과 몇몇 연구결과
들을 간략히 살펴보았다. 이러한 연구의 시각과 그 내용들이 국내에
소개, 수용된 것은 1980년대라고 할 수 있다. 즉 1983년에 나온 〈커뮤
니케이션과 이데올로기〉(이상희 편)에 실려 있는 간햄, 머독, 골딩 등
의 글이 그것인데 비판이론의 맥락에 포함된 것이었다. 그러나 1945
년 이후 배태된 한국사회의 구조적 모순은 1980년대에 들어와 한층
격화된 모습으로 표출되었는데 그에 따라 이러한 문제에 대한 관심을
확대, 심화시켰다. 사회의 구조적 개혁에 대한 요구를 함축하는 이러
한 상황은 학문의 향방에도 적지 않은 영향을 미쳤는데 특히 사회과
학 전반에 걸쳐서 수용된 정치경제학에 대한 소개와 연구도 이러한
흐름을 반영한 것으로 볼 수 있다.[79]

그러므로 신문학에서 수용된 정치경제학은 이와 같이 '변화된 사회'
에 대한 능동적인 해결자세를 반영하는 것으로 볼 수 있고 실제로
그 후에 나온 김승수의 〈커뮤니케이션, 독점자본과 사회관계〉, 이수원

책, 145-6쪽.

77) 같은 글.

78) G. 머독, "대기업과 언론산업의 통제", 152-94쪽.

79) 김호진, "편역자서문" 제3세계의 정치경제학, 한울, 1986, 3-4쪽.

의 〈자본주의에서의 미디어 생산물의 결정요인에 관한 연구〉, 및 정
상환의 〈매스커뮤니케이션의 정치경제학적 접근〉 등에서 그러한 측면
이 강하게 나타나고 있음을 엿볼 수 있다. 그러나 지금까지는 한국사
회를 대상으로 언론의 위상을 구명하려는 연구들이 구체적인 문제를
다루기보다는 이론을 소개하고 분석틀을 세우는 데 그치고 있다.[80)]
정상환의 논문이 전자에 해당한다면, 이수원의 논문은 후자에, 그리고
김승수의 글은 한국사회를 포함한 제3세계가 제국주의 커뮤니케이션
(매스미디어, 언어, 교육 등의 제 현상을 포함한)에 의해 경제적 잉여
가치를 착취당하고 그들의 이데올로기를 강요당하는 신식민지적 상태
에 있음을 총체적으로 다룬 것으로 아직까지 국내의 언론현상의 구체
적인 부문을 다루지는 못했다.

　따라서 본 연구는 이러한 인식하에 한국 신문에 대한 정치경제학적
분석을 시도하려는 것이다. 그런데 여기서 하나 밝힐 점은 이 글이
영국을 중심으로 한 미디어의 정치경제학을 그대로 수용하는 것이 아
니라는 점이다. 왜냐하면 머독, 골딩 등의 정치경제학적 연구가 막스
의 정치경제학적 틀을 발전시켜 영국의 커뮤니케이션현상에 적용한
것으로 두 가지 점에서 문제를 제기하기 때문이다.

　첫째는 막스의 정치경제학을 받아들인 입장으로 이들은 상품에 대
해 주로 시장에서의 결정논리가 우세한 것으로 파악하고 있는데[81)]
북미의 스마이드나 쉴러의 연구 등에서 보이는 '수용자상품'의 측면과
독일의 홀쩌 등이 주목하는 '생산과정이 상품에 영향을 미치는 점'[82)]

---

80) 김남석, 앞의 글, 115-9쪽.
81) 머독, 골딩, 앞의 글, 193쪽.
　　이정춘, 앞의 책, 250-61쪽에서 재인용.
82) H. Holzer Kommunikation Soziologie(Reinbek bei Hamburg, 1973).

등에 덜 비중을 두는 것으로 나타난다. 물론 막스이론 자체가 고정불변의 도식적인 논리가 아니라 끊임없이 창조적으로 발전시킬 것을 요구하고 있고 그에 따라 각각 약간씩의 차이를 보인다고 할 수 있으나 이것이 자본주의 경제를 분석한 기본 원칙에까지 적용되지는 않을 것이다. 그런 점에서 영국의 정치경제학자들이 소홀히 한 '생산과정'은 재조명될 필요가 있다고 생각한다.

즉 총체로서 사회자본의 유통은 산업자본의 순환을 나타내는데, 커뮤니케이션의 산업자본도 다음과 같은 순환의 도식을 가지는 것으로 본다.[83]

〈그림 2.3-1〉 산업자본의 순환

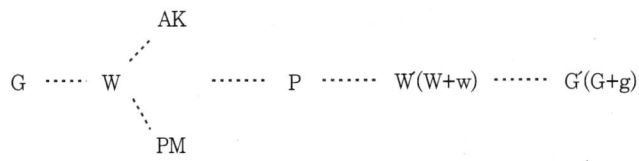

G: 화폐   W: 상품   AK: 노동력
PM: 생산자료   P: 생산과정   w: 잉여가치
W′: 잉여가치를 포함하는 상품   G′: 잉여가치를 포함하는 화폐

〈그림 2.3-1〉에서 보듯이 산업자본은 3개의 단계를 경과하며 가치가 스스로 증식되는 반복운동을 한다. 제1단계는 구매단계로 자본가는 구매자 신분으로 시장에서 생산수단(PM)과 노동력(AK)을 구매하여 화폐자본을 생산자본으로 전환시킨다. 제2단계는 생산단계로 자본가는 구매한 생산수단과 노동력을 생산에 투입하는데, 생산자본은 곧 상품자본으로 전환된다. 제3단계는 자본가가 판매자의 자격을 가

83) 궁천실, 이내영역, 경제원론, 백산서당 1985, 68쪽.

지고 시장으로 돌아가 생산한 상품을 배출하는 과정이다. 따라서 상품 자본은 화폐자본으로 전환한다. 산업자본의 현실적 순환운동은 유통과정과 생산과정의 통일이며 위의 3단계의 순환의 통일이다.

김승수는 신문산업자본도 이러한 순환운동을 하고 있다며 다음과 같은 가설적인 예를 들어 설명한다.

> "예를 들어 신문산업의 자본가가 신문이란 상품을 생산하기 위해 100 억 원의 자본을 투하했다고 가정하자. 신문자본가는 100억 원을 가지고 신문(W)을 생산하기 위하여 노동력(AK: 기자, 인쇄노동자)과 생산수단 (PM: 건물, 윤전기, 신문용지, 잉크, 통신기사 등)을 구매한다. 노동력도 물론 임금으로 구매되는 상품이다. 두 상품은 자본에 의해 결합되어 생산의 단계로 들어간다. 이 단계의 완료 이후, 잉여가치가 포함된 상품 (W′)이 생산되고 시장에 방출됨으로써 150억 원이라는 화폐(G′)가 매체자본가에게 회수된다. 원래 투자된 100억 원의 화폐와 전체 매상고인 150억 원과의 차액인 50억 원은 자본가가 획득하는 잉여가치가 된다."[84]

여기서 '시장의 논리'는 유통과정으로서 제1단계(이것도 유통과정임)와 더불어 생산과정에 비하여 부차적인 것임을 알 수 있다. 이 말은 결코 유통과정이 중요하지 않다는 뜻이 아니라 산업자본 순환의 가장 중요한 규정적 목적과 추진적 동기는 생산과정에서 창출하는 잉여가치에 있음을 의미한다.[85]

두 번째는 한국사회는 영국과 다르다는 점이다. 이 점에 대해 김승수도 독점자본주의가 확립된 국가와 신식민지 상태하의 국가는 서로 다른 커뮤니케이션 생산양식, 구조 등을 가지고 있으므로 서구이론을

---

84) 김승수, 앞의 글, 36쪽.
85) 궁천실, 앞의 글, 259쪽.

제3세계에 적용할 경우 이를 고려할 것을 강조한다.[86]

따라서 한국사회의 신문현상은 무엇보다도 그것을 낳는 역사적으로 특수한 문화적 생산 및 재생산의 양식과 연결되는 총체적 발전의 특정한 역사적 전개과정에 기반을 두어야 한다. 즉 서두에서 언급한 바 있는 한국사회의 1980년대의 사회경제구조의 총체적 인식을 통하여 신문현상을 분석하여야 하며, 이는 서구와 제3세계 이론을 탄력적으로 적용할 것을 의미한다.

그런 뜻에서 한 가지 유념해 두어야 할 사실은 다른 제3세계 사회구성체에 있어서는 자본과 임노동, 중심과 주변의 모순이 주된 갈등의 소재가 되지만 한국사회의 경우는 여기에 덧붙여 남과 북의 대치상황이라는 분단의 모순이 중첩되어 있고 후자의 모순이 현실적으로는 정치적, 경제적 변동 상황을 구속하고 한계 짓는 주요한 변수로서 작용하고 있다는 점이다.[87] 다시 말하면 언론기업의 성장과 언론통폐합을 비롯한 제반 언론정책, 언론자유의 제약, 문화적 종속 등 제 조건을 이해하는 데 분단상황은 빼놓을 수 없는 설명 변수가 되는 것이다. 한국의 신문산업의 성격을 보다 의미 있게 이해하고 설명하기 위해서는 자본주의 제3세계라는 유형적 보편성과 아울러 한국이라는 개별적 특수성을 동시에 감안해야 하며 나아가 주체적 시각에서 접근할 필요가 있다.

그러한 접근의 하나로 신문산업을 사회구성체의 틀을 사용하여 인식하는 것을 들 수 있다. 이는 개개의 특정사회를 지배하는 보편적이고 본질적인 관계 속에서 그 사회의 제 변화를 합법칙적으로 파악하

---

86) 김승수, 앞의 글, 34쪽.

87) 김호진, "서장, 제3세계 연구의 주요 이론과 관점들", 앞의 책, 68쪽.

는 것이다. 다시 말해서 변화 및 발전 속에서 한 대상의 본질을 구체
적 현상과의 통일 속에서 파악하고, 그 위에서 필연화하는 변화의 '현
실성'을 포착함으로써, 그러한 현실상의 담지자와 변혁대상의 본질 및
발전방향을 분명히 하는 것이다.

이러한 사회구성체의 틀로서 신문산업과 관련되는 것에 이브 드라
하예(Yve de la Haye)와 이수원의 모델이 있다. 이들은 아래 그림에
서 보듯이 신문의 성격을 사회 제 세력의 역학관계에 의해서 결정되
는 점을 강조한다. 그러나 본 연구에서는 이 두 가지 틀이 너무 제
세력을 단순화시켰고, 실제적인 힘의 작용을 고려하지 못하고 있으며
이에 따라 비체계적이라고 보아 한국사회에 적용하기 위해서는 이러
한 점들을 보완할 필요가 있다고 본다.

그것은 다음과 같은 몇 가지 원칙으로 요약될 수 있다. 먼저 신문
산업을 자연사적 과정을 거치며 발전하는 사회 속에서 스스로 내적
논리를 지니며 변화, 발전하는 존재로서 그리고 객관적이고 필연적이
며 합법칙적인 과정으로서 고찰해야 할 것이다. 다음에, 한국 신문산
업과 관련되는 모든 것을 연관시켜 그러한 전체 속에서 부분을 연구
해야 할 것이다. 끝으로 그것은 개별적인 신문산업을 전체 사회의 보
편법칙과의 통일 속에서 특수성으로 포착해야 할 것이다.

따라서 본 연구는 구체적으로 한국사회의 신문산업을 움직이는 내적
요인으로 신문산업 자본가와 신문산업 노동자(특히, 신문의 특성인 정
신적인 사용가치를 생산하는 기자를 의미함)를 고려하여 기타 제 세력
을 외적 요인으로 두되 이것을 다시 국가, 자본, 민중 등의 국내요인과
제국주의 국가, 제국주의자본, 국제통신사 등의 국외요인으로 나누어
각각의 요인들의 상호 작용을 유기적으로 파악할 것이다. 아울러 이들
상호 작용을 힘의 제 관계를 고려하면서 체계적으로 구명하겠다.

〈그림 2.3-2〉 커뮤니케이션을 조건짓는 요인과 연관의 삼각형[88]

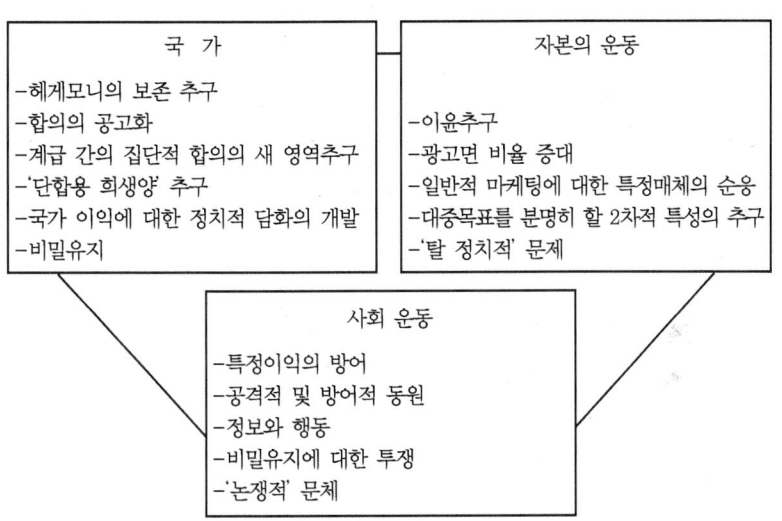

국 가	자본의 운동
-헤게모니의 보존 추구 -합의의 공고화 -계급 간의 집단적 합의 새 영역추구 -'단합용 희생양' 추구 -국가 이익에 대한 정치적 담화의 개발 -비밀유지	-이윤추구 -광고면 비율 증대 -일반적 마케팅에 대한 특정매체의 순응 -대중목표를 분명히 할 2차적 특성의 추구 -'탈 정치적' 문제

사회 운동

-특정이익의 방어
-공격적 및 방어적 동원
-정보와 행동
-비밀유지에 대한 투쟁
-'논쟁적' 문체

〈그림 2.3-3〉 미디어 생산물을 결정하는 힘의 관계에 대한 모형[89]

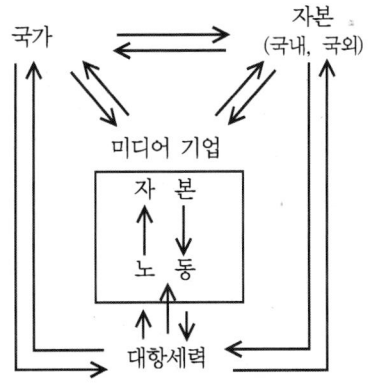

88) Yve de la Haye, "The Genesis of the Communication in France", in
A. Mattelart, and S. Sieglaub(eds), Communication and Class Struggle,
Vol. I (New York; International General, 1979), 204쪽.

89) 이수원, "자본주의에서의 미디어 생산물의 결정요인에 관한 연구", 서울대
석사논문, 1987, 73쪽.

3. 현대 한국 신문산업의 분석

1) 신문산업의 자기증식운동의 현실

한국 신문산업을 분석하기 위한 전제로서는 신문이 산업으로서 존재해야 한다는 것이다. 그러나 위에서 살펴본 것과 같이 지금까지 신문을 산업으로 보는 시각은 주로 경영의 입장에서 그리고 최근의 비판적 연구에서 취한 것이고 그 외의 연구에서는 주로 공익성이 우선하는 것으로 간주해 왔다.[90] 여기서 공익이란 개념은 한 국가의 구성원 전체의 보편적 이익을 추구하는 것이라고 하겠는데, 이는 커뮤니케이션이란 것은 인간과 사회의 유지활동에 필수적이고 매스미디어가 그러한 과정에서 차지하는 역할이 심대한 데서 나온 개념이라고 할 수 있다.[91] 그러나 현대의 많은 학자들은 자본주의사회에서 언론은 그 자체가 하나의 독립된 조직으로 운영되기 때문에 공익성과 상품성이 혼재하여 있음을 지적한다.[92]

---

90) 이는 특히 언론자유의 입장에서 주장된다.
91) 박용상, 언론의 자유와 책임, 한국언론연구원, 언론인 연구교재 18-81, 1981, 7-8쪽.

여하튼 신문이 타 상품에 비하여 특수하게 인식되고 그것이 상품과는 거리가 멀게 느껴지는 이유가 바로 '공익성'이라고 볼 수 있다. 또 분명히 거의 모든 신문이 한결같이 공중의 이익을 추구하고 있다고-표현은 다양하지만-사시 등을 통해 밝히고 있는 실정이다.[93] 그럼에도 불구하고 이러한 명목과는 달리 '신문의 불신'이 문제되어 온 역사는 꽤 오래다.[94] 국내에 신문학이 형성되면서 줄곧 그러한 문제가 제기되었다고 볼 수 있으므로, 자연스럽게 그러한 평가가 일시적인 것이 아니라 피할 수 없는 속성이 아닌가 하는 의문이 들기도 하는 것이다. 그런데 앞의 기존 논문 검토에서도 살펴보았듯이 지금까지의 한국 신문에 대한 연구에서는 이러한 문제를 명확히 해명한 분석결과를 제시하기보다는 현상기술이나 단편적인 설명에 치우쳤고 설사 결론을 내리더라도 자료의 부족 등으로 체계적인 논리를 세우지 못했던 것으로 보인다.[95] 즉 신문은 과연 상품인가 아닌가와 더불어서 만약 그것이 상품이라면 '공익성'과 조화될 수 있는 것인가 라는 문제의 구명이 필요하다고 본다.

따라서 본 연구는 먼저 신문이 잉여가치의 획득을 추구하는-자본주의사회에 고유한-산업자본의 논리에 따라 생산되는 상품인지를 신문산업자본의 변화를 통해 파악한 다음에 그러한 현상을 가져오는 신문산업의 논리를 설명하고자 한다. 이를 위해 우선 각 신문사의 자본금의 변동을 통해 자본이 확대 재생산하는가를 볼 것인데 왜냐하면 자본주의사회에 있어, 경제구조는 자본을 중심으로 이루어져 있고 또 그것

---

92) 서정우, 차배근, 최창섭, 언론통제이론, 법문사, 1978.
93) 최종수, 위의 글, 118-66쪽.
94) 임근수, 위의 책, 48-9쪽.
95) 김남석, 위의 글, 112-20쪽.

을 통하여 운행되기 때문이다.[96] 그런데 이런 자본이 증가되는 방식에는 이윤확대를 통한 잉여가치를 자본으로 전환하는 것과 신주발행을 통한 증자가 있을 수 있다. 전자의 경우에는 기업 자체의 재산이 되어 소유·통제의 분야에 아무 영향을 주지 않고, 자본액이 증가하나, 이와 달리 증자를 통할 때는 유상이든 무상이든 일단 주식 수에 변화가 오고 배분 비율에 따라 기주주의 지분율이 달라질 수 있다. 그러나 실제로는 그러한 과정에서 대주주의 권한이 절대적이므로 구조적으로 바뀔 가능성은 희박하다. 또 이론상의 주식 소유지분인 51%에 훨씬 못 미쳐도 실제적인 소유권의 행사가 가능하다고 한다.[97]

기업의 경영상황을 파악하는 자료로는 재무제표가 가장 많이 쓰인다. 재무제표에는 대차대조표, 손익계산서, 이익잉여금 처분 계산서안 등이 있어 그 회사가 한 해 동안 얼마의 수익을 올리며 성장했는지를 보여준다. 또 이 자료를 이용해 여러 지수를 구해 타 기업 및 업종과 비교하여 상대적인 경영상태의 판단도 가능하다.

신문사도 주식회사로서 등록법인으로 외부감사의 대상이 되어 대차대조표를 만들고 있어 이를 통해 같은 방식으로 분석하는 것이 가능하리라고 본다. 실제로 이들의 대차대조표에는 주석에서 "공익사업이므로 회사의 안정성이 필요하다"고 특기한 점만 빼고는 그 형식이 일반기업과 같다고 볼 수 있다.

그러나 지금까지는 이러한 자료를 구하는 것이 매우 곤란하였고 따

---

96) 박은태 편, 현대경제학사전, 경연사, 1978, 584-6쪽.
97) 전문가들에 따르면, 대기업체 주식을 1-2%만 소유하더라도 기업체의 정책에 상당한 영향력을 행사할 수 있으며 10% 때로 5-6% 정도 소유하면 기업체의 정책에 실제적인 통제를 가할 수 있다고 한다. 1971년 미국인의 0.2%가 전 주식의 30%를 소유했으며 1%가 50%를 소유했다. 나델, "국가독점 자본주의와 계급" 플란챠스 외, 앞의 책, 155-6쪽.

라서 재무제표를 이용해 신문산업을 분석하는 것은 지극히 어려웠다. 이러한 현상은 1960년대에도 비슷하다고 하는데 당시 '신문산업의 본질'과 '신문사의 경영구조' 등을 연구한 임근수도 연구의 중요성에 비해 자료의 부족으로 제대로 연구할 수 없음을 다음과 같이 밝히고 있다.[98]

　　"현재 한국의 매스미디어 기업에 관한 경영구조를 분석해 낼 만한 자료를 도저히 입수할 수가 없는 것이 그 실정이다. 특히 발행부수와 판매보급 현황파악은 물론 제반 회계의 내용은 사실을 알 수가 없는 실정인 것이다."

　오늘날에도 그러한 곤란이 모두 해결된 상태가 아니므로 어떤 의미에서는 같은 결과를 낳을 가능성도 배제할 수는 없을 것이다. 그러나 앞서의 문제제기에서 보았듯이 신문산업의 본질규명이 시급한 마당에 그러한 이유로 연구를 회피한다는 것은 단순한 정체가 아니라 퇴보를 의미할 것이라고 본다. 오히려 다른 분야에 비하여 이렇게 유례없이 정보가 폐쇄된 정보생산산업의 모순된 성격은 그 자체가 신문의 성격을 말해 주는 훌륭한 자료라고 볼 수도 있다.[99] 더구나 일부 확보된

---

98) 임근수, 앞의 책, 364쪽.
99) 한국 신문산업의 이러한 측면에 대해 이상우는 다음과 같이 비판한다.
　　"신문은 '사회의 거울'이라고 흔히 불린다. 이 말은 사회에서 일어난 모든 일을 있는 그대로 신문이 보도한다는 뜻이다. 그러나 이 말은 온당하게 표현해서 사실과 거리가 먼 이야기이며 극단적으로 말해서 거짓말이다. 특히 이 '거울'에는 전연 비춰지지 않는 유령이 있다. 신문이라는 것이다. 즉 신문은 사회에서 일어난 모든 일을 보도한다고 하면서도 그 자신에 관한 일은 거의 보도하지 않는 것이다. 사회생활의 모든 측면에서 빚어지는 새로운 사실들에 관하여 신문은 무한한 의욕과 속보성을 가지고 구석구석을 뉴스화시키지만 그 자신에 대한 뉴스거리는 기사화하지 않는다. 특히 신문에 불리한 사실이나 내막에 관한 이야기는 자유언론의 화신처럼 행세하는 신문이 때로는 벙어리가 되고 때로는 그 강압자로

자료 외에도 이미 실시된 관련된 분야의 연구결과들을 보완한다면 그
러한 연구의 시도가 그렇게 어려운 것만은 아니라고 본다.

그러면 구체적으로 1980년 이후에 나타난 5개 신문사의 자본변동
상황을 통해 신문산업의 성격을 구명해 보자.

즉 신문산업이 가지는 우선적인 측면은 바로 그것이 일반산업과 마
찬가지로 자본의 논리에 따라 움직인다는 것이다. 다음 〈표 3. 1-1〉은
5개 신문사의 대차대조표에 나타난 자본금의 변동 상황이다. 1980년
의 자료 중 조선일보사와 중앙일보사를 제외한 3개 사의 자본금과 6
년 후의 1986년의 그것과 비교했을 때 599.5%가 증가하여 7배에 이
른 것으로 나타났다. 이는 매년 평균 38.2%가 증가한 것을 뜻한다.
그러한 비율은 다른 제조업에 비해 크게 성장한 것이다.

〈표 3.1-1〉 신문산업과 제조업의 자본성장 비교

(단위: 백만 원)

	동아	서울	조선	중앙	한국	전항5개사 평균	전항 성장도	전항3개사 평균	전항 성장도	제조업 성장도
80	5,844	1,018		35,092	599			2,500	100	100
81	7,118	4,284	4,636	35,701	646	10,477	119	4,016	160	119
82	12,675	4,413	6,236	36,009	5,331	10,650	120	7,473	298	139
83	27,422	5,134	9,060	37,031	6,249	16,979	192	12,935	517	157
84	30,219	8,795	12,102	37,242	8,415	19,354	219	15,809	632	182
85	31,656	7,942	13,366	37,891	9,242	20,079	228	16,280	651	208
86	34,062	8,256	15,941	37,688	10,165	22,543	256	17,494	699	

*3개사는 동아일보사 서울신문사 한국일보사를 말함. 중앙일보사는 1980년 언론통폐합시
방송사 매각처분으로 자본이 급격히 증가해서 제외했음.
*5개사의 성장도는 제조업과의 비교를 위해 81년(81=119)을 기준으로 함.
*자료: 5개 신문사 '85, '86 감사보고서, 매일경제신문사, '81-'86 회사연감.

등장하는 경우까지 있다. 적어도 오늘날 한국 신문들은 그러하다."
이상우, 위의 책.

신문산업의 성장을 경제학에서 흔히 사용하는 GNP의 성장과 비교
해도 비슷한 결과를 얻을 수 있다. 〈표 3.1-2〉는 GNP(1980-1986년)의
성장률과 신문산업의 성장과 비교한 것이다. 분석대상 신문사의 매출
액과 비교하여야 할 것이나, 5개 신문사의 최근 것-중앙 서울 2개 신
문사의 전부를 포함-인 1984년부터 1986년까지의 자료만이 확보가 가
능하여 그 대신 간접적인 지표로 지방신문 4개사의 평균 매출액을 사
용하였다. 정확한 비교가 되기는 곤란한 점을 갖고 있으나, 같은 업종
의 산업이며 지방신문의 경영이 전국지에 비해 중소기업에 비유될 정
도로 어려운 점을 감안한다면 과대평가의 가능성은 적을 것이다.

〈표 3.1-2〉 GNP와 제조업 및 신문산업 매출액의 성장비교

(단위: 백만 원)

	GNP 성장도	중앙5개지 평균매출액	전항 성장도	중앙, 서울 매출액합계	전항 성장도	지방4개지 평균매출액	전항 성장도	제조업매출액 성장도
80	100					1,638	100	100
81	123			48,296	100	2,526	154	133
82	137			60,839	125	3,266	199	150
83	160			72,402	149	4,246	259	177
84	180	46,493	100	85,046	176	4,454	271	208
85	196	51,687	111	101,965	211	5,736	350	
86	219	58,952	126	126,277	261	6,284	383	

*지방 4개지는 강원일보사, 대전일보사, 전남일보사, 경인일보사를 말함.
*성장도는 100으로 나타난 해가 기준 연도임.
*자료: 5개신문사 '85, '86 감사보고서: 매일경제신문사, '81-'86 회사연감.

이상에서 신문산업 자본의 변동 상황을 알아보고 그것이 다른 제조
업 및 관련 업종과의 비교를 통해, 일반적인 자본의 논리를 관철함을
확인했다. 또한 GNP와 신문사 매출액 및 이를 결정하는 제 지수(index)

들과의 비교를 통해 이는 더욱 분명해졌다고 본다. 그러므로 신문산업의 이러한 경제적인 측면을 중심으로 신문(상품)을 생산 판매하여 잉여가치를 증식시키는 신문산업의 성격을 구명하는 것이 가능할 것이다. 왜냐하면 전술한 데 따르면 신문은 이윤추구를 목적으로 생산되는 것을 뜻하기 때문이다.

그런데 신문의 내용이 이데올로기를 담은 것으로 일반 상품과는 달리 특수한 점을 지녀, 이에 따른 제반 조건이 일반 산업과는 다른 것으로 보인다. 그러나 이러한 차이가 무엇이든 간에, 앞에서 보다시피 신문산업의 성장을 저해하지 않음에 비추어 보아 신문의 경우에는 일단 '공익성'이라 불리는 '이데올로기적 성격'이 이윤추구라는 '영리성'과 모순되지 않는다고 볼 수 있을 것이다.[100] 그러면 신문산업자본이 자본의 논리에 따라 이윤율을 증대시키는 데 있어 그것이 갖는 특수한 기능으로 인해 신문자본가와 기자 등의 내적요인 외에도 국가, 자본(광고주) 및 민중(독자) 등의 국내요인과 제국주의세력인 국외요인을 비롯한 제 요인이 어떠한 역할을 하는지 생산요소 구매, 직접적 생산 및 판매의 세 단계로 나누어 각각 살펴보겠다. 이들 단계별 분석은 김대환이 밝히고

---

100) 이상우는 1954년에 창간된 한국일보의 보도경향을 예로 들어 신문의 '공익성(정론성)'과 '영리성(상업성)'의 관계를 다음과 같이 지적하는데 계속될 본 연구의 분석에서는 이러한 측면이 그 후에도 계속 나타나 오늘날에도 마찬가지임을 밝힐 것이다.
"……자유당 정권의 독재 속에서도 한국일보는 정론성의 발휘를 가능한 뒤꿈치로 돌려놓고 있었다. 어쩔 수 없이 정론성이 전면에 나설 때도 그 위치는 대개 권력과 반권력의 중간지점 쯤에 위치했었다. 물론 권력이라 하더라도 절대적으로 지나친 것, 그 결과가 여론대로 낙찰될 것이 뻔한 이슈에 대해서는 용감한 정론성을 발휘했다. 이 경우의 정론성이야말로 언뜻 보기에 느닷없는 것이고 상업주의와는 배치되는 것 같지만 실은 대중의 쾌감을 정확히 계산한 상업성의 변형이었던 것이다." 같은 책, 13쪽.

있는 일반 산업자본의 이윤율의 결정요인과 각각의 요인에 대해 취할 수 있는 이윤 증대 방안을 중심으로 하여 진행해 나가겠다.

〈표 3.1-3〉 이윤율의 결정요인과 증대방안[101]

이윤율의 결정요인	자본가의 이윤율 증대전략
1. 생산물 가격	독점력확보 등의 방법으로 가격인상
2. 노동효율	기술개선
3. 노동강도	생산라인의 가속화 및 노동속도 통제를 위한 보다 많은 작업감독관의 고용
4. 시간당 원료사용 및 기계 파손량	원료손실 및 설비파손을 줄이는 생산방법의 개발
5. 사용원료 및 파손기계의 평균가격	낮은 가격의 새로운 공급자 발견
6. 시간당 임금	보다 저렴한 노동력 확보 및 노동운동의 억압
7. 생산에 사용된 자본재의 평균가격	보다 저렴한 기계 및 자본재의 공급자 발견
8. 실제로 가동(사용)되는 노동시간당 자본재의 양	보다 적은 설비를 사용하는 생산방법채택(예컨대, 공해방지장치의 제거)
9. 가동률	유휴설비가 사용되게끔 수요의 창출 및 시장의 확대

주: 이 표에서는 이윤율의 결정요인 가운데 조세율이 빠져 있다. 조세율의 이윤율에 대한 영향은 판매단계에서 보게 될 것이다.

2) 생산요소 구매단계의 분석

신문산업을 경영하길 원하는 자본가의 의도는 무엇보다도 자본의 운동을 통해 잉여가치의 획득을 의도하는데 그것은 자본으로부터 나오는 필연적인 논리이다. 그러나 신문의 발생과 그것이 자본주의 발

---

101) 김대환, 자본주의의 이해, 비봉출판사, 1986, 171쪽.

달과정 속에서 산업화되는 과정을 살펴볼 때 상당 기간 자본 자체와
는 직접적인 관계없이 존재해 왔다. 즉 서구에서 초기에는 신흥 부르
조아지의 정치적 입장을 대변하고 유포하는 기능을 하였고 한국의 경
우는 독립신문과 제국신문, 황성신문 등에서 보듯이 개화사상과 민족
독립 등을 표방하였었다. 그러나 점차 신문에 대한 독자의 수요가 분
명해지고 그 자체가 주는 유형·무형의 이익에 주목하며 산업자본가
들의 신문산업 경영이 이루어졌지만 적어도 최근까지는 독립된 산업
자본의 역할을 수행하지는 못한 것으로 여겨진다.

　그러나 1980년 이후 자본의 변화는 그것이 '산업자본'으로서 기능하
고 있음을 충분히 보여주고 있다. 산업자본 순환의 제1단계는 생산요
소 구매단계로 유통과정이다. 신문산업자본가는 그의 자본으로 윤전
기와 신문용지 등의 생산수단과 기자·인쇄공 등의 노동력을 구입하
여 자본주의적 생산(이윤추구)을 위한 준비를 한다. 이들은 신문산업
자본가가 잉여가치의 생산을 위해 구입하는 생산요소로 자본의 운동
전체에 있어서 없어서는 안 될 구성 부분이다.

　앞에서 우리는 자본의 이윤율을 결정하는 요인과 그에 따라 취할
수 있는 이윤증대 전략방안으로 아홉 가지를 들어서 살펴보았다. 그
중 제1단계와 관련되는 결정요인으로 사용원료 및 파손기계의 평균가
격, 시간당 임금, 생산에 사용된 자본재의 평균가격 등 세 가지를 들
수 있다. 이들은 신문산업에도 마찬가지로 적용되는데 생산수단과 노
동력의 순서대로 제기되는 문제를 기술하면 다음과 같다.

　첫째는 윤전기 또는 CTS와 같이 신문의 생산에 사용된 자본재를
보다 낮은 가격으로 구입하는 것이 문제이다.

　둘째는 신문용지와 같은 원료를 보다 낮은 가격으로 구입하는 문제
이다.

셋째는 노동력을 제공하는 기자. 인쇄공 등의 노동자를 고용할 때
보다 낮은 임금으로 구입하는 것이 문제이다.

이상 세 가지가 제1단계에서 이윤율의 증대와 관련한 가장 중요한
문제인데 이렇게 세 가지로 구분한 것은 각각은 잉여가치의 생산에서
행하는 역할에 따라 구분된다. 즉 처음 것은 고정자본으로 불리며, 그
가치가 매 신문 생산 시마다 일부분만이 이전되는 자본이다. 하지만
두 번째와 세 번째는 그 가치가 새로운 생산물에 남김없이 이전되는
것으로 유동자본이라고 한다. 그런데 이 중 처음 것과 두 번째 것은
다시 이전되는 가치에 변동이 없는 불변자본이나 마지막 것은 새로운
가치를 창출하는 것으로 가변자본에 해당한다.

이들을 알기 쉽게 표로 나타내면 다음과 같다.[102]

〈표 3.2-1〉 총자본의 구성

```
                    ┌── 고정자본(윤전기, 건물 등의 가치)
        ┌─ 불변자본 ┴── 불변적 유동자본(신문용지, 신문잉크 등의 가치)
        │  (생산수단에 투하된 자본: 생산과정에서 가치의 크기가 변하지 않는다.)
총자본 ─┤
(신문생산을 위해 투하된 자본)
        │
        └── 가변자본--가변적 유동자본(노동력의 가치)
           (노동력 구매에 지출된 자본: 생산과정에서 가치의 크기가 변한다.)
```

그러면 생산요소에 해당하는 것들을 하나씩 들어보며 그것이 어떻
게 이윤율 증대에 영향을 미치는지를 실제로 나타난 예들을 중심으로
살펴보자.

---

102) 궁천실 261쪽.

(1) 생산수단의 구매

생산수단은 인간이 물질적 재화와 생산에 종사하는 데 필요한 모든 물질적 조건이다. 여기에는 노동대상과 노동수단, 구체적으로 말하면 토지, 삼림, 하천, 지하자원, 원재료, 생산도구, 생산용 건물, 교통, 통신기관 등을 포함한다. 이 중 좀더 중요한 것이 생산도구와 같은 노동수단인데, 이는 생산과정에서 인간이 사용하여 노동대상에 영향을 미치고 그것을 변화시키는 모든 물질적 재화와 물질적 조건을 말한다.[103] 노동대상은 노동과정 중에서 인간이 노동을 가하는 대상 모두를 일컫는다. 만약 신문용지와 같은 노동대상이 없다면 신문을 만들어 낼 수 없다.

신문산업의 생산수단 중에서 윤전기를 비롯하여 인쇄에 필요한 모노타이프 사진 인쇄시설 또한 CTS설비와 신문사로 사용하기 위한 건물과 그것이 들어선 토지 등은 노동수단에 신문용지와 신문잉크 및 통신사로부터의 기사 등은 노동대상에 각각 해당한다.

1〉 노동수단

노동수단 가운데 가장 중요한 것은 기계적 노동수단인 생산도구로 전체 생산수단 가운데서 주요한 작용을 하는 것이기도 하다. 마르크

---

103) K. Marx and F. Engels 자본, 김영민 역, 이론과 실천, 1987, M194.
   M은 독일어 원전 NEW판(막스, 엥겔스 저작집 Karl Marx-Friedrich Engels Werke, 제13판, 1979년)의 페이지임. 이후 M으로 표시.
   노동수단이란 노동자와 노동대상 사이에 개입하여 이런 대상에 대한 그의 활동의 전도체로서 기여하는 하나의 물적 존재 또는 물적 존재들의 복합체이다.

스는 이를 생산의 골격계통 및 근육계통이라고 불렀다.[104] 그 다음으로 중요한 것이 장치적 노동수단으로 노동대상의 용기(容器)인데 예를 들면 관·통·병이다. 마르크스는 이를 생산의 혈맥계통이라 불렀다.[105] 그 외 넓은 의미로 해석하면, 노동대상을 제외하고 생산과정에 필요한 모든 물질적 조건도 노동수단에 포함된다. 토지, 생산적 건축물, 도로, 하천 등은 노동과정에서 직접 쓰이지는 않지만, 만약 이러한 것이 없다면 생산과정은 성립하지 않든가, 성립하더라도 불완전하게 된다. 노동수단과 노동대상의 구분은 생산과정 속에서 차지하는 지위와 행하는 역할에 따라 결정된다. 그러면 이 중에서 신문생산에 가장 큰 영향을 미치는 생산도구인 윤전기 등의 인쇄시설과 생산장소인 토지와 건물을 중심으로 살펴보자.

ㄱ. 생산도구

생산도구는 인간이 물질적 재화의 생산과정 속에서 노동대상에 사용하여 물체의 가공을 이루는 것으로 노동도구라고도 한다. 이 생산도구는 대개 노동자와 노동대상 사이에서 쓰이는데, 노동자의 노동을 노동대상에 전달하는 작용을 한다. 생산도구의 창조 및 사용은 인간을 동물계로부터 분리시킨 결정적 조건으로 수천 년에 걸쳐 생산도구가 개량 발달됨과 동시에 자연에 대한 인간의 작용능력이 증대되었다. 사회의 발전에 커다란 역할을 수행하는 생산력을 이루는 핵심 구성요소 중 하나인 생산도구의 변화, 발전은 물질적 재화의 사회적 생산양식을 변화시키고 전 사회제도를 변화시킨다.[106]

---

104) M195.
105) 같은 곳. 이는 화학공업에서야 비로소 중요한 역할을 수행한다.

신문이 다른 매체인 잡지, 서적에 비해 훨씬 대중적인 상품이 된
데는 산업혁명 이후 단시간 내에 대량의 부수를 찍어낼 수 있는 윤전
기의 발명에 크게 힘입은 데서 신문산업에서 생산도구가 매우 중요함
을 알 수 있다.[107] 그러면 윤전기 등 몇몇 기계시설을 살펴보며 이것
이 신문산업의 성장과 갖는 관계를 알아보자.

ㄱ) 윤전기

윤전기는 생산도구에 해당하는 공무 분야의 시설 중에서 가장 큰
비중을 차지하는 인쇄기로 "신뢰성 있고 선명한 인쇄를 고속으로 처
리할 수 있는 윤전기를 갖추는 것이 신문인쇄에 있어서 필수 요
건"[108]이라고 한다. 한국의 신문산업에서 1960년대 초까지 사용하던
윤전기는 거의가 반세기 전에 일본·미국 등지에서 제작된 낡고 수명
을 다해 가는 고물로 매시 4-5만 부 정도의 인쇄능력을 갖고 있었으
나 그나마 각 부분이 마모가 되어 가동 중에 고장이 빈발하고 요란한
소음을 내어 매우 좋지 않았다고 한다.[109] 따라서 경영자의 고속 윤
전기에 대한 동경이 대단했는데 1965년에 와서 중앙일보사(이하 신문

---

106) M195. 생산도구는 좁은 의미에서의 노동수단이라 할 수 있다. 노동수
　　단은 인간의 노동력 발전의 측정기일 뿐만 아니라 그 속에서 노동이
　　행해지는 사회적 관계의 표시기(表示器)이기도 하다.
107) 방정배는 매스커뮤니케이션의 전제로서 활판 인쇄미디어의 개발로부터
　　속사인쇄기, 고속윤전기 또는 속사식자기 등의 계속적인 발전을 든다.
　　방정배, p.194.
　　한편 이러한 생산도구의 지나친 강조는 맥루한의 기술결정론과 같은
　　일면적인 경향에 빠질 수도 있으므로 주의해야 한다.
　　이상우, 위의 책, 10-1쪽.
108) 한국 신문협회 20년, 270쪽.
109) 같은 곳.

사 생략)가 일본으로부터 고속윤전기를 도입한 것을 시발로 1967년
말 한국일보와 조선일보 등도 잇따라 비슷한 인쇄기를 도입하였다.

이러한 윤전기의 도입은 1970년 3월부터 종전의 주 36면에서 48면
으로 33.3% 증면이 실시되자 더욱 활발해져 1970년대는 대부분의 신
문사가 이를 보유하게 되었다. 그런데 값비싼 고속 윤전기의 도입은
자체 능력만으로 감당할 수가 없었으므로 무리하게 도입하는 고속 윤
전기의 구매자금을 정부의 협조 아래 융자나 차관 등으로 해결하여야
했다.[110] 시중은행으로부터 융자받는 경우 연 26%의 금리였으나 당
시 시중사채가 연 48%의 금리였고 또 시중은행의 여신한도가 극히
제한되었던 점에 비추어 보아 이는 큰 혜택에 해당하는 것이다.[111]
신문협회도 이러한 혜택을 다음과 같이 표현하고 있다.

"한편 60년대 하반기부터 우리나라 신문사들이 고속윤전기를 비롯하여
각종 시설기자재를 도입하여 시설개선에 박차를 가하게 되었으므로 협회
는 이들 시설물들의 도입허가, 관세율 조정 및 도입자금 등의 융자에 대하
여 관계당국에 건의하고 교섭을 진행하여 적지 않은 결실을 얻어냈다."[112]

정부는 각 신문사의 시설개선을 경제적으로뿐만 아니라 그 도입허가
등의 과정에서 법적·제도적으로도 지원하였는데[113] 1968년 국회에서

---

110) 이 은행융자는 원래 5·16 후의 재정난으로 1962년 말 공보부의 추천을
    거쳐 재무부 지시에 따라 시중은행으로부터 장기대부를 받는 것으로써
    거의 모든 회원사가 이 융자알선의 혜택을 받았다. 신협 20년 503쪽.
111) 1각 신문사는 상대적으로 매우 낮은 이자율(연리 26%)임에도 불구하고
    신문협회를 통해 1967년 초에 금리인하 조정조치를 정부의 관계당국에
    건의하여 같은 해 3월 25일부터 연리 18%로 내렸다. 신협 20년 503-4쪽.
112) 신협 20년 504쪽.
113) 윤전기 수입에는 추천의 형식으로 문공부가 개입한다. "76년 5월 말 현

신문사에 대한 차관도입문제가 나왔을 때는 이의 확산을 막아 정치적
으로도 도와주었음을 알 수 있다.114) 한편, 80년 언론 통폐합 이후 11
년 만에 대폭적인 발행면수의 증면(주 48면에서 72면으로 50% 증가)
이 실시되자 각 신문사는 또다시 많은 윤전기를 도입하였다.

<표 3.2-2> 중앙지 5개사 소유 고속 윤전기 변동 상황

신문사/연도	77	80	82	85
동 아	8	8(1)	14(1)	20(1)
서 울	5	5(1)	8(1)	16(3)
조 선	12	13(1)	17(1)	23(3)
중 앙	4	6(1)	14(1)	20(2)
한 국		10(2)		23(2)
총 계		42(6)		102(11)

*괄호 안은 컬러(다색)용 옵션윤전기 대수임.
*자료: 77 한국 신문연감. 80, 82, 85, 한국 신문방송연감.
*이들 자료는 해당 연도에 발표된 것으로 그 전해 말의 현황일 수 있음.

윤전기의 구매와 관련한 신문사의 이윤증대 전략은 보다 좋은 제품
을 저렴한 가격에 구입하려는 것이다. 그런데 고속 윤전기는 또 신문
상품의 시간적 제약이라는 특성과 관련하여 판매에 직접적인 영향을
미친다.115) 아울러 고가의 윤전기에 투자하는 것은 전체적인 비용상

재 문화공보부의 수입추천을 받은 중앙종합지 3개사의 윤전기 도입 대
수가 10대에 이루고 있다." '77 한국 신문연감, 62쪽. 이는 1988년까지
계속되었고, 1989년부터 문공부 추천 감시품목에서 해제되었다. 기자협
회보 1988. 10. 7 (514호)

114) 국회에서 조선일보의 차관도입에 대한 논의가 갑자기 중단 흐지부지되었다.

115) 박무승, 신문은 저장품이 인정되지 않는 '상품'이라고 한다. 매일 일정한
시간에 발행되는 신문은 제한된 시간 내에 판매되지 않을 경우 재고품

승을 일으키므로 가급적 적은 대수로 생산과정에서 이를 최대한 활용하려 한다. 또한 고가의 윤전시설을 활용해 가급적 많은 이윤을 추구하여야 하는 필요성은 다른 중소 신문(주간 또는 월간지 등)의 제작에 사용하기도 한다.

이렇게 신문생산에 사용되는 매우 중요한 생산도구인 윤전기의 확보(주로 수입에 의존한다)와 관련하여 작용하는 제 세력으로 국가와 제국주의자본(일본으로부터의 수입이 대부분임)을 들 수 있다. 국가는 앞에서 보았듯이 자금지원과 수입허가(법적, 제도적 지원)로 영향을 미치고 제국주의자본은 차관제공과 윤전기의 수출을 들 수 있다. 즉 제국주의자본의 차관제공 시 그것의 구매선은 물론 해당국가가 될 테고 이때 제국주의자본은 자본수출과 상품수출을 통해 이윤을 획득할 것이다.

ㄴ) 기타 제작시설

신문산업의 인쇄공장에서 사용되는 제작시설은 앞에서 살펴본 윤전기를 포함한 용지재단기 등의 인쇄시설과 활자 주조기, 지형건조기 등의 주조시설 그리고 흑백 및 컬러사진을 처리하는 제판시설 등으로 나뉜다. 여기에 70년대 말부터 몇몇 신문사에서 도입한 CTS를 위한 전산시설을 추가할 수 있다. 첨단기계시설의 도입은 제작 시간을 단축하고 작업능률을 향상시켜 생산성을 향상시킬 뿐만 아니라 공장 노동자 수의 감소로 인건비의 절감을 가져오므로 경쟁에서 유리한 위치를 확보, 궁극적으로 최대 이윤확보에 매우 중요하다. 특히 CTS는 납

은 상품으로서의 가치를 상실하여 재고품에 투입된 원가는 자동적으로 비용화된다. 즉 '신문처럼 빨리 부패하는 상품은 없다'고 할 정도이므로 신문의 제작에 있어서 시간의 단축은 매우 중요하다. 박무승, p.196.

에 의한 활판방식을 탈피, 편집에서 발송까지의 전 공정에서 컴퓨터
를 사용 자동화하는 것으로 기계시설 중 가히 획기적인 것이다. 이미
외국에서 사용되었고 국내에서도 한글의 전산화 및 부분적인 도입을
거쳐 현재는 동아일보사를 제외한 중앙지 4개사가 사용하고 있다.116)

---

116) CTS는 편집에서 발송까지의 전 공정 중 기사입력에서 강판(降版)까지의
    공정을 상반신으로 구분하여 선진화된 상반신 CTS는 문자, 사진, 도표,
    선, 그림 등을 전기신호로 변화시켜 최종적으로 신문 한 페이지 크기의
    인화지나 필름 더 나아가 쇄판(刷版)으로 직접 출력하는 시스템이다. 이
    공정은 서울 신문사가 85년 1월 신사옥 입주와 함께 상하반신의 CTS화
    를 이룸으로써 한국 신문 인쇄사의 첫 장을 열었다.
    다른 신문사의 현황과 전망은 다음과 같다.
    조선일보: 건축 중인 신사옥에 입주하면서 최신형 옵세트를 신설하고 활
    판 운전기를 개조하여 하반신의 완전 CTS를 이뤄 1988년도 올림픽에 대
    비한 시설을 모두 갖출 예정이며 상반신의 전면화(全面化, Full Pagina-
    tion) CTS계획을 추진 중에 있다.
    중앙일보: 1986년 말 CTS에 맞춰 상반신의 CTS 추진위원회를 구성, 이
    미 완성된 하반신의 CTS에 맞춰 상반신의 CTS를 연구 중이다. 초고속
    의 옵세트 인쇄시설은 물론 발송부문도 자동화하여 인쇄된 신문지를 결
    속(묶어서) 포장하여 수송용차에 싣는 곳까지 자동 운송하는 가장 완벽
    한 하반신 CTS를 이루고 있다. 또 문자의 명조체와 고딕체의 종류별 및
    크기별로 CTS용 활자형을 자체개발하여 원도제작을 해놓고 있으며 조사
    자료의 데이터베이스를 구축 중이다.
    한국일보: 타 신문사와 다르게 신문제작을 상반신부터 CTS로 전환하는
    과정을 밟고 있다. 현재 자매지인 코리아타임즈 등을 제작하고 있는데,
    여기서 축적된 기술을 바탕으로 88년 신사옥 완공과 함께 본지(한국일
    보)의 상, 하반신을 CTS화할 것을 추진 중에 있다.
    이 밖에도 한국경제신문이 하반신의 CTS화를 이루었고 대구매일신문
    이 지방지로서는 유일하게 CTS를 도입하였다.
    CTS에 대한 자세한 내용은 다음을 참조할 것.
    이환의 매스컴 경영론, 열화당, 1975, 151-2쪽.
    한국 신문연구소, '77년 한국 신문연감, 1977, 91-2쪽.
    한국 신문협회, 한국 신문협회 20년, 1982, 275-8쪽 및 제6장 '신문제작기
    술의 혁신' 한국언론연구원, '87 한국 신문방송연감, 1987, 73-5쪽.

고속윤전기나 CTS의 도입은 다른 공정도 기계화할 필요성을 높이고 있는데[117] 그중의 하나로 윤전기의 인쇄속도를 향상시키는 자동연지기(Auto Paster)라는 보조장치를 들 수 있다.[118] 이 기계는 특히 고속윤전기의 도입과 증면으로 윤전기의 연결 대수가 증가하고, 종이 잇는 횟수가 더욱 많아지면서 필요해진 기계다. 시간단축과 원료(손지: 못써서 버리는 종이) 절감으로 장기적인 시점에서 이윤을 제공해 주는 자동연지기와 같은 기계의 도입으로 이러한 기계화의 비중은 점점 커질 것이다.

한편, 신문의 생산과정에 포함되는 취재과정에서 사용되는 생산도구도 제작시설에 해당된다. 그것은 신속한 기사취재를 위해 사용되는 전화기, 텔렉스 및 팩시밀리와 같은 통신시설을 비롯하여 자료를 제공해주는 자체 컴퓨터 또는 데이터베이스의 단말기 등이다. 또 취재용 자동차와 비행기도 그러한 생산도구의 하나이다. 특히 비행기는 가격이 비싸고 사용에 허가를 맡아야 하나 각사가 모두 1대 이상씩 보유하고 있는데 이의 소유 자체가 국가와의 관계 - 비행기의 구매와 사용에 국가의 허가를 받는 면에서 -를 드러내고 있다. 이들은 정신적인 생산물과 관련된 점에서 인쇄과정에 쓰이는 기계와 성질이 다르나 자동화가 미치는 영향이 유사한 것 등 생산도구로서의 공통점을 갖고 있다고 하겠다.

---

117) CTS 주변기기에 대해서는 한국 신문협회, 309-15쪽을 참조할 것.
118) 위의 책 281-2쪽.

〈표 3.2-3〉 5대 신문사 비행기 보유 상황

신문사	보유기종 및 대수
동 아	세스나(CESSNA) 185형 1대, Hughes300헬리콥터 1대
서 울	세스나 206-P형(6인승)
조 선	Piper Cherokee-235B 단발 1대
중 앙	세스나(6인승)1대
한 국	Bell-47G 헬리콥터 1대, Piper PA 23-250 쌍발 1대

자료: '87 한국 신문방송연감

ㄷ) 생산도구의 의미

재래식 윤전기에 비해서 고속윤전기를 그리고 기존의 HTS(Hot Type System: 납을 사용하여 활자주조, 문선, 조판, 연판의 순서를 거쳐 인쇄를 하는 시스템)보다는 새로운 CTS(Cold Type System 또는 Com- puterized Typesetting System)를 가지고 있는 신문사가 선명한 인쇄와 신속한 내용으로 우월한 사용가치를 지닌 신문(상품)을 생산하여 판매경쟁에서 유리할 것이다. 판매부수는 곧바로 광고수입에 영향을 미쳐 전체 수입을 결정짓는다. 그러므로 자본가는 더 많은 수입을 올려서 최대 이윤을 산출하기 위해서는 무엇보다도 신문의 상품성을 최대한 살려야 하므로 자연히 그 방법으로 생산도구의 개선, 즉 공장기계화에 주력할 수밖에 없다. 그런데 이러한 신문산업자본의 논리는 신문산업 내외의 제 세력 간에 다양한 현상을 가져온다.

먼저 신문산업 내에서는 자본가가 이윤목적으로 추진하는 공장기계화는 노동자에게 크게 세 가지의 불리한 결과를 가져온다. 그것은 노동자들이 받는 임금의 하락과 노동강도의 강화 및 해고 위협의 증대에 따른 자본가에 대한 교섭력의 약화 등이다.[119]

첫 번째는 제작공정의 기계화와 자동화의 도입으로 전반적으로 미숙련 노동 위주의 생산방법으로 변화됨으로써 임금비용이 떨어지는 것이다.[120] 이와 반대로 자본가는 상대적으로 임금이 높은 숙련노동자를 미숙련 노동자로 대체함으로써 전체 임금액의 절감을 가져오고 또 후자의 공급이 전자보다 훨씬 크기 때문에 임금수준의 결정에 있어서도 유리하게 된다.

두 번째는 이러한 기계화와 자동화가 노동강도를 높이는 것이다.[121] 자본제적 기업에 있어서의 이러한 추세는 자본가의 이익에 봉사하는 방향에서 채택되고, 따라서 노동자의 잉여가치를 최대한 획득하기 위해서 기계를 중심으로 노동자들이 보조를 맞추어야 되는 것을 의미한다.

세 번째는 확대된 기계화와 자동화로 필요한 노동자의 수가 줄어드는 데서 노동자의 해고 위협이 늘어나는 것이다.[122] 그러므로 일부 노동자는 해고를 면하기 위해서 집단행동을 피하므로 이는 또 노동자들의 교섭력 약화를 가져오게 된다.

다음에 신문산업 외부에 존재하는 세력과의 관계에서 나타나는 현상이 있다. 즉 신문산업은 기계화와 자동화를 추진하기 위해서는 막대한 자금을 필요로 하고 또 외국으로부터 수입하는 과정에 국가의 추천을 필요로 하는 데서 나타나는 문제이다. 자금의 경우는 은행으로부터 대출을 받거나 해외로부터 차관을 들여오는 방법이 있는데 이 둘 모두 국가의 도움을 필요로 한다. 앞에서 1960년 후반 이후의 윤전기 도입 등 제 시설 확충에 드는 비용을 국가의 개입으로 시중은행에서

---

119) 일반적인 기술진보의 영향에 대해서는 김대환, 위의 책, 198쪽을 참고할 것.
120) M416-424.
121) M431-440.
122) 기계로서의 노동수단은 곧 노동자 자신의 경쟁상대가 된다.
    기계를 통한 자본의 자기증식은 기계로 말미암아 생존조건을 박탈당한 노동자의 수에 정비례한다. M454.

사채금리(연 48%)보다는 훨씬 낮고 일반은행금리(연 26%)에 비해서
도 31%나 낮은 파격적인 조건으로 장기대부를 받은 예를 보았는데
이러한 방식은 정도는 다르나 그 후에도 계속되어 국가가 결과적으로
신문사에 큰 재정적 혜택을 제공한 것으로 보인다.[123] 국가는 또 1968
년에 조선일보사의 시설도입을 위한 차관을 허가하기도 했다.[124]

한편, 신문산업의 시설투자와 자금확보과정에 제도적으로 개입하는
국가의 뒤에는 국내은행과 제국주의 은행자본이 있다.[125] 이들 은행으
로부터 빌린 돈을 신문산업은 이자를 붙여 갚아야 하는데 그러기 위해
서는 경영에 주력하여야 할 것이다. 즉 신문산업의 상품인 '신문'을 생산,
판매한 결과 이를 상회할 정도의 충분한 이윤을 획득할 필요가 있다.

따라서 신문자본가는 잘 팔리는 신문을 만들어서 판매부수를 늘리고
이를 통해 다시 광고수입을 증대시키는 길을 찾게 된다. 이렇게 볼 때
은행 부채는 어느새 신문에게 '잘 팔려야 한다.'는 조건을 형성한다. 그
러나 여기서는 일단 국가와 은행이 신문산업의 생산도구 구매과정에서
개입하고 있는 사실만을 확인하고 그것이 신문의 내용을 결정하는 데

---

123) 신협 20년 504쪽. 및 5대 신문사 '86 감사보고서
　　86년 12월 말 현재 서울신문사는 6,905,517,650원($5,730,500 및 360,000,
　　000), 조선일보사는 857,500,000원($1,000,000), 중앙일보사는 2,264,
　　819,016원($2,617,380)을 각각 외화로 차입하였는데 이 중 중앙일보는 전
　　액 기계장치시설자금으로 썼다.
124) 송건호, 민주언론 민족언론, 두레, 1987, 123-51쪽.
125) 화폐는 화폐로서 지닌 사용가치(일반적 등가물로서 기능하는 사용가치)
　　외에 하나의 추가적 사용가치를, 즉 자본으로서 기능하는 사용가치(평균
　　이윤율을 낳는 사용가치)를 얻는다. 이 경우 화폐는 이윤을 낳는 수단이
　　라는 속성을 가지는 가능성 있는 자본으로 독자적인 종류의 상품이 된다.
　　이와 같은 자본을 대부자본이라고 한다. 따라서 은행을 자본이라고 할
　　수 있다. 단 이것이 금융자본(독점적 은행자본과 독점적 산업자본이 융
　　합 또는 유착하여 형성된 하나의 자본형태)을 뜻하는 것은 아니다.

미치는 구체적인 영향은 뒤의 생산 단계에서 살펴보기로 하자.

지금까지 생산도구의 구매과정과 관련한 신문산업자본가의 이윤 추구 활동과 그에 개입하는 요인을 살펴보았는데 이들을 간단히 도식으로 표현하면 다음과 같다.

<그림 3.2-1> 생산도구 구매관정에의 개입요인

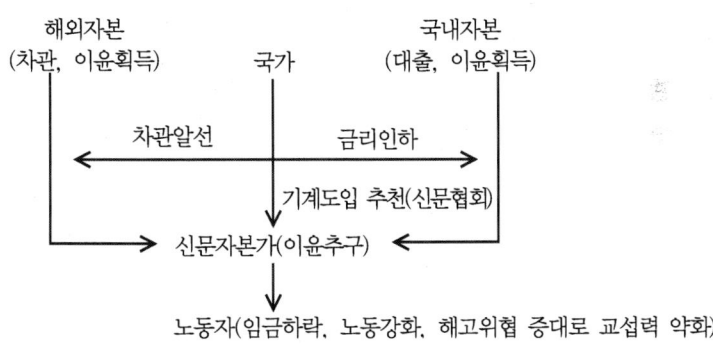

*노동자 중 기자와 운전공 등 노동의 성질에 따라 다르게 나
 타나는 특성은 '노동력의 구매' 부분에서 다루고 있음.

ㄴ. 토지와 건물

토지와 건물은 신문사 사옥, 즉 신문이 만들어지는 장소이다. 그런데 한국 신문산업에서 대부분의 신문사는 반드시 이러한 목적만을 위한 것이 아니다. 5개사 중 동아일보를 제외한 4개사의 건물은 모두 10-20층 이상의 고층건물로 신문을 생산·판매하기 위한 건물로는 지나치게 크다. 실제로 이들은 신문사 사옥으로서뿐만 아니라 다각 경영에 의한 자매지, 잡지, 출판과 그 밖의 부대사업을 위한 건물로 사용되는데 경우에 따라서는 신문사가 속한 그룹회사나 다른 회사에 임대하고 있다(<표 3.2

-4〉). 이 밖에도 토지와 건물을 은행에 담보로 제공한 후 거액의 장단기 융자금을 받는 경우가 있다(〈표 3.2-6〉). 특히, 은행자금은 신문산업의 투자재원으로 다시 사용된다. 마지막의 투자목적으로 토지와 건물을 구매 또는 신축하는 경우를 포함하면 부동산의 소유는 신문의 생산과 판매, 다각경영 및 임대 수입 그리고 투자와 담보 등을 목적으로 하고 있다. 이러한 투자효과는 자산재평가 항목에서 잘 나타난다(〈표 3.2-5〉). 이들은 신문생산을 위한 본래의 목적과 그 외의 것으로 나눌 수 있다.

먼저 신문의 생산을 위한 목적은 입지적 조건과 건물 구성의 두 가지를 생각할 수 있다. 신문사의 입지적 조건은 뉴스의 중심지에 가까워야 하고, 또 교통이 편리한 곳이 적합하다. 즉 뉴스원이 될 관공서, 상업중심지 및 번화가 등과 가까운 곳으로서 취재활동과 신문활동에 편리한 곳에 위치해야 효과적일 것이기 때문이다.[126] 그러나 반드시 도시 중심지만이 유리한 것은 아닌데, 특히 인구, 건물, 차량 등의 과밀로 혼잡을 빚어 취재활동이나 발송활동에 지장을 줄 수 있기 때문이다.[127]

건물 구성은 제작과정이 효율적으로 이루어지도록 하는 적절한 공간배치를 뜻한다. 충분한 공장공간이 확보되지 않을 경우는 지난 1981년

---

126) 박무승, 위의 책, 104쪽. 한편 신문사가 밀집되어 있는 거리를 신문로라고 하는데 이는 구 중앙청(현 국립박물관)을 비롯해 정부종합청사 서울시청을 비롯한 관청가와 재벌그룹의 본사 등이 있는 명동, 서소문, 을지로 등과 인접해 있다. 5개 신문사(본사)의 현재주소와 그 위치는 다음과 같다.

각 신문사 소재지

이 름	주 소
동 아	서울특별시 종로구 세종로 139
서 울	서울특별시 중구 태평로 1가 25
조 선	서울특별시 중구 태평로 1가 61
중 앙	서울특별시 중구 순화동 7
한 국	서울특별시 종로구 중화동 14

127) 같은 곳.

의 부수증면에 따른 고속윤전기의 설치를 곤란하게 할 것이며 결국 시간의 지체로 제작과 판매에 어려움을 던져줄 것이다. 당시 신문업계는 대부분 협소한 발송장소를 갖고 있었는데 늘어난 공급물량을 제대로 처리하지 못했다고 한다.[128] 1984년과 그 다음해에 각각 건설된 서울신문사와 중앙일보사 건물은 공간배치를 적절히 하였는데 또한 비교적 넓은 사무실과 공장을 갖고 있어 이러한 문제에 또한 대비하고 있다. 이와는 달리 가장 오래되고 협소한 건물을 갖고 있는 동아일보사는 1972년에 신축한 여의도의 4층 건물에 인쇄소와 출판국 등을 두고 문화 센터를 운영하고 있다. 북미와 서구의 경우에서는 제작과정의 기계화·자동화로 편집부문과 인쇄부문을 분리해서 인쇄공장을 교외로 옮기는 경향이 있다고 하는데[129] 동아일보사의 분리는 그와는 달리 신문사 성장을 따라가지 못하는 건물 공간의 부족 때문이다. 또 한국일보사와 조선일보사도 기존윤전실의 포화상태로 윤전기 설치 장소가 없어 일본에서 윤전기를 도입해 놓고도 아직 설치하지 못하고 있는 상태인데, 1987년 현재 신사옥을 건축 중이라고 한다.[130] 한편, 대형건물(고층빌딩)의 신축은 그 자체로 사회의 관심을 불러일으켜 간접적으로 사세확장의 의미를 갖는데, 독자와 광고주의 확보에 도움을 주기도 한다.

다음에, 신문의 이외의 목적으로는 다각경영, 임대수입, 투자 및 자금 확보를 위한 담보제공이 있다.

---

128) 발송부문은 아직도 사람의 손으로 하드롱지(紙)에 신문뭉치를 포장하는 종래의 방법에서 탈피하지 못하고 있는 실정으로 고속화된 윤전기 능력과 불균형을 이루고 있다. 이 때문에 윤전기에서 쏟아져 나오는 신문뭉치가 미처 처리되지 못하여 콘베이어 위에 체류되어 있는 현상이 나타난다. 신협 20년, 283쪽.

129) 박무승, 위의 책, 104-5쪽.

130) '84 신방연, 132쪽.

첫째로, 다각경영을 목적으로 잡지 등의 발행과 기타 부대사업을 위해 그리고 임대소득 등 신문 외의 목적을 위한 건물의 소유이다. 5개 신문사는 모두 5-10종의 잡지를 발행하고 있는데 이들 제작은 편집과 인쇄에서 신문과 잡지 상호 간에 자료, 시설을 공동으로 이용하므로 비교적 낮은 비용으로도 가능할 것이다. 따라서 소위 수평적 집중이라고 불리듯이 신문산업은 수입과 이윤을 증대시키기 위해 동종의 매체를 집중하는 경향이 있다(뒤에서 상술하겠음). 동종의 매체경영에는 넓은 의미로 음악·미술·공연·체육 행사 등의 소위 문화사업까지 포함시킬 수 있다. 이들 중에는 일부 비영리적인 사업이 포함되어 있으나 신문이나 잡지 등의 지원을 받아 이루어지므로 전체적으로는 안정적인 이윤을 보장해 주는 수입원이라고 말할 수 있다.

〈표 3.2-4〉 5대 신문사의 신문 이외의 매출액 구성 비율

(단위: %)

신문사	인쇄, 출판	문화사업	임대 및 기타	다각경영 합계
동 아	20.1	4.5	-	24.6
서 울	13.0	0.3	4.3	17.6
조 선	10.2	0.6	0.4	11.2
중 앙	25.1	18.6	-	43.7
한 국	4.7	2.8	0.8	8.3
평 균	15.7	6.1		22.6

*'다각경영 합계'는 다각경영을 통한 수입이 전체 매출액에서 차지하는 비율임.
*중앙의 경우 임대수입이 회계항목에서 빠져 있어 문화사업에 포함된 것으로 여겨짐.
*자료: 각 신문사 86 감사보고서.

이와 함께 위의 신문, 잡지의 생산과 기타 문화사업용으로 사용하고도 남을 정도로 큰 규모의 건물을 소유할 경우 이 중 많은 부분이 임대를 통한 수입원이 되기도 하는데 여기엔 특히 중앙일보사와 서울신문사가 해당한다.

이상에서 토지와 건물이 신문산업자본에서 갖는 의미와 그 기능에 대해서 간단히 살펴보았다. 신문자본가는 생산수단의 한 부분인 노동수단으로 윤전기 등의 제 기계시설과 더불어 토지와 빌딩을 구매하지만 이것이 신문생산을 위한 목적 외로도 사용하고 있음을 알 수 있다. 이 중에는 다각경영에 의한 잡지·출판 문화사업과 임대사업과 같이 비교적 정상적인(합법적인) 이윤추구 방식 외에도 결과적으로 부동산 투기나 은행으로부터의 차입금 조달을 위한 담보용으로 사용하는 비정상적인 이윤추구 방식도 있다고 하겠다. 이 중 후자는 반대의 방식(은행으로부터 차입한 자금으로 빌딩을 신축하는)으로 이루어지기도 하며 이 둘이 같이 사용되기도 한다. 심지어는 신문산업을 보호 성장시킨다는 명목으로 외채조달을 허용하기도 한다.131)

둘째로, 투자 및 자금확보를 위한 담보제공용이다.

먼저 투자용으로 사용되는 것은 한국의 부동산 물가 상승률이 일반 물가상승에 비해서 높기 때문에 가능한데 각 신문사의 정기적인 자산재평가 항목에 잘 나타나 있다. 자산재평가 항목은 기존의 토지와 건물이 일반적인 감가상각비(건물)를 상쇄하고도 증가되는 측면을 보여준다.

〈표 3.2-5〉 전년대비 자산재평가 증가액

(단위: 백만 원 86. 12 말 현재)

신문사	자산재평가차액
동 아	6,187
조 선	552
중 앙	14,903

*자료: 동아, 조선, 중앙 86 감사보고서

---

131) 1960-70년대에는 외채조달 그 자체가 국가의 협조하에 이루어졌다. 주7)을 참조할 것.

후자의 자금 확보를 위한 담보용은 이들 토지와 건물이 곧바로 은행으로부터 막대한 차입금을 빌려오기 위한 담보로 제공되는 것이다. 그럴 경우 빌딩건축에 순수하게 사용되는 자기자본은 얼마 되지 않게 된다. 한편 그러한 은행 차입금은 앞의 생산도구에서 보았듯이 신문산업으로 하여금 이것을 갚기 위한 목적하에 활동하도록 구조화하기도 한다. 즉 신문산업자본이 은행자본의 영향하에서 최대 이윤을 추구하는 것이다.

〈표 3.2-6〉 5대 신문사 담보제공자산 목록

(단위: 백만 원, $, 천)(비고)

신문사 /항목	담보권자	계정과목	담보제공자산	장부가액	담보설정금액	총액 및 비고
동아	조흥은행본점	토지	본사대지	2,402	1,630	
	조흥은행본점	건물	본사건물	312	$2,000	
	조흥은행본점	기계장치	본사운전기능	235		
	상업은행본점	토지	여의도대지	5,514	1,448	
	상업은행본점	건물	여의도건물	2,563		
	대한교육보험	토지	여의도대지	5,514	9,300	12,378
	대한교육보험	건물	여의도건물	2,563		$2,000
서 울	한일은행무교지점	토 지	본 사	699	830	
	한일은행무교지점	건 물	본 사	13,811	830	
	농협서울시 지회	건 물	본 사	13,811	5,200	6,700
조 선	조흥은행 광화문 지점	토 지	본 사		6,420	이자율11%
		건 물	본 사	5,625		
		기계장치	본 사			
중 앙				99,799	92,938	61,656
	타인담보 (산업은행)		운니동토지, 건물		1,500	삼성정밀
한 국		토 지	본사토지		4,534	
			한국조림건물		4,530	
			법인입보		5,925	12,775

*서울, 중앙, 한국의 경우는 총액이 채무총액을 말함.
*자료: 각 신문사 86 감사보고서.

특히, 이 경우에는 국가가 단순한 허가나 알선 외에 신문산업의 부동산매매에 따른 조세감면 조치와 같은 특혜조치를 취하여 직접이윤증대를 돕기도 한다.132)

따라서 신문산업의 토지, 건물 등과 같은 부동산 구매 과정 역시 이윤증대를 위한 전략의 하나로 이 과정에서 국가와 은행(자본)이 개입하여 영향을 미친다고 하겠다. 또 외채도입 시 개입하는 제국주의 자본도 개입요인에 포함시킬 수 있다.

---

132) 연합통신과 한국일보사가 토지를 매매하는 과정에서 각각 10억 원과 4억 원 상당의 세금을 면제받기로 결정한 것을 말한다.
자세한 내용은 다음과 같다.
"5·17 이후 동양통신과 합동통신의 강제통폐합으로 탄생한 연합통신은 그동안 각종 혜택을 누려오던 중 이에 만족하지 않고 새 사옥을 건립하겠다는 계획을 세우고, 이에 필요한 재원을 충당키 위해 사옥부지 중 일부를 토지가 접해 있는 H일보에 매각키로 결정하는 과정에서 양사가 합동으로 조세감면규제법에 의한 합리화 대상기업으로 지정받기로 했다는 것이다. 이에 따라 연합통신은 보유토지 양도에 대한 법인세와 특별부가세 등 10억 원을 면제받고, 한국일보는 해당 토지 취득에 대한 취득세 및 등록세 4억 원 상당을 감면해 줄 것을 정부에 요청했다는 것이다.
부도덕한 권력을 유지키 위해 부패한 언론, 말 잘 듣는 언론을 필요로 하는 현 정권은 그동안 협조의 대가로 이들의 요청을 들어주기로 하고 지난 2월 산업정책 심의회를 열어 양사를 조세감면규제법 제47조에 의거, 합리화대상기업으로 지정하기에 이르렀다.
그러나 현행법상 언론사에 특혜를 제공할 근거가 없기 때문에 아예 산업합리화지원 조항을 개정, 88올림픽대회 개최 등 공공사업의 효율적 추진을 위해 필요한 경우 지원대상이 된다는 조항을 추가하는 편법까지 동원했다.
현행 기준상 산업 또는 기업에 대한 조세지원대상은 (1) 산업구조 조정을 위하여 필요한 경우, (2) 기업군의 계열기업 정리촉진을 위하여 필요한 경우, (3) 은행보유부실채권의 원활한 정리를 위하여 필요한 경우 등으로 규정돼 있어 이것 자체만으로도 부정특혜의 소지가 많고 실제 수많은 재벌 기업에 특혜가 주어지고 있다는 의혹이 들끓고 있는 마당에 제(4)조항까지 추가됨으로써 이 법의 악용소지는 더욱 넓어진 셈이다."
말, 제10호, 70쪽.

이를 간단히 도식으로 표현하면 다음과 같다.

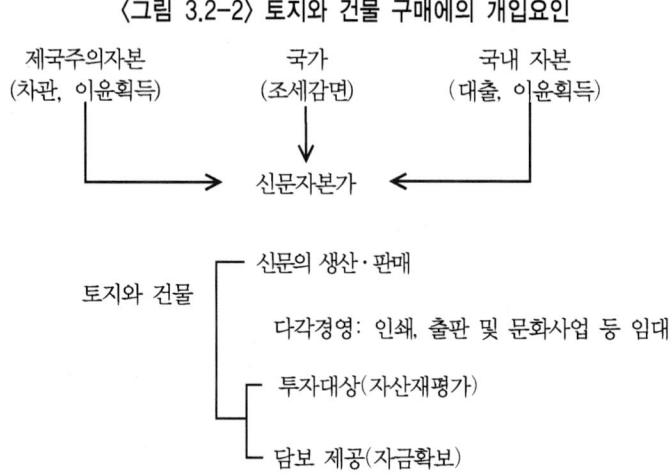

〈그림 3.2-2〉 토지와 건물 구매에의 개입요인

2〉 노동대상

노동과정 중에서 인간이 노동수단을 가지고 노동을 가하는 일체의
대상을 말한다. 이러한 노동대상에는 두 종류가 있다. 하나는 자연적
으로 존재하는 노동대상들로 노동이 그것들을 대지와의 직접적인 관
련으로부터 떼어 낸 데 지나지 않는 모든 물적 존재들이다.[133] 예를
들어 자신의 생활에 없어서는 안 될 물로부터 격리되어 붙잡힌 물고
기나 원시림에서 벌채된 목재 또는 광맥으로부터 채취된 광석 따위가
그것들이다.[134] 신문산업의 경우는 일상생활로부터 분리시킨 사건·

---

133) M193.

134) 같은 곳.

사고 등의 취재대상을 생각할 수 있다. 기자는 신문에 실을 기사를 만들기 위해 펜이나 사진기와 같은 노동수단을 갖고 사건·사고를 대상으로 취재(정보를 수집)한다고 볼 수 있다.

다른 하나는 노동대상 자체가 그 이전의 노동에 의해서 여과된 것으로 원료라고 부른다. 예를 들면 이미 채취된 정제된 광석을 비롯하여 방적업의 면화와 농업의 종자 등이 그러한 것이다. 원료는 전부가 노동대상이지만 노동대상이라고 해서 모두 원료는 아니다.[135] 노동대상은 이미 노동에 의해 매개된 변화를 겪었을 때에만 원료가 된다.[136] 신문을 만들기 위해 사용되는 신문용지와 신문잉크, 지형지를 비롯하여 통신기사와 청탁한 원고 등이 이에 해당된다. 그러면 신문산업의 노동대상 부분에 신문자본가가 행하는 이윤율의 증대전략과 그것을 이루는 과정에서 개입하는 제 요인을 살펴보자.

ㄱ. 자연적 노동대상

채광, 수렵, 어로 따위(농경은 그것이 처녀지 자체를 처음으로 개간하는 한에서만)와 같은 채취산업에서는 그 노동대상이 천연으로 존재한다.[137] 이와 같이 신문산업에서도 천연으로 존재하는 노동대상이 있는데 그것은 바로(자연현상과 사회현상을 포함한) 모든 현상에 대한 정보이다.

그런데 이것은 신문산업의 경우 광범위하게 존재하며 정신적인 대상이란 점에서 독특한 성질을 가지고 있다. 먼저 사건·사고를 포함한

---

135) 같은 곳.
136) 같은 곳.
137) M196.

일체의 사회현상은 모두 취재대상이 될 수 있는데 신문에 담을 수 있는 양은 매우 제한되어 있으므로 일부만이 선택되어야 한다. 이 과정에서 기자, 편집부 간부 및 신문자본가(발행인) 등을 거치는데 각각의 단계에서 기사의 성격이 달라질 수 있다. 즉 기자가 다른 정보의 양과 질은 그 상급자에게 옮겨질 때마다 일부만이 선택되고 또 그것을 바꾸어 표현할 수 있으므로 신문에 나올 때는 완전히 달라질 수 있다.

이 점은 정보가 정신적인 사용가치를 지니기 때문에 가능한 것인데 사용가치는 어느 일정한 물적 존재(상품)의 물리적 속성들에 의해 규정되는 유용성으로부터 나온다.[138] 또한, 정신적인 사용가치는 그것이 대상 자체를 소비하는 것이 아니라 그것의 내용을 소비하는 것인데, 예를 들면 말이나 글을 감각과 의식을 통해 받아들인다.

그러나 위의 상이점에도 불구하고 정보도 사용이나 소비를 통해서만 스스로를 실현한다는 점에서[139] 사용가치를 그리고 양적인 표현이 가능하다는 점에서 교환가치를 각각 지니므로 일반적인 상품과 공통된다고 할 수 있다.[140]

이러한 정보의 속성은 그것이 신문산업에서 기자의 노동을 거쳐 상품(신문)으로 만들어지는 것과 관련하여 중요하다. 왜냐하면 신문의 사용가치를 간단명료하고 신속한 정보라고 할 수 있기 때문이다. 박무승은 신문가격이 정보전달(사용가치)의 대가라고 하였는데[141] 이는 신문의 사용가치(정보전달)와 교환가치(신문가격)의 관계를 잘 보

---

138) M50.
139) 같은 곳.
140) 자본, 제1장 상품과 이정춘, 〈커뮤니케이션 사회학〉, 범우사, 1984 261-2쪽을 참조할 것.
141) 박무승, 위의 책, 197쪽.

여준다고 하겠다.

신문의 정보는 또 그것의 사용가치에 주목하는 대상(독자)을 확보함으로써 광고수입에 절대적인 영향을 끼친다는 점에서도 매우 중요하다. 광고수입의 비율이 점점 커지는 오늘날에는[142] 신문의 정보는 이로 인해 단순한 사용가치에 그치지 않고 오히려 교환가치에 주목적을 두고 생산된다고 할 수 있다. 즉 정보의 사용가치와 교환가치가 광고에 의해 규정된다는 것인데 이는 제2단계 및 제3단계 분석에서 자세히 다루기로 하겠다.

ㄴ. 원 료

채취산업과 같이 그 노동대상이 천연으로 존재하는 산업을 제외한 모든 산업부문은 이미 노동을 통해 여과된 노동대상이자 그 자신이 이미 노동생산물인 원료를 대상으로 취급한다.[143] 원료는 노동생산물이므로 가치를 지니고 있는데 유용목적에 따라 정신적 생산물과 물질적 생산물로 나눌 수 있을 것이다. 먼저 주요한 것으로 전자에서는 통신사로부터 구매하는 통신기사(정보의 가공물)와 평론가나 소설가 등의 자유기고가로부터 구매한 원고 등을 후자에서는 신문용지와 신문잉크, 지형지(紙型紙) 등을 각각 들 수 있다.

ㄱ) 정신적 생산물

상품(신문)의 내용을 구성하는 것으로 앞에서 신문산업의 정신노동

---

142) 〈중앙일보사20년사〉, 586쪽.
143) M196.

자가 사회현상의 정보를 기사화한 것과 더불어 통신기사와 청탁원고
가 있다.

(ㄱ) 통신기사

통신기사는 신문산업이나 기타 대량의 뉴스(기사)를 필요로 하는
곳에 기사를 전문적으로 공급하는 통신산업의 상품이라고 할 수 있다.
신문산업이 이들로부터 통신기사를 구매하는 것은 신문산업의 상품인
신문의 내용을 담는 데 있어서 원료로 사용하기 때문인데, 자체 기자
의 기사취재에는 한계가 있으므로 통신기사를 통해 신문에 싣는 기사
의 범위를 확대시키는 이점이 있다. 다시 말하면 신문을 좋은 상품으
로 평가받도록 하는 사용가치의 질을 포괄적인 기사를 실음으로써 높
일 수 있다고 하겠다.

그런데 이러한 목적을 통신기사를 통해 해결할 수밖에 없는 것은
무엇보다도 동질의 상품(기사)을 저렴한 가격으로 구매하는 것이 가
능하기 때문이라고 하겠다. 통신산업은 뉴스(기사)를 생산하여 여러
신문사에 판매하므로 그 단가(單價)가 〈표 3.2-7〉에서 보듯이 개별신
문사의 그것에 비교하면 매우 낮다. 또 국제적인 통신산업의 경우에
는 개별적 신문사나 통신사가 미치지 못하는 전 세계 도처의 폭넓은
영역을 그 취재대상으로 하고 있기 때문에 신문의 사용가치에 적당한
-중요한 또는 알고 싶은 욕구를 충족시키는-정보를 담은 기사를 제
공하는 능력이 뛰어나다고 하겠다. 따라서 대부분의 신문사는 통신산
업으로부터 뉴스(기사)를 구매하여 신문을 만들고 있다.

그런데 통신기사는 이러한 경제적인 이익을 가져다주기도 하지만
신문의 내용을 제한시키는 속성을 갖고 있다. 사회현상의 다양한 측

면을 통신사의 판단에 의존함으로써 통신사가 사회인식에서 매우 중
요한 위치를 차지하게 되는데, 이때 통신사의 판단이 자의적이거나
오히려 정확한 내용으로 은폐하려는 경우 그것이 미치는 영향은 지대
하다고 볼 수 있다.144)

〈표 3.2-7〉 5대 신문사 통신기사 전재료

(단위: 1,000원)

연 도	1975			1985			1986		
신문사/항목	합동통신	동양통신	총 계	연합통신	총 계	비 율	연합통신	총 계	비 율
동 아	3,850	3,350	7,200	491,400	535,283	1.6	491,400	534,217	1.5
서 울	3,100	2,000	5,100	502,456	516,250	2.4	512,460	531,463	1.7
조 선	2,750	2,325 +250 $	4,975 +750 $	491,400	528,461	1.2	491,400	558,026	1.2
중 앙	2,250	1,800	4,050	491,400	671,811	2.0	491,400	616,258	1.7
한 국	1,968	1,900	3,868	512,460	513,598	1.9	512,460	514,278	1.8
총 액			25,193 750 $	2,489,116	2,765,403		2,499,120	2,755,242	

*비율은 제조원가 명세서에서 차지하는 비율을 말함.
*총계와 연합통신과의 차이는 내외통신사의 통신료로 여겨짐.
*자료: 이환의 매스컴경영론 110쪽 및 '85, '86 5대 신문사(및 연합통신사) 감사보고서.

실제로 세계 대부분의 나라는 국영통신사 또한 서방 4대 국제통신
사와 같은 민영통신사를 갖고 있는데, 전자의 경우에는 국가의 입장
에서 그리고 후자의 경우에는 국제통신산업의 입장에서 각각 기사를
만들어 공급한다고 볼 수 있다. 그런데 UNESCO의 NWIO를 둘러싼
일련의 논의에서 보듯이 이들 국제통신사의 경우에는 제3세계에 대한
뉴스를 부정적인 내용을 중심으로 아주 적은 양만 다루고 있으며 많

---

144) 채백, "미디어 제국주의에 관한 일고찰" 서울대 석사논문 1983을 참조할 것.

은 국영통신사가 소수의 국가관료에 의해서 통제되는 것 등이 문제로
지적되고 있다.[145]

한국의 경우 80년 언론통폐합조치 이후에 기존 민영통신사를 국가
의 실질적인 통제가 미치는 하나의 통신사(연합통신사)로 통합하였는
데, 이로 인해 통신기사에 대한 국가의 개입이 확대되었다.[146] 이러
한 현상은 통신기사를 받아 신문을 만드는 데도 영향을 미치고 있다.
즉 신문기사의 상당한 정도를 차지하는 통신기사가 국가의 실질적 통
제하에 있는 연합통신사에서 작성되므로 기사의 상당 부분을 통신기
사에 의존하고 있는 일반 신문은 자연히 그러한 기사가 지니는 국가
의 정책옹호나 비판세력에 대한 부정적인 판단 유도 등의 편향적인
성격을 반영할 수밖에 없다.[147] 이는 국내뉴스뿐만 아니라 외신기사를
취사선택하여 번역, 보도하는 과정에서도 마찬가지 일 것이다.[148]

이상에서 통신기사가 신문산업에 낮은 가격으로 신문을 만드는 데

---

145) '정보의 자유로운 흐름(Free Flow of Information)'을 주장하며 유네스
  코(UNESCO)를 탈퇴한 미국 등은 제3세계 국가 국영 통신사의 이러한
  측면을 비판하고 있다. 그러나 제3세계는 이에 대해 '정보의 자유롭고 균
  형 잡힌 흐름(Free and Balanced Flow of Information)'으로 대응한다.

146) 팽원순, '한국정부와 통신사 통합정책', 신문학보 제16호(1983), 39-52쪽
  을 참조할 것.

147) 같은 글 및 송건호 위의 책, 12쪽.

148) 1981년부터 87년 사이의 기간 동안 중앙지의 지방주재기자 철수와 지방
  지의 서울주재기자 철수로 이들 신문은 해당 지역의 기사를 연합통신사
  에 의존했다. 연합통신은 1986년에 월평균 내신기사 3,600건과 2,650건
  (특파원기사 310건 포함)을 공급했는데 내신기사의 경우 중앙6개지가
  614건을 전재했고 외신기사의 경우 중앙지(1개 지당)는 301건 지방지는
  358건을 각각 전재했다.
  이는 내신의 경우 공급량의 2.8%를 외신의 경우는 중앙지가 11.3%, 지
  방지가 13.5%를 전재하고 있음을 보여준다.

기여하는 측면과 한국 신문산업과 같은 국가통제하의 단일 통신사 체제에서 신문의 내용에 대해 국가의 개입이 구조적으로 존재함을 지적하였다.

그러면 이러한 점들이 신문산업의 내외에 존재하는 사회구성체의 제 요인과 관련되는 측면을 살펴보자.

먼저 신문산업 내에서 신문자본가의 정신노동자에 대한 통제가 용이해지는 점이다. 정신노동자(기자) 중에서 신문자본가(발행인)로부터 그 능력(충성도 등을 포함한)을 인정받은 소위 편집인(취재부 각 부서의 부·국장급 또는 논설위원·주필 등)은 기자가 쉬지 않고 정신을 집중시켜 취재하도록 감독하는데 이의 기준으로 통신기사를 사용한다. 따라서 기자는 연합통신기자가 취재하는 기사 이상을 취재하기 위해 강도 높은 장시간 노동을 하는데 이로 인해 노동시간이란 양적 측면에서뿐만 아니라 노동 내용이란 질적 측면에서도 극심하게 노동력을 착취당하는 것이다.

또한 신문이란 상품의 특수성이 그 정신적인 내용에 있어 이의 생산을 담당하는 정신노동자가 중요한 존재로 간주된다고 할 수 있는데 그것이 통신기사를 통해 대체될 수 있는 까닭에 그 중요성이 크게 감소되는 점을 들 수 있다.

실제로 1975년 동아일보사와 조선일보사에서 기자들의 제작 거부나 파업에도 불구하고 신문은 거의 정상적으로 발행되었는데 그것은 몇몇 간부사원이 통신기사 등을 중심으로 편집하였기 때문이다.[149] 그러므로 신문자본가에 대한 정신노동자의 입장은 상대적으로 크게 불

---

149) 1975년 '동아, 조선'의 제작 거부와 1980년 각 신문사 제작 거부 시 해당 신문사는 이런 방식으로 신문을 제작, 발행했다.

리해진다고 할 수 있다. 이와 반대로 신문자본가는 정신노동자에 대한 통제가 용이해질 뿐만 아니라 통신기사의 구매를 통해 신문의 생산비를 낮춤으로써 더 많은 이윤을 확보할 수 있기도 하다.

다음에 국가의 신문 내용에 대한 통제가 확대된 점이다. 특히 80년 언론통폐합 이후 신설된 연합통신사는 다음 〈표 3.2-8〉의 주식소유상황에서 보듯이 KBS(MBC의 주식 70%를 소유)를 통해서 구조적으로 국가의 통제를 받을 수 있고 또 중앙지의 지방주재기자 철수와 지방지의 서울 주재기자 철수로 인해 통신기사에 대한 의존이 커졌으므로 이러한 영향은 매우 큰 것으로 알려지고 있다.150)

〈표 3.2-8〉 연합통신사 주식소유 상황151)

주 주 명	구성률
한국방송공사	42.35%
(주)문화방송	29.09%
부산일보 외 40	28.56%
계	100%

*자료: 연합통신 86 감사보고서

한편 연합통신사와 더불어 국가의 직접통제하에서 공산권 뉴스를 전문적으로 공급하는 내외통신사 역시 국가의 대(對)신문산업 통제의 하나로 볼 수 있다. 내외통신사는 특히 북한관계기사의 철저한 독점

---

150) 연합통신의 전달수단이 모르스 통신에서 텔레타입 방식으로, 또 무선에서 유선으로 개선되면서 기사의 송고량이 증가되고 수신의 정확도가 향상되어 신문·방송의(특히 지방신문) 대(對)통신사 의존도는 크게 높아졌다. '83 신방연, 138쪽.

151) 연합통신사의 자본금 출자액의 자세한 내역은 '82 신방연, 128쪽을 참조할 것.

을 통해 그 분야에 한해서는 거의 직접적인 통제를 행하고 있다.[152]

끝으로 한국의 단일통신사만이 유일하게 계약하고 있는 데서 나타나는 문제로 국제통신기사의 일방적 수용과 이 과정에서 국가(연합통신사를 통한)의 개입을 들 수 있다. 후자는 바로 앞에서 설명했으므로 전자의 뉴스 불균형만 간단히 언급하면 통신산업의 무역 불균형[153]과 서방 선진국 중심의 뉴스 내용 및 일방적인 수용[154]인데 특히 후자가 정치, 경제, 사회, 문화에 미치는 파급은 이미 미디어 제국주의 또는 문화제국주의 등의 문제로 이의 희생이 되어 온 제3세계를 중심으로 1960년대 이래 계속 논의되어 왔다.

〈표 3.2-9〉 연합통신 외신계약요금표

(단위: 1,000원)

항목, 연도	1985	1986
외신계약료	1,322,365	1,524,806
경비 중 비율	39.6%	40.2%
총 통신매출원가	9,515,359	11,099,822
총 통신매출원가 중 비율	13.9%	13.7%

* '경비 중 비율'은 외신계약료가 재료비와 노무비를 제외한 제 경비에서 차지하는 비율임. 연합통신사의 제 경비는 1985년 3,377,745, 1986년 3,797,541임(단위: 1,000원).
*자료: 연합통신사 '85, '86 감사보고서.

그러면, 통신기사의 구매와 관련, 신문산업에 개입하는 제 요인과 그 관계를 살펴보면 다음과 같다.

---

152) 내외통신은 1974년 1월 13일 내외문제연구소가 공산권 특히 북한에 관한 뉴스와 연구자료를 국내외 언론기관 및 관계 연구기관 등에 공급하기 위해 창간하였다.

153) 통신기사의 수입액은 〈표 3.2-9〉를 참조할 것. 그러나 통신기사의 수출액에 대한 통계는 구하지 못했는데 매우 적은 것으로 여겨진다.

154) 채백, 앞의 글을 참조할 것.

〈그림 3.2-3〉 통신기사구매와 개입요인

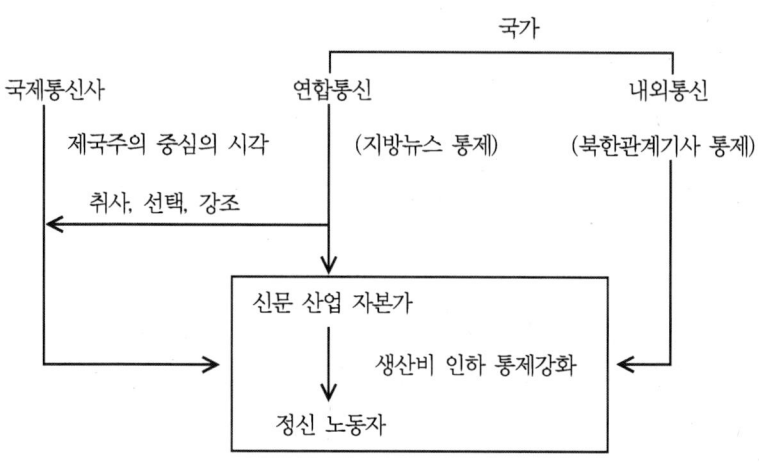

(ㄴ) 청탁원고

　통신기사와 함께 신문의 원료로 사용되는 정신적 생산물인 청탁원
고는 조직화된 전문산업이 아닌 비조직화된 개인에 의해서 만들어지
는 것이 특징이다. 신문의 일부 평론, 수필, 소설, 시 등이 주로 청탁
원고로 이루어지는데 그 필진은 지식인 집단으로 예를 들면 대학교수,
전문가, 소설가, 시인 등이다.

　원고 청탁의 가장 큰 특징은 낮은 비용으로 다양한 필진을 확보할
수 있다는 것인데 많은 필진을 구태여 장기 계약을 맺어 정식 채용할
경우 임금도 문제려니와 신문지면도 부족하므로 그렇게 하여야 할 하
등의 이유가 없기 때문이다. 어디까지나 이러한 청탁원고는 신문의 보
조재료로서 부수적인 효과를 얻는 데 사용되는데 먼저 저명인사의 평
론이 주는 권위와 전문가들이 주는 '전문성' 및 소설가의 대중소설이
주는 흥미가 신문의 사용가치를 더 풍부하게 한다고 볼 수 있다.155)

즉 청탁원고는 독자의 신문에 대한 평가로 이어져 판매부수에도 영향을 미치므로 결코 소홀히 할 수 없는 분야라고 하겠다. 특히 신문산업 내부의 각 신문기업 간의 치열한 경쟁은 청탁원고의 중요성을 더욱 높인다. 그러나 청탁원고가 대다수 독자의 관심을 끌어야 한다는 전제는 뒤에서 살펴볼 판매부수의 증대에 따라 나타나는 것과 같이 그 내용을 몇 가지 제한된 것으로 구조화한다.

> "수용자와 수입을 극대화하라는 강한 압력을 받고 있다는 점에서 볼 때 상업적 미디어가 인기 없고 경향성을 띤 것으로 회피하며, 그 대신에 매우 친숙하고 정당화되고 있는 제반 가치나 가정에 의존하는 경향이 있다는 것은 별로 놀랄 만한 것이 못된다. 여기서 그러한 가치나 가정은 거의 반드시 권위적으로 사회구조를 통해 하향적으로 흐르는 것들을 의미한다. 따라서 이단적이거나 반대적인 견해들은 일반적인 영상이나 표현의 골조에 그리 쉽사리 들어맞지 않기 때문에, 그러한 견해들은 배제된다."[156]

따라서 이러한 글들의 필자는 그 대상이 매우 폭넓음에도 불구하고 실제로는 일부에만 한정되는데, 그것은 신문의 상품성과 부합되는 소수의 필자를 중심으로 게재하기 때문이다.

한편, 청탁원고는 신문산업의 주요 수입원 중 하나인 잡지 발행에서는 매우 큰 비중을 차지하는데 그것은 잡지 편집의 내용이 전문성을 띠기 때문이다.[157] 예컨대 현재 신문산업에서 발행되는 잡지는 크

---

155) 베커는 매체의 이데올로기에 대한 연구 내용으로서 '엘리트' 지상주의, 물질주의, 보수주의, 순종주의, 권위주의, 낭만성, 운명론, 심미주의, '전문성', 복종, 폭력, 섹스 '반공', 고정관념화, 꿈의 생산 등을 들고 있다. V. Becker (1982), "Communication and Peace", Journal of Peace Research, No3, Vol, ⅩⅨ, 227-240쪽. 강상호, 이원락(편역), 위의 책 41쪽에서 재인용.

156) 머독, 골딩 "자본주의와 커뮤니케이션" 이상희(편), 189쪽.

게 주간잡지, 월간 종합교양지 및 여성월간지와 기타 전문예술, 오락
지로 나눌 수 있다. 각 잡지 매체의 뚜렷한 특징은 비교적 제한된 독
자를 대상으로 하므로 그들의 필요를 효과적으로 충족시키는 것으로
나타난다. 이 경우 앞에서 살펴본 상업적 미디어의 일방적인 경향이
관철되는데 구체적으로 주간지의 경우는 소위 유명인의 생활 및 성과
폭력을 소재로 한 오락적, 선정적 내용이, 월간종합교양지의 경우는
현실사회의 정치, 경제적 이슈가, 그리고 여성월간지의 경우는 흔히
그 3대요소로 불려지는 의상(패션), 애정, 식생활에 관한 것이 각각
주를 이루고 있다.158)

송건호는 이들 잡지의 문제점으로 비인간적인 내용을 다루며(주간
지), 지배 이데올로기와 배치되지 않는 범위 내에서 개성 없이 기록물
이나 문명비평적인 것, 에세이를 싣거나(월간종합교양지), 기성질서 속
에 순종하도록 훈치하면서 사치풍조를 조장하는(여성월간지) 따위를
들고 있다.159)

이러한 청탁원고가 신문산업에 미치는 영향은 먼저 앞에서 다룬 통
신기사와 더불어 기자에 대한 신문자본가의 힘을 강하게 하고 그 행
사를 용이하게 하는 것과 생산비를 낮추는 점을 들 수 있다.

---

157) "잡지의 존재이유는 혼란된 정보의 홍수 속에서 필요한 정보를 선택해
정리, 해설하여 사람들에게 제공한다는 구실을 하는 데 있다." 송건호,
앞의 책, 109쪽.
158) 송건호, 앞의 책 107-19쪽.
159) 같은 곳.

〈표 3.2-10〉 5대 신문사 원고료

(단위: 1,000원)

신문사/연도	1985		1986	
	원고료	비 율	원고료	비 율
동 아	779,558	2.36	819,834	2.37
서 울	348,377	0.93	357,332	1.12
조 선	499,298	1.18	474,540	1.10
중 앙	1,023,779	3.05	1,001,841	2.74
한 국	253,253	0.93	260,098	0.89

*비율은 제조원가 중에서 차지하는 것을 뜻함
*원고료는 신문, 잡지(주간, 월간 등)를 모두 포함한 것으로 보임
*자료: 각 신문사 '85, '86 감사보고서

다음에 청탁원고가 더 나은 사용가치를 창출하여 판매부수 증가를 최우선의 목적으로 하는 데서 필연적으로 기존의 지배이데올로기를 형성, 강화하는 내용을 담는 점이다. 여기서 지배이데올로기는 주로 자본주의사회의 가치관과 일치하는 것으로 '물질주의', '권위주의', '보수주의' 등이 된다.[160]

ㄴ) 원료로 사용되는 물질적 생산물

원료는 한 생산물의 주요 실체를 이룰 수도 있고 그저 보조재료로서 그 생산물의 형성에 들어갈 수도 있다.[161] 보조재료는 예를 들어 기름이 차바퀴에 의하여 소비되는 것처럼 노동수단에 의해 소비되거나 원료에 어떤 물질적 변화를 발생시키기 위하여 부가되기도 하며, 작업장의 조명처럼 노동의 수행을 돕는 것 등이 있다.[162] 신문산업에

---

160) 김승수, 앞의 글, 38쪽.
161) M196.

서는 신문용지를 신문의 주요 실체라 할 수 있는데 제조원가 면에서 차지하는 비중도 50% 내외로 높은 편이다.

신문잉크는 신문의 내용을 읽게 하는 점에서 중요하게 생각될 수 있으나, 내용에 대해서는 정신적 생산물에서 다루었으므로 염료가 양모에 부가되는 것처럼 원료에 부가되는 것으로 간주하겠다. 지형지는 생산물로 이전되지 않는 대신 연판을 만드는 데 쓰이므로 노동수단에 의해 소비된다.

(ㄱ) 신문용지

신문용지는 신문의 제조원가 중에서 차지하고 있는 비율이 높아 신문경영상 가장 중요한 자재라고 할 수 있다. 신문산업의 신문 제조원가 면에서 원재료의 비율은 대개 50% 내외인데 신문용지는 원재료의 대부분을 차지한다.[163)]

〈표 3.2-11〉 5대 신문사 제조원가 구성비율표

(단위: %)

신문사	동 아		서 울		조 선		중 앙		한 국		평 균	
항목/연도	85	86	85	86	85	86	85	86	85	86	85	86
원료비	50.8	49.7	46.4	44.3	44.1	44.2	47.4	47.5	49.7	51.1	47.7	47.4
임금	20.6	22.4	30.7	34.4	22.2	22.3	23.1	21.7	29.1	30.0	25.1	26.2
비용	28.6	27.9	22.9	21.3	33.7	33.5	29.5	30.8	21.2	18.9	27.2	26.4
전체	100%											

*자료: 각 신문사 '85, '86 감사 보고서.

162) 같은 곳.

163) 동아일보사의 경우 1986년 12면 발행시 1일 신문용지 소비량은 140T/M, 잉크 소비량은 2.7톤이다.
   이를 제조원가의 면에서 비교하면 86.1 : 13.9로 신문용지의 비율이 절대적이다.

따라서 경영자는 신문용지에 대해 큰 관심을 가지고 신문용지 구매 가격 인하 등의 방안을 통해 이윤을 증대시킨다. 또 생산과정에서도 신문용지의 낭비를 막기 위해 앞서 생산도구에서 언급한 자동연지기 (Auto-Paster) 등의 기계를 사용하는 등 여러 가지로 노력한다.

한국은 신문용지의 원료가 되는 펄프를 주로 수입에 의존하고 있으며 지난 1973년까지는 신문용지를 수입, 신문생산에 사용하여 왔다.[164] 현재의 수급상태도 신문부수의 증가율과 주기적인 증면조치 등을 감안할 때 충분하다고만은 볼 수 없어 신문용지의 확보 자체가 신문산업에서 매우 중요하다.

아래의 표는 지난 30여 년간의 신문용지의 수급과 가격변동 및 수입가격 등을 나타내고 있는데 신문용지는 연평균 11.8%(1975-81년)의 꾸준한 수요증가와 연평균 15.6%의 인상률(1962-81년)을 각각 보여주고 있다.[165]

---

164) 신문용지의 주원료와 제작공정 및 원료 수입상황은 신협 20년, 238-40쪽.

펄프의 수요공급 현황

(단위: 1,000M/T)

	생 산		수 입		합 계	
	GP	CP	GP	CP	GP	CP
1979	139		10	434	149	434
80	138	48	11	441	149	489
81	140	84	20	400	160	484
82	145	105	30	380	175	485
83	147	115	32	450	179	565

*GP(Ground Wood Pulp); 잡목펄프
*CP(Chemical Pulp); 화학펄프
*자료: '83 신방연 119쪽 '84 신방연, 123쪽.

165) 같은 책 241쪽.

〈표 3.2-12〉 연도별 신문용지 수급추이

(단위: 1,000M/T, %)

연도/구분	공 급	내 수	수 출	수 입	수 요	자급률
1957	8,025	8,025		27,456	34,481	23.3
1958	11,789	11,789		27,276	39,065	30.2
1959	21,216	21,216		10,928	32,144	66.0
1960	26,912	26,912		15,744	42,656	63.1
1961	32,688	32,688		8,589	41,275	79.2
1962	37,647	37,647		5,547	43,194	87.2
1963	41,743	41,743		3,139	44,882	93.0
1964	42,955	42,955		5,185	48,140	89.2
1965	45,955	45,955		2,062	48,017	95.7
1966	54,758	54,758		9,070	63,828	85.8
1967	58,551	58,551		14,460	73,811	80.2
1968	64,323	64,323		21,187	85,510	75.2
1969	81,569	81,569		11,910	93,479	87.3
1970	108,258	108,258		6,638	114,896	94.2
1971	117,387	117,382	5	12,782	130,164	90.2
1972	111,918	111,918		5,330	117,248	95.5
1973	124,849	124,849		5,153	130,002	96.0
1974	152,095	151,998	97		151,998	100.1
1975	142,372	137,969	4,403		137,969	103.2
1976	177,116	168,717	8,399		168,717	105.0
1977	189,611	185,462	4,149		158,462	102.2
1978	182,778	179,028	3,750		179,028	102.1
1979	206,208	203,921	2,287		203,921	101.1
1980	240,956	217,619	23,337		217,619	110.7
1981	265,271	241,470	23,801		241,470	109.9

*자료: 신협 20년, 237쪽. '84 신방연 123쪽. '87 신방연, 67쪽.
The Korean Press 35쪽 및 경제기획원, 한국통계월보 1987. 7. 31쪽.

〈표 3.2-13〉 신문용지 가격 변동 추이

(단위: 원/세 포함, %)

연 도	신문용지 대(세 포함)			비 고
	용지 대	인상액	인상률	(1970=100)
1962.1.1	26,500			41.6
63.7.1	29,000	2,500	9.4	
64.2.1	36,000	7,000	24.1	
64.7.16	46,000	10,000	27.8	
66.11.1	50,000	4,000	8.7	
68.7.1	57,000	7,000	14.0	
70.1.13	63,693	6,693	11.7	100
70.2.1	63,693	6,066	10.5	
71.1.26	69,759	6,066	9.5	
9.8	75,319	5,560	8.0	
72.4.27	87,365	12,046	16.0	
73.8.8	103,020	15,655	18.0	
74.2.5	127,563	24,543	23.8	
12.17	157,700	30,137	23.7	
76.10.16	174,900	17,200	10.9	
77.7.1	177,500	2,600	1.5	
12.29	193,600	16,100	9.1	
78.11.21	216,590	22,990	11.9	
79.7.10	266,900	50,310	23.2	
80.2.5	338,300	71,400	26.8	531.1
12.18	409,776	71,476	21.1	
81.12.25	458,169	48,393	11.8	
83.12	482,449	24,280	5.3	
86.3	477,631	-4,818	-1.0	749.9

*자료: 신협 20년, 242쪽 및 '87 신문방송연감 71쪽.

신문용지가 제조원가에서 높은 비중을 차지하며 그 공급이 부족하여 수입을 통해 해결하기도 하는 상황은 신문산업자본가로 하여금 자신의 이윤증대와 연관시켜 신문용지를 확보하는 과정에서 몇 가지 구조적인 결과들을 낳았다.

먼저 신문자본가는 보다 저렴한 가격으로 신문용지를 구매하길 원하는데 공급이 충분하지 않을 경우에 그것은 어렵다. 따라서 신문자본가는 수요에 충분할 정도의 공급량이 존재하여 구매가격을 최소화할 수 있길 바란다. 그러나 이때 부족한 용지의 수입허가와 가격 결정이 국가의 개입으로 이루어지므로 신문자본가는 이윤증대를 위해 그것이 유리하게 작용하도록 한다.

국내의 신문용지 수급과 가격의 변동 상황, 그리고 수입단가 변동 상황을 살펴보면 신문자본가들이-이들로 구성된 것이 한국 신문발행인 협회임-용지가격 인상에 극히 민감하게 반응하여 대처하고 있음이 잘 나타난다.[166] 〈표 3.2-12〉와 〈표 3.2-13〉에서 보듯이 1963년에 신문용지 자급률이 90%를 넘어서면서 가격인상을 보이자 한국 신문발행인 협회는 1964년 국무총리를 면담하고 신문용지 수입용 외화할당을 요구하는 등[167] 신문용지 수입량 증대와 가격인하를 꾀하였다.

---

166) "협회는 창립과 함께 1차적 선결문제를 수입용지의 공동구입으로 잡고 우선 3,000톤 도입을 추진하였다. 그러나 1962년의 우리나라 외환보유고는 너무나 영세한 실정이었으므로 정부는 외화배정에 난색을 표하였고 은행에서는 지불보증을 거절하는 등 암초에 부딪히게 되어 본 협회는 국가재건최고회의 의장과 주무부서에 건의서를 제출하고 관계 요소를 직접 심방하여 신문계의 긴박한 용지사정을 설명함으로써 마침내 본 협회에 의한 일괄 도입의 길을 터놓았다." 신협 20년, 501쪽.

167) 1964년 1월 6일 이와 함께 기타 감면(減面)문제 및 복간제 부활 등을 논의했다.

그 후 한국 신문발행인 협회는 1965년 '신문용지타개를 위한 결의문'을 발표, 정부에 직접 신문용지공급대책을 요청하는 등 이러한 행동을 계속하였다.[168] 그 결과 국가는 1966년부터 신문용지의 수입량을 크게 늘리고 또 관세율을 30%에서 4.5%로 파격적으로 낮추어 부과함으로써 신문산업에 많은 경제적 이익을 직접 베풀었다.[169] 게다가 이 당시 신문용지의 국제시장가격은 1966년 M/T당 151.6달러에서 1969년에는 140.0달러로 하락하였으므로 - 〈표 3.2-14〉 참조 - 그로 인한 이익까지 포함하면 가히 막대한 금액이라 하겠다.

〈표 3.2-14〉 신문용지 수입단가 추이

(단위: US $/M/T)

연 도	수입단가	환 율(1US$)	연 도	수입단가	환 율(1US$)
1957	170.0	50	1972	182.0	392
1960	165.1	63	1975	208.4	480
1963	146.0	130	1978	299.5	484
1966	151.6	271	1980	388.2	701
1969	140.0	288	1982	525.0	796
1970	164.7	311			

*1974년 이후는 캐나다의 대외 거래가격임.
*자료: 신협 20년 243쪽 및 김광식, 테리, 웨스트발 공저, 한국의 외환무역정책, 한국개발연구원, 1976. 12쪽.

그러나 신문산업의 일방적인 이익을 위해 취해진 이러한 조치로 국내제지업계의 공급과잉현상이 나타나 1968년 5월에는 국내 4대 제지업

신협 20년, 684쪽.
168) 신협 20년, 622쪽.
169) 이로 인해 수입신문용지 가격이 국내신문용지를 압도하였다. 신협 20년, 235쪽.

체 중 고려제지와 대한제지가 부실기업으로 전락 은행관리하에 들어가게 되었다.[170] 그러자 국가는 같은 해 10월 25일에는 관세혜택을 일시 철폐하였으나 2개월 후인 1968년 12월 31일에는 다시 부활시켰다. 이렇게 계속된 신문용지 수입은 또 수입용지의 일부를 시중으로 유출시켜 무리한 가격하락을 조장하여 급기야는 1971년 12월에는 삼풍제지를 법정관리하에 1972년 10월에는 고려제지를 은행관리하에 두도록 했다.[171] 결국, 신문용지의 수입허가와 관세인하가 신문산업의 성장을 촉진한 대신 제지업계를 도산시켰는데 국가는 뒤늦게 1973년 초부터 관세 감면조치를 해제하였다. 그러나 이는 1972년 제1차 석유파동(오일쇼크) 이후 크게 오른 수입단가의 영향에 의한 것으로 실제로는 수입용지의 사용이 줄어든 점에서 그 영향이 적었다. 오히려 새로운 조치는 이제 국내신문용지 생산업체의 활성화를 통해 장기적으로 신문산업에 신문용지를 저렴한 가격에 안정적으로 공급하도록 하는 점에서 국가의 일관된 신문산업 지원정책에 부합하는 것이라고 하겠다.

한편 신문용지는 1981년 4월 1일부터 시행된 공정거래법에 의해 시장지배적 사업자품목으로 지정되어 가격상의 행정지도를 받고 있는데[172] 이 또한 신문용지 가격의 급격한 상승을 막아 신문산업의 안정된 이윤확보에 간접적으로 기여하는 방안의 하나로 볼 수 있다.

지금까지 신문용지의 구매과정에서 이윤증대를 꾀하는 신문자본가

---

170) 같은 곳.

171) 같은 곳.

172) 정부는 신문용지가 경제·문화 면에서 국민생활에 많은 영향을 주는 관계로 가격통제를 실시 일반 시판가격과 신문사 및 통신사용 공급가격을 엄격히 구분 이원적인 가격을 책정하고 신문사에는 가격 면에서 일정한 혜택을 주었다. 이는 1972년까지 계속되었다. 신협 20년, 240-1쪽.

의 행동을 수입허가와 관세감면 등의 조치를 취하면서 개입하는 국가와의 관계를 중심으로 알아보았다.

이 밖에 관계있는 요인으로 1973년까지 신문용지를 수출한 해외제지산업(해외자본)과 현재의 주요 신문용지 공급자인 국내 제지산업에 원료를 공급하는 해외 펄프산업(해외자본)이 있다. 한편 국내제지산업 중에 가장 큰 업체인 전주제지는 중앙일보사와 함께 삼성그룹의 방계회사로 동 신문사에 원활한 신문용지를 공급하기 위한 수직적 집중의 일환으로 설립(실제는 인수했음)하였다고 한다.

이상의 내용을 간단히 도식으로 표시하면 다음과 같다.

<그림 3.2-4> 신문용지 구매과정의 제 요인과 관계

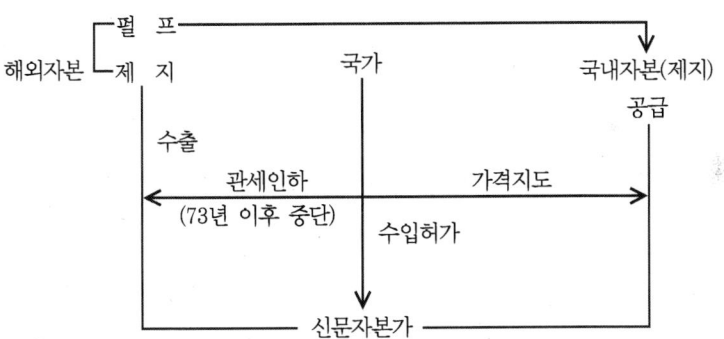

ㄴ) 잉크와 지형지

앞서의 신문용지에 대해 신문산업은 신문협회를 통해 국가로부터 수입허가를 받고 관세인하조치를 취하도록 하는 데 공동행동을 취했다고 설명했다. 그런데 그것은 부분적으로 이루어졌고 또 74년 이후로 수입을 중단하였으므로 지금은 신문용지 수급을 위한 적극적인 공동행동의 필요가 크게 줄어들었다고 볼 수 있다. 이에 반해 잉크와 지형지는 아직도 신문협회를 통해 완벽한 공동행위(카르텔)를 실시하고 있는 분야다.[173]

한국 신문협회는 1982년 10월 13일 제19차 정기총회에서 전국 회원사의 출자로 한국신문잉크주식회사를 창립키로 결의, 그해 11월 자본금 5억 원으로 세웠다.[174] 한국신문잉크(주)의 설립목적은 현대식 설비로 양질의 인쇄용 잉크를 생산함으로써 회원사의 공동이익에 기여하기 위한 것이라고 하는데[175] 1983년 말에 주묵 잉크를 생산 공급하기 시작한 이후 1984년에는 고점도 및 저점도 잉크를 각각 생산, 전국 각 신문사에 공급하고 있다.[176] 지형지의 경우는 정식 회사를 설립하지 않은 것을 제외하면 신문잉크와 비슷한 상황이다. 한국 신문협회는 신문제작용 자재 공동구입의 일환으로서 1968년과 1969년에 각기 지형지 3만 매, 안피지 50연씩과 아연판 및 사진재료 등을 일본, 미국, 홍콩 등에서 도입하여 회원사의 수요에 충당한 것을 시작으로 그 후 지형지를 연례적으로 일괄 도입하여 전국 각 신문사에 공급하고 있다.[177]

이와 같이 한국 신문산업은 잉크와 지형지의 수요를 신문발행인들의 모임인 한국 신문협회를 통해 공동으로 조달받고 있는데 그 가장

---

173) 신협 20년, 502쪽.

174) 이 회사는 융자 536백만 원, 회원사(18개사) 출자 4억 등 936백만 원의 자본금으로 설립되었다고도 한다. '83 신방연, 119쪽.

175) 현재 각사가 사용하고 있는 활판 윤전용 잉크는 영세업자가 제조 납품하는 것으로서 폐유를 사용하므로 인쇄효과 면으로 보거나 작업성적면에서 보아도 개선해야 할 점이 많다. '83 신방연, 132쪽. 그러나 계획이 수립되기 전인 것으로 보이는 82년 자료에서는 "잉크제조업체가 기술개발을 통해 양질의 잉크를 제조공급할 움직임을 보임으로써 좋은 인쇄효과를 기대할 수 있다"고 상반되게 기술하고 있음.

176) '85 기업연감, 2116쪽.

177) 신협 20년, 502쪽.

큰 이유가 무엇보다도 저렴한 가격으로 구입하기 위해서라는 것은 두 말할 나위 없다.

지형지의 수입을 비롯하여 한국신문잉크(주)를 설립하는 과정에서 국가가 개입하였으리라고 여겨지는데 그러한 추측은 지형지 등의 수입에 따른 관세부과와 한국 신문협회 산하에 카르텔 성격의 회사를 세운 점에 근거를 두고 있다. 특히, 한국신문잉크(주)는 1984년 말에 벌써 1억 5천여 만 원의 당기 순이익을 올리는 등 출발부터 안정적으로 성장할 것을 시사하고 있다.[178]

요컨대, 한국 신문산업자본가는 이윤증대를 추구하는 데 공동운명체적 일체감을 느끼며 일관되게 단합된 행동을 취하고 있다. 아울러 국가는 한국 신문산업이 그러한 목적을 달성하는 과정에 개입하여 유리하게 해결해 준다고 볼 수 있다.

(2) 노동력의 구매

산업자본의 순환운동에서 잉여가치가 창출되어 이윤증대를 가능케 하는 단계는 생산단계이다. 산업자본가는 이 생산을 위해서는 생산요소인 생산수단과 노동력을 구매하여 결합시켜야 한다. 따라서 산업자본가는 먼저 생산수단과 노동력을 구매하는데 이때 생산수단은 등가교환에 의해서 그 가치대로 지불되는 상품이다. 즉 생산수단은 생산과정에서 잉여가치를 창출하지 못한다. 그러므로 잉여가치의 창출은 노동력의 구매에 의해서만 가능할 수밖에 없다.[179]

---

178) '85 기업연감, 2116쪽.

179) 노동력 또는 노동능력이라 불리는 것은 인간의 신체, 즉 살아 있는 인

"노동력은 상품에 가치를 부가하는 유용한 노동을 할 능력으로 노동자가 임금을 받고 판매하는 것이다. 노동력은 상품의 사용가치를 바꾸고 가치를 부가하기 위해 인간의 생산력을 실제로 수행하는 것을 뜻하는 노동과는 다르다. 즉 노동자는 임금을 받고 노동력을 판매하여 구매자의 이익을 위해 지시를 받으며 노동을 소비할 것을 약속한다."[180]

자본가의 노동력구매(노동자 쪽에서는 판매)는 자유로운 노동자계급의 출현이라는 역사적 전제조건을 갖는데 이 자유롭다는 것은 자유로운 노동자가 자유로운 인격으로서 스스로의 노동력을 스스로의 상품으로서 마음대로 처분한다는 의미에서, 그리고 다른 한편으로는 판매할 다른 상품을 갖고 있지 않고 자기 노동력의 실현에 필요한 모든 물적 조건에서 떨어져 자유롭다는 이중의 의미에서이다.[181]

이로부터 노동력이라는 특수한 상품이 출발하는데 노동자는 자신을 유지하기 위해서는 일정량의 생활수단을 필요로 하고[182] 그것을 얻기 위해서는 자신이 갖고 있는 유일한 상품인 노동력을 판매하여야 하기 때문이다. 그러면, 노동력이라는 상품의 특징을 좀더 고찰해 보자. Duncan Foley에 따르면 비록 노동력이 시장의 상품으로 충분히 발달한 자본주의적 생산 속에서 나타날지라도 그것은 다른 상품과 구별시키며 자본주의 생산제도에서 중요한 모순을 일으키는 몇 가지 특징(peculiarities)을 갖는다고 한다.[183] 그것은 크게 가치, 사용가치 및 이들 사이의 모순 등 세

격 속에 존재하며 그가 어떤 종류의 사용가치를 생산할 때마다 움직이는 육체적 정신적 능력의 총체이다. M181.

180) Duncan Foley "Labour Power" in Bottomore. T.(eds.), A dictionary of Marxist Thought, (Havard University Press, 1983) 265쪽.
181) M183.
182) M185.

가지로 볼 수 있다. 먼저 노동력의 가치는 다른 모든 상품과 마찬가지로
이 특수한 물품의 생산, 따라서 또 그 재생산이 필요한 노동시간에 의해
규정된다.[184] 이것이 가치인 까닭에 노동력 그 자체는 거기에 대상화되
어 있는 사회적 평균 노동의 일정량만을 나타낼 뿐이다.[185]

> "노동력의 가치는 인간으로서 노동자의 생물학적 및 사회적 재생산에
> 필요한 노동시간(생활자료)에 따라 결정되므로 다른 상품의 경우와는
> 달리 어떤 역사적, 도덕적 요소를 포함하고 있다. 그러나 일정한 국가,
> 일정한 시대에는 필요생활 수단의 평균범위가 주어져 있다.[186]

두 번째로 노동력의 사용가치는 가치를 생산할 능력이라는 것이
다.[187] 즉 구매자인 자본가와 판매자인 노동자가 계약을 맺는다고 해
도 이 상품의 사용가치가 현실적으로 구매자의 손으로 옮겨지지 않는
다.[188] 따라서 구매자는 사용가치를 활용하기 위해 - 노동착취를 둘러
싸고 - 판매자에게 힘을 사용하는데, 이로 인해 양자는 임금·노동강
도, 노동조건 등에서 갈등을 겪는다.

끝으로 노동력의 판매는 자본가에게 전달하는 창조적인 생산력 및 그
생산물에 대한 어떠한 통제력과 노동자를 소외시킨다.[189] 즉 상품으로서
노동력의 출현이 빚어낸 사용가치와 교환가치 사이의 상품형태의 모순은

---

183) Duncan Foley, 위의 글, 266쪽.
184) M185.
185) M185.
186) M188.
187) Duncan Foley, 위의 글, 266쪽.
188) M188.
189) Duncan Foley, 위의 글, 266쪽.

노동과 생산물로부터 노동자를 소외시키는 것으로 다시 나타난다.[190]

한편 위의 노동력의 두 번째 특징에서 자본가는 노동자에게 힘을 사용한다고 했는데 그 이유는 노동시장의 특수성에 있다. 김대환은 노동시장이 상품시장과 뚜렷이 구별된다고 하는데 상품시장에서는 구매(수요)와 판매(공급)의 '동등한' 상호 작용에 의해 가격(임금)이 결정되는데 비해 노동시장에서는 노동력이라는 상품의 판매자(노동자)는 구매자(자본가)에 비해 대단히 불리한 위치에서 시장에 참가하게 된다는 것이다.[191] 그는 노동력의 다섯 가지 특징을 그 이유로 들고 있다.

> "첫째, 단순하게 말해서 노동력이라는 상품은 노동자의 신체로부터 나오는 에너지이다. 그러므로 노동자는 이 노동력을 가능하게 하기 위해서 먹고 살고 휴식을 취하여야 하며 또 그렇게 하기 위해서는 노동력을 팔 수밖에 없다.
>
> 둘째, 노동자가 자신의 노동력을 팔 때는 노동자 자신이 그곳에 가서 일을 하지 않으면 안 된다. 즉 인격을 가진 노동자가 노동력이라는 상품을 자본가(고용주)에게 인도하는 과정은 곧 후자의 전자에 대한 지휘, 감독을 수반한다는 것이다.
>
> 셋째, 노동력이라는 상품은 판매, 사용 여부에 관계없이 시간의 경과에 따라 자동적으로 소모된다. 노동력은 다른 상품처럼 저장할 수가 없다. 따라서 조건이 나쁘더라도 생계를 위해서 노동력을 그때그때에 팔지 않을 수 없게 되므로, 노동력의 궁핍판매 내지는 투매가 이루어질 가능성이 크다.
>
> 넷째, 노동력 특히 특정의 노동능력을 추가적으로 공급하는 데에는 장기간이 요구된다. 이것은 일반 상품시장에서 작용하고 있는 가격의 매개변수적 기능이 대단히 약하다는 것을 의미한다.
>
> 마지막으로, 위에서 본 노동력의 다른 상품과 구별되는 성질 때문에

---

190) 같은 곳.
191) 김대환, 위의 책, 190쪽.

그 공급자인 노동자는 교섭상 불리한 입장에 서게 된다. 이것은 개별적으로 노동자들이 독점력을 가지지 못하기 때문에 특히 그러하다. 그렇기 때문에 노동자들이 노동조합과 같은 조직을 갖는 것은 자본가에 대한 교섭력을 증진시키고자 하는 노력으로 이해된다."192)

지금까지 이윤증대(잉여가치 창출)에 결정적인 역할을 하는 노동력과, 살기위해서 이를 팔아야만 하는 노동자 그리고 우월한 입장에서 이를 구매하여 노동자를 통제하는 자본가를 상호 연관시켜 살펴보았다.

앞에서 살펴본 논리가 신문산업에서도 마찬가지로 적용된다고 할 수 있다. 신문산업자본가는 인쇄노동자와 기자를 고용해 그들의 노동력을 생산수단과 결합시켜 사용하여 잉여가치를 획득하며 이 과정에서 노동자들이 가장 중요한 역할을 하는 점이다. 그런데 산업자본 순환에서 보듯이 이들 노동에 의해 창출된 잉여가치는 판매단계에서 실현되어야 순환운동을 계속할 수 있으므로 담당하는 판매노동자(영업사원)도 필요할 것이다. 이 밖에도 생산과 판매에 종사하는 노동자를 감독하는 관리사원과 자본가의 이익을 효율적으로 지켜 주는 경리사원을 비롯하여 신문산업에 특수한 광고의 판매를 담당하는 광고 영업사원도 고용하여야 할 것이다.

즉 자본가는 잉여가치를 직접 창출하는 노동자 외에도 창출된 잉여가치를 실현시키는 데 종사할 노동자와 이들을 감독하는 관리자를 모두 필요로 한다고 볼 수 있다.

이들 중 잉여가치를 창출하는 노동자는 다른 노동자와 구별하여 생산적 노동자라 불리는데 이러한 구분은 자본주의사회가 무엇보다도 잉여가치 창출을 목적으로 하기 때문에 가능하다.

---

192) 김대환, 위의 책, 190-1쪽.

"자본주의 생산과정의 결과는 단순한 생산물(사용가치)도 아니고, 하나의 상품, 즉 일정한 교환가치를 지닌 사용가치도 아니다. 그것의 결과는 자본을 위한 잉여가치의 창출이다. 자본으로서의 자본(따라서 자본가로서의 자본가)이 생산하고자 하는 것은 개인적 소비를 위한 직접적인 사용가치도 아니고, 처음엔 돈으로 그리고 나선 사용가치로 전환되는 상품도 아니다. 자본의 목적은 부의 축적, 가치의 자기증식과 그 확대이다. 환언하면 이전가치의 유지와 잉여가치의 창출이다. 그리고 자본은 노동과의 교환을 통해서만 자본주의 생산과정의 특수한 산물을 획득한다. 이런 이유로 이러한 노동을 생산적 노동이라 부른다."193)

즉 마르크스가 정의한 생산적 노동의 담당자를 생산적 노동자라 할 수 있는데 이에 반해 상업, 광고업, 금융업, 판매업 등과 같이 잉여가치 실현에 기여하는 노동은 생산적인 노동이 아니다.

"상업자본은 단순히 유통 분야에서 기능하는 자본이다. 유통과정은 전체 재생산과정의 한 국면이다. 그러나 어떠한 가치도 이러한 유통과정에서는 생산되지 않으므로 잉여가치 또한 거기서는 생산되지 않는다. 유통의 담당자로서의 상인은 가치도, 잉여가치도 생산치 못한다. 따라서 이러한 상인에게 고용된 상업노동자 역시 직접적으로 그를 위한 잉여가치를 창출하지 못한다."194)

그러므로 판매, 광고, 협상 등의 담당자도 비생산적 노동자라고 할

---

193) 풀란차스, '현대자본주의와 중간계급', 박현우 역, 사회계급론, (백산서당 1986) 208쪽. 일반산업과 신문산업의 광고가 모두 판매과정에 해당한다. 그 이유는 전자가 판매촉진의 역할만 하는 것에 비하여 후자는 그 자체가 신문판매의 이중적 수입(신문 자체의 판매와 이를 통한 독자의 광고주에 대한 판매)의 일부를 구성하기 때문이다. 이에 대해서는 본장의 4절, '판매단계의 분석'에서 자세히 다루겠다.

194) 같은 곳.

수 있을 것이다. 생산적 노동자와 비생산적 노동자의 구별은 이 연구에서 주목하는 자본가의 이윤증대(잉여가치 획득) 및 그에 개입하는 사회구성체의 제 세력과 연관하여 큰 의미를 갖는다. 왜냐하면 자본주의 사회에서는 최대 이윤추구의 법칙이 작용하고 이로 인해 자본가는 더 큰 잉여가치를 취득하나, 이에 반해 노동자(특히 그러한 잉여가치의 생산자인 생산적 노동자)는 자신이 생산한 잉여가치를 착취당하며 또 그 정도가 심화되어 절대적으로 그리고 상대적으로 빈곤하게 되기 때문이다.[195] 따라서 생산적 노동자는 이러한 노동자와 자본가의 대립에서 주체적인 측면을 담당하나 비생산적 노동자의 경우는 다시 사회적으로 꼭 필요한 노동인가에 따라 생산적 노동자의 입장에 서거나 그렇지 않고 자본가의 입장에 서는 것으로 나뉜다고 할 수 있다. 물론 이러한 구분이 확연히 이루어지거나 또는 그 구분에 의하여 성격을 획일화하기에는 곤란한 점들이 있다. 특히 신문산업의 생산적 노동자는 다른 산업에 비하여 상대적으로는 높은 임금을 받으므로 이에 따른 영향이 있을 수도 있다. 또한 신문산업의 생산적 노동자 중에서도 정신적 노동에 종사하는 기자는 지식인이라는 특수한 측면을 가지므로 더욱 그러하다. 그러나 이러한 구분이 구체적인 신문산업의 노동자를 이해함으로써 신문산업의 성격을 구명하는 데 필요하다고 본다.

---

195) "자본주의적 축적의 보편적 법칙에 의해, 노동자계급의 상대적 및 절대적 빈곤화가 초래된다. 노동자계급의 상대적 빈곤화는 국민소득 중에 노동자가 차지하는 몫이 감소하고 역으로 자본가가 차지하는 몫이 증대하는 것으로 표현되고 있다. 절대적 빈곤화는 생존에 필요한 최저생활비의 증가로 인하여, 노동자계급의 생활수준이 계속 떨어지는 것을 의미한다." 이 법칙은 지배적 경향으로서 작용하고 있음을 뜻한다. 녹두편집부 편, 세계철학사 Ⅲ, (녹두, 1985) 170쪽.

1〉 생산적 노동력

신문산업에서 인쇄공과 기자는 각각 윤전기 및 사진기, 녹음기 등과 결합하여 잉여가치를 생산한다. 이때 전자는 육체노동자, 후자는 정신노동자라 불리는데 이는 그들이 주로 사용하는 능력의 성질에 따라서 구분한 것이다. 그런데 정신노동과 육체노동은 사회적 분화에 따라 나타났지만 어느 것도 다른 하나를 완전히 배제하는 것은 아니다.

현재 5대 신문사의 분포는 다음과 같은데 그중 제작직은 정신노동을 기술직은 육체노동으로 간주할 수 있겠다.(서울신문의 경우 전산 종사자가 많은 데 비해 공무 분야에는 다른 신문사에 비해 현저히 적다. 이들 전산직 종사자가 주로 CTS운용에 종사하는 것으로 보아 육체노동자로 간주하겠다.)

〈표 3.2-15〉 노동의 성질에 따른 5대 신문사 노동자 분포

	생산적 노동자		비생산적 노동자			계
	제작직(정신)	기술직(육체)	관리직(감독)	영업직(판매)	임원	계
인원수(명)	1,440	1,226	1,675	1,046	72	5,549
비율(%)	26.4	22.5	30.7	19.2	1.3	100.0

*제작직＝논설위원, 편집국, 출판국, 월간, 주간 등.
*기술직＝공무국, 기술국, 전산국 등.
*관리직＝총무국, 관리국 등.
*영업직＝판매국, 광고국, 업무국 등.
*자료: '87 신방연 280-6쪽.

ㄱ. 정신 노동력

정신노동력은 신문에 고유한 정신적 가치를 생산하기 위해 정보나

통신사로부터 받은 통신기사를 가지고 그 신문에 담을 기사나 평론을
만드는 데 쓰인다. 정신노동력은 현실적으로 정신노동을 할 수 있을
만큼의 교육수준을 받은 노동자를 고용함으로써 나타나는데 이들은
기자 또는 언론인으로 불리는 정신노동자이다. 정신노동자의 가장 독
특한 성질은 높은 교육수준으로부터 얻어진 정신노동인데 그로 인해
정신노동력의 가치는 다른 노동력의 가치와는 다르다.

> "일반적인 인간의 본성을 변화시켜 일정한 노동부문에서의 기능과 훈
> 련을 체득하여 발달된 특수한 노동력이 되기 위해서는 일정한 양성 또
> 는 훈련이 필요하고 여기에는 많든 적든 일정액의 상품 등가물이 소비
> 된다. 노동력이 어느 정도 매개된 성질의 것인가에 따라 그 양성비용도
> 달라진다. 그러므로 보통의 노동력에 있어서는 적은 것이라 하여도 이
> 수업비는 노동력의 생산을 위해 지출되는 가치 속에 들어간다.[196]

따라서 정신노동력은 마르크스가 특수노동력이라고 표현한 것과 같
이 육성비가 추가되어 그 가치가 약간 높다고 할 수 있다.[197] 그러나
노동력의 가치는 결국 일정총액의 생활수단의 가치로 귀착된다.[198]
즉 이 생활수단의 생산에 필요한 노동시간의 크기에 따라 변동하므로
그 차이는 매우 작다고 하겠다. 왜냐하면 노동력 가치의 마지막 한계
또는 최저한계는, 그것을 날마다 공급하지 않고서는 노동력의 담당자,
즉 인간이 자기의 생활과정을 갱신할 수 없는 어떤 상품량의 가치,
즉 육체적으로 필수 불가결한 생활수단의 가치이다.[199] 이와 같이 노

---

196) M186.
197) 육성비는 학력이 아니다. 이에 대해 자세한 내용은 궁천실, 178-9쪽을 참
　　　조할 것.
198) M185.

동력가치의 뿌리에까지 거슬러 올라가면 정신노동력 역시 보통의 노동력과 같은 한계를 갖고 있으며 그 차이는 역사적·도덕적 요소의 차이에 국한한다는 것을 알 수 있다.[200]

그런데 이러한 노동력의 가치는 '노동의 가치 및 가격' 또는 '임금'이라는 현상형태로 나타난다.[201] 현실적으로 한국 신문산업(5대 신문사)의 임금수준이 아래의 〈표 3.2-16〉에서 보는 바와 같이 같은 산업 내의 다른 노동자나 일반산업의 노동자와 비교할 때 상당히 높은 수준이다. 이러한 차이는 마치 신문산업의 정신노동자가 그만한 정도의 노동의 가치 또는 가격만큼 일을 하는 것으로 보일 수 있다. 그러나 이러한 현상적인 임금만을 가지고 볼 때는 노동력의 가치 및 가격을 알 수 없다. 여기에서는 노동과 노동력의 관계에 대한 부연설명이 필요하겠으나 그것은 이 연구의 범위를 벗어나는 것이므로 앞에서 설명했듯이 자본가가 사는 것은 노동력이고 노동이란 것은 근본적으로 상품으로서 팔 수가 없는 것으로 노동력을 사용하는 것, 다시 말해 노동의 사용과정이란 것만을 지적하겠다.[202]

---

199) M187.

200) M185.

201) "어쨌든 '노동의 가치 및 가격' 또는 '임금'이라는 현상형태는 현상적으로 나타나게 되는 본질적인 관계로서의 노동력의 가치 및 가격과는 구별되는 것이다. 그리고 이와 같은 현상형태에 대해서는, 모든 현상형태와 그 배후에 숨겨져 있는 것에 대해서 말할 수 있는 것과 마찬가지의 사실을 말할 수 있다. 현상형태라는 것은 보통의 사유형태로서 직접적, 자연발생적으로 재생산되지만, 그 배후에 있는 것은 과학에 의해서 비로소 발견될 수 있다." M564.

202) M557-611 및 편집부편, 정치경제학사전, (이론과 실천, 1985) 107-9쪽. 궁천실, 위의 책, 206쪽.

〈표 3.2-16〉 신문기자의 월평균 임금 수준 비교

	전직 종	인쇄공 및 관련종사자	저작가, 언론인 및 관련작가
1986	268,766	253,998	481,046

*자료: 노동부, 노동통계연감, 1986, 264 및 374.

이상에서 신문산업자본가가 정신노동력을 구매하는 데 다른 노동력
에 비해서 더 많은 비용을 지출하고 있음을 보았다. 그런데 노동력이
란 상품은 가치와 사용가치의 통일체이고 이때 사용가치는 교환가치의
질료적 담지자이다.[203] 앞에서 노동력이란 상품의 사용가치는 가치를
생산하는 능력이라고 했는데 마찬가지로 정신노동력의 사용가치는 정
신적인 가치를 생산하는 능력이라 할 수 있다. 정신노동력의 경우도
이를 구매한 자본가는 힘을 사용해 사용가치를 움직여야 하는데 이 과
정에서 일반노동자는 압도적으로 열악한 처지에 놓여 있어 비교적 쉽
게 명령할 수 있는 데 비해[204] 정신노동자는 상대적으로 약간 나은 입
장에 있어 그렇지 않은 측면이 있다. 정신노동자가 일반노동자보다 약
간 나은 처지에 있는 것은 자본가의 가장 강력한 노동자 통제수단 중
하나인 해고권리와 관계가 있다.[205] 즉 일반노동자는 기본적으로 살기
위해 노동력을 팔아야 하나, 정신노동자의 경우는 좀더 잘살기 위해서
정신적인 능력을 길렀기 때문에 자본가의 해고 위협에 대하여 일반노
동자로 옮겨갈 수 있는 방식으로 대응하는 것이 가능하다. 물론 일반
노동자가 되었을 경우 좀더 낮은 생활수준에 처하는 등 이러한 대응이
갖는 한계는 어느 정도 분명히 존재하지만 그럼에도 불구하고 그것이
일반 노동자의 해고 시 처하는 생존 차원의 문제와는 다르다고 볼 수

---

203) M50.
204) 김대환, 위의 책, 189-209쪽.
205) 같은 책, 196쪽.

있다. 따라서 정신노동자의 경우 약간의 더 나은 임금수여가 가능하다. 더욱이 신문산업의 경우에 있어서는 정신노동력의 비중이 크므로 - 신문의 사용가치를 생산함 - 그러한 특징이 잘 나타난다고 하겠다.

그러나 이러한 이유로 기자(정신노동자의 가장 대표적인 존재)의 임금이 앞서와 같이 일반노동자와 다른 정신노동자에 비해서도 훨씬 많은 이유를 설명해 주지는 못한다.[206] 따라서 그러한 현상을 신문산업의 정신노동력이 갖는 속성에 의해서보다는 신문산업자본 순환운동의 논리에 의해서 설명할 필요가 있다. 즉 신문산업의 성장은 신문에 대한 국가의 개입확대와 동시에 이루어졌고 그 과정에서 기자(정신노동자)에 대한 임금 상승 등 제 조건이 향상된 것이다.

한국 신문산업의 정신노동자(기자)는 1945년 분단 후부터 1960년대 말까지 다른 산업에서는 볼 수 없는 한 가지 뚜렷한 특징을 보여준다. 즉 전혀 보수를 받지 않거나 받아도 면세점 이하의 저임금으로 노동력을 판매하였다.[207] 정신노동자의 무보수 또는 낮은 임금은 사이비

---

206) "보다 고도한 노동(숙련노동)과 보다 단순한 노동(미숙련 노동)의 구별은 부분적으로는 단순한 환상에 기인하거나 적어도 이미 오래전부터 실제적인 의미를 잃고 다만 전통적인 관습으로만 존속하는 여러 가지 구별에 기인한다. 또 부분적으로는 노동자계급 가운데 자기의 노동력의 가치를 주장하는 힘이 다른 계층들에 비하여 약한 계층들의 절망적인 상태에 기인하는 것이다. 이 구별에서는 같은 종류의 노동들이 위치를 전도할 만큼 우연적인 요소들이 커다란 역할을 한다. 예를 들면 자본주의적 생산이 발달한 모든 국가에서처럼 노동자계급의 육체가 쇠약해지고 또 비교적 지쳐 있는 곳에서는 많은 근력이 필요한 거친 노동들은 일반적으로 그보다 훨씬 정밀한 노동에 비해 고도한 노동으로 역전하고 후자는 오히려 단순한 등급의 노동으로 전락하는데, 예를 들면 잉글랜드에서 벽돌쌓기공의 노동은 무늬직물 직조공의 노동보다도 훨씬 높은 등급을 차지한다. ……(후략)" M212, 주(18)를 참조할 것.

207) 신협 20년, 244쪽.

기자 일소 문제를 일으키는 등 1970년대 전반까지 논란의 대상이 되어오다가 1970년대 후반 한국경제 전체의 외형적인 고도성장에 따른 높은 초임 경쟁의 여파로 조금씩 오르기 시작했다.[208] 이러한 추세로 말미암아 기자의 임금은 1981년부터는 국내에서 높은 수준이라고 일컬어지는 종합상사 수준을 확보하였고[209] 〈표 3.2-17〉에서 보듯이 1986년에는 이제 국내의 최고 수준에 도달하기에 이르렀다.[210]

〈표 3.2-17〉 정신노동자의 임금 변화

(단위: 원)

연 도	종 류	임금평균치	5인 기준 생계비(경제기획원조사)	비 고
1965	수습 초임 3년 근무 선임기자 차장급 부장급	4,300 7,400 10,300 14,800 17,400 21,200	20,080	전체 기자의 20% 넘는 1,500여 명이 무보수 기자
1971 1972 1973		24,548 39,155 47,172	35,250 41,290 50,000	1970년 갑근세 면세점 (1만 원)이하 또는 무보수 기자가 1,056명으로 전체 (4,033명)의 26.2% 차지
1986	초임 3년차 5년차 7년차 10년차	540,000 620,000 725,000 810,000 900,000	542,133	여기에 별도로 연말보너스 430%와 연간보너스 800%를 지급함

1986년 자료는 한국일보사에 한함. 이 급료는 본봉, 제 수당, 교통비, 취재비를 포함한 금액임. 5대 신문사는 모두 이와 비슷한 수준임.
1986년 생계비는 노동부조사의 4인 가족 기준임.
*자료: 신협 20년 244-8 및 리크루트 87. 5, 71-5쪽.

208) '79 신방연, 157쪽.
209) 신협 20년, 249쪽.
210) 리크루트, 87. 5, 71쪽.

한편, 신문산업은 임금 인상 외에도 〈표 3.2-18〉에 나타난 것처럼 각종 후생, 복지사업을 통해 노동자를 관리하고 있다.[211]

〈표 3.2-18〉 각 사별 노동조건, 후생복지사업 실태(1982년 6월)

내역w사별	동 아	서 울	조 선	중 앙	한 국
송 금	연1회	연1회	연1회	연1회	연1회
급여조정	연1회	연1회	연1회	연1회	연1회
각종수당	편집, 교섭, 외신	직무수당.	직무수당, 직무 외 수 당		직무수당, 내근수당. 기 타
포 상	항공수당 외 특별상, 특종상 노력상, 기타	직매수당 공로상, 특종상 노력상, 제작상 외	공로상, 모범상, 특종상, 노력상 외	우수특종상 노력상, 기타	공로상, 특별상, 특종상 기 타
통근버스					
구내식당					
식대지원					
도서관					
의무실					
휴게실					각 국별로 체육관 운영
체육시설	테니스 코트				
사원휴가	연 14일	연 7일	연 10일	연 6일	연 6일
휴양시설	대 천		천리포	연 포	
상조회	100만 원 한도 대 부	퇴직금 한도 내 200만 원			
마을금고			300만 원	500만 원 한도 대 부	100만 원 한도대부, 생필품 구판장
장학회	전문대생, 대학생 1사원 1자녀 연2회	전문대, 대학생	자녀학자금		대학생자녀 학자금
각종동우회 지 원	전액보조	보 조	보 조	반액보조	전액보조
산재보험					

211) 신협 20년, 250-5쪽.
　　　이는 생활복지 향상으로 경영능률을 높이는 수단으로 사용되므로 노무 관리수단 이라고도 한다.

그런데 기자의 임금문제에 대해 당사자와 신문자본가 외에도 국가 또한 사이비기자 또는 언론 부조리 정화라는 명분으로 큰 관심을 가져왔다. 이에 관한 구체적인 기록은 1957년 한국일간신문발행인 협회의 창립에까지 거슬러 올라갈 수 있는데, 당시 동 협회는 용지난 해결을 위한 대행정부 교섭과 함께 탈선언론인 자가숙정방안을 논의하였다.[212]

이 문제는 그 후 5·16쿠데타로 등장한 박정희 정권하에서도 다시 논의되었는데 1967년과 1971년의 선거 직후 신문협회가 '사이비기자 근절 대책위원회'를 구성한 것과 '언론 자율정화에 관한 결정사항'을 발표하는 것으로 각각 나타났다. 전자는 본사기자의 급료를 면세점 이상으로 올리는 것과 일부 기자를 해고하는 내용이었고[213] 후자는 본사와 지방주재기사 사이의 임금차등을 없애고 기자의 취재활동을 현격히 제약하는 프레스카드제를 실시하는 것이다.[214]

특히 프레스카드제는 기자의 활동자격에 대한 국가의 직접적인 간섭이 가능한 것으로[215] 정신노동력의 사용가치 및 교환가치의 결정에 정신노동자와 신문자본가와 더불어 국가도 개입함을 의미한다. 이러한 내용을 1980년 언론통폐합과 언론기본법 실시에서 새로이 명시한 기자에 대한 교육, 연수 및 복지조항과 함께 그대로 이어지고 있다.[216]

현재 국가는 81년에 설립된 법정언론기관인 한국언론연구원을 통해서

---

212) 같은 책, 463쪽.
213) 같은 책, 483-4쪽.
214) 같은 책, 484-6쪽.
215) 같은 책, 485-6쪽.
216) 언론인 연수는 18조 2항이 언론인 복지는 19조에 각각 관련 내용을 담고 있다. 또 44조 2항에는 한국방송광고공사가 그 수익으로 언론의 공익사업, 언론인의 복지증진, 언론인의 연수를 위하여 사용할 수 있도록 규정했다.

각 신문사의 기자를 해외로 연수 보내며 또 수습기자와 간부기자 등을 대상으로 이데올로기 비판을 비롯하여 일반시사교육, 국가정책, 언론계 현안 등과 강의 내용으로 재교육을 실시하고 있으며[217] 이 밖에도, 한국 언론인 금고를 통해 생활자금과 주택자금을 융자해 주고 있다.[218]

　이상에서 신문산업에 특수한 생산요소인 정신노동력의 구매가격이 상승하는 과정과 거기에 개입하는 국가의 활동을 살펴보았다. 정신노동자는 일반노동자에 비하여 자본가의 힘이 쉽게 관철되지 않으므로 자본가는 국가의 협조, 압력하에 높은 임금으로 이에 대응하였고 이 과정에서 국가는 정신노동자에 대한 경제적 지원과 더불어 정신노동력의 사용가치(취재활동)에 영향을 미치는 프레스카드제 등을 실시하고 있음을 보았다.

　이상의 내용을 간단히 도식화하면 다음과 같다.

<그림 3.2-5> 노동력 구매에의 개입요인

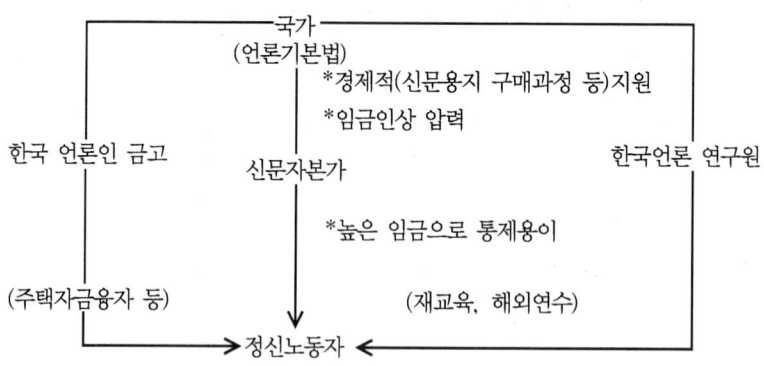

---

217) 한국언론연구원에 대해서는 원보 1-4호 및 1987년에 나온 팜플릿을 참고할 것.
218) 신협 20년, 403-7쪽.

ㄴ. 육체 노동력

육체 노동력은 신문의 인쇄과정에 사용되는 노동력을 의미한다.

80년 이후 인쇄과정에서 CTS의 도입으로 인쇄노동자 수가 감소하고 전산직에 종사하는 노동자가 늘어나고 있으나 정신노동자인 기자와는 달리 단순한 업무에 종사하므로 육체노동자에 함께 포함시켜 다루겠다.

신문산업의 육체노동력은 다른 일반산업과 거의 비슷하여 모든 육체노동자는 신문자본가가 저렴한 가격으로 구입하는 대상이라고 하겠다. 또 일단 구매된 노동력도 인쇄공정의 기계화, 자동화에 따라 그 중요성이 점점 낮아지고 있다. 따라서 육체노동자는 신문자본가에 대해 점점 불리한 위치에 놓인다고 하겠다.

육체노동자의 노동조건 또한 CTS 이전에는 유해한 납과 화학약품을 다루고 CTS 이후에는 CRT(터미널) 앞에서 장시간 작업을 하므로 건강에 좋지 않다고 할 수 있다.[219] 신문제작의 특성인 단시간 집중작업으로 고도의 정신적 긴장을 수반하고 신문자본가의 이윤확대를 위한 외부작업을 맡기도 하므로 열악한 처지라고 할 수 있다.[220]

더욱이 이들의 임금은 정신노동자에 비하여 크게 못 미치며 기타 근로조건 등에서 차별대우를 받고 있으므로 노동착취에 대한 강한 불만을 갖고 있다. 1987년 8월의 노동자 항쟁 기간 중 한국일보, 중앙일보, 동아일보 등 5대 신문사 중 3개사의 인쇄노동자(공무국소속)들이 급여 인상 등 처우개선을 요구하면서 일부사의 경우 제작 거부에 들

---

219) '77 신방연, 94쪽 및 '80 신방연, 143쪽.
220) '77 신방연, 94쪽.

어가 신문발행을 지연시킨 데서 그러한 점이 잘 나타난다.[221]

그러나 신문산업의 육체노동자는 오랫동안 권리요구에 소극적이고 또 이번의 파업사태를 곧 타결한 데서 엿볼 수 있듯이 다른 한편으로 타 산업의 노동자에 비하여 상대적으로 나은 대우를 받고 있어 신문자본가와의 적극적인 대립을 피한다고 볼 수 있다.[222]

요컨대 신문산업자본가는 비교적 유리한 입장에서 가급적 낮은 가격으로 육체노동력을 구매하여 이윤증대를 추구한다고 볼 수 있다.

2〉 비생산적 노동력

생산단계에서 생산된 잉여가치는 판매를 통하여 자본가의 손에 화폐로 돌아와야만 순환이 계속될 수 있다. 자본가의 입장에서는 이와 같이 잉여가치의 실현이나 이 밖에도 자본가로부터 권한을 위임받아 생산과정에서 노동자를 감독하거나 자본의 효율적인 증식을 위해 회계업무에 종사하는 노동자도 필요하다.[223] 그런데 이러한 곳에 사용되는 노동력은 잉여가치를 생산하지는 못하므로 비생산적 노동력이라 할 수 있다.[224]

신문산업에서 잉여가치의 실현은 판매와 광고에 의해서 이루어진다. 광고는 신문산업에 특수한 것으로 그 기능은 일반산업의 판매촉진을

---

221) 기자협회보, 87. 9. 10

222) 이들의 권리요구는 정신노동자에 비하여 매우 드물고 요구 내용 자체도 충분히 수용 가능하므로 곧 타결된다. 또 이들의 평균임금은 제조업 근로자는 물론이요 기타 인쇄, 출판 업종에 비해서도 높은 편이다.

223) 감독자와 관리자는 자본(노동과정에 대한 통제기능을 행사하는)의 위치에서 나오는 권력을 행사한다. 플란차스 "현대자본주의와 중간계급" 박현우 편역, 사회계급론 백산서당 1986, 224쪽.

224) 같은 글, 제2절 생산적 노동과 비생산적 노동을 참조할 것.

통해 잉여가치를 실현시키는 것이라 하겠다. 광고의 구매자는 주로 일반산업이 되나 이외에도 국가를 비롯하여 다양한 집단이나 개인도 이에 해당한다. 광고는 형식상 신문의 지면을 파는 것이나 광고주의 입장에서는 지면을 사서 광고를 독자에게 전달하는 데 있으므로 실제로는 독자를 판매한다고 볼 수 있다.[225] 이렇게 볼 때 신문산업은 신문을 생산하여 판매하는 순간 다시 독자라는 새로운 상품을 만들어 낸다고 하겠다.

지금까지 비생산적 노동력에 해당하는 판매와 광고 및 관리, 경리 등을 살펴보았다. 이들은 잉여가치를 생산하지 못하는 점에서 그리고 잉여가치를 실현시키기 위해 유통과정에 종사하는 점에서 공통된다.[226] 그 가운데서 광고와 판매는 뒤의 제3단계에서 다시 살펴보겠다.

3) 직접적 생산단계의 분석

자본가가 생산수단과 노동력을 구매하는 것은 생산과정에서 잉여가치를 증식시킨 새로운 상품을 생산하기 위해서다. 따라서 이 과정의 분석이 자본증식의 비밀을 파헤치는 것이다.

자본주의 초기에 등장한 신문은 신흥부르조아의 입장을 널리 알리

---

225) D. Smythe, Communications: Blindspot of Western Marxism.(1976).

226) 어떤 유형의 노동은 유통과정의 일부를 형성하는 것처럼 보이고, 상업적 기업체에 의해 수행되기도 하지만, 사실상 그 같은 노동이 자본주의적 사용가치의 근간을 이루는 상품의 교환가치를 높여주고 따라서 잉여가치를 생산하며, 그 담당자들이 노동계급의 임무를 형성하는 경우도 있다. 막스는 "분배적 형태 내에서의 상품의 저장과 분배인 운송산업에 한하여 유통과정 속에서 계속되는 생산과정으로 간주될 수도 있다"고 분석하였다. 플란차스, 위의 글, 209쪽.

고 사회변화를 추구하였다. 이때의 신문은 광고를 게재하지 않거나 판매에서도 적자를 보아 전체적으로 신문생산이 이윤추구 그 자체를 목적으로 이루어진다고 볼 수 없었다.[227]

그러나 이렇게 정치적 목적으로 발행되던 신문이 자본주의 경제의 발전과 더불어 판매와 광고를 통해서 이윤추구가 가능해지자 본래의 사용가치보다 교환가치를 위한 생산으로 옮겨가게 되었다. 자본주의 사회의 상품생산에서 일반적으로 사용가치는 그것이 오로지 교환가치의 물적 토대 곧 그 담당자이기 때문에 생산되고 또 그런 경우에만 생산되는 것이다.[228] 따라서 신문산업자본가도 다음과 같이 두 가지 목적을 가진다고 할 수 있다.

"첫째, 그는 교환가치를 갖는 사용가치, 즉 판매되기로 예정된 물품을 생산하려고 한다. 둘째, 그는 생산을 위해서 필요한 상품의 가치총액, 즉 그가 상품시장에서 상당한 화폐를 투하하여 구입한 생산수단과 노동력의 가치 총액보다 큰 가치를 갖는 상품을 생산하고자 한다. 그는 사용가치뿐만 아니라 상품을, 사용가치뿐만 아니라 가치를 나아가서 가치뿐만 아니라 잉여가치까지도 생산하고자 한다."[229]

우리는 앞에서 상품의 생산과정을 준비하는 과정으로 생산수단과 노동력의 구매, 그리고 이들이 이루는 노동과정을 살펴보았다. 그 과정은 또한 노동과정을 이루는 측면도 포함하여 파악되었다. 그런데 상품 자체가 사용가치와 가치의 통일인 것과 마찬가지로, 상품의 생산과정은 노동과정과 가치형성과정의 통일이지 않으면 안 된다. 이들

---

227) 방정배, 위의 책, 202-13쪽.
228) M201.
229) 같은 곳.

은 각각 질적 측면과 양적 측면을 보여준다고 할 수 있다.

　"가치형성과정과 노동과정을 비교해 보면 후자(노동과정)는 사용가치
를 생산하는 유용노동에 의해 성립되고 있다. 여기서 운동은 질적으로
고찰되며 그것의 특수한 방식에서 목적과 내용에 따라 고찰된다. 똑같
은 노동과정이 가치형성과정에서는 양적 측면에서만 표시된다. 여기에
서 문제가 되는 것은 노동이 그 작동에 필요한 시간 곧 노동력이 유용
하게 지출되는 시간뿐이다."[230]

　원료는 일정량의 노동의 흡수자로서 의의를 갖고[231] 노동력은 활
동을 하며 생산수단의 가치를 생산물로 이전시키면서 추가적인 가치,
즉 새로운 가치를 형성한다.[232]

　신문산업도 이러한 두 가지 과정의 통일로서 상품생산과정을 갖고
있다. 그러나 신문산업의 특징은 앞에서도 살핀 바 있듯이 그 생산물
이 내포하는 정신적인 사용가치라고 할 수 있다.

　왜냐하면 신문산업의 특수한 점이 신문이란 상품의 정신적인 사용
가치에 따른 것이고 또 이로 인해 타 산업과는 달리 신문산업의 생산
요소 구매단계에 국가의 개입이 두드러지게 나타나고 있기 때문이다.
다시 말해서 신문이란 상품의 특징인 정신적인 사용가치가 곧 국가의
개입을 초래하는 근거요 또 본질적인 개입대상이라고 할 수 있다.[233]

　따라서 정신적인 사용가치를 생산하는 신문산업자본가는 그의 이윤
추구 과정에 개입하는 국가와 같은 요인들이 유리하게 작용하도록 조

---

230) M209.

231) M207.

232) M223.

233) 박호진 편, 〈문화, 계급, 선전〉, (백산서당, 1986) 81-5쪽.

절하여야 하는데 그러기 위해서는 정신적인 사용가치의 내용을 완벽하게 통제하여야 할 것이다. 만약 신문자본가의 통제가 이루어지지 않을 경우 국가 등 제 개입 요인들은 직접 사용가치의 담당자인 정신노동자를 직접 통제하려고 할 것이고 그럴 경우 신문의 사용가치 생산과정 및 이를 토대로 이윤을 추구하는 신문자본가의 활동은 제한될 것이다.[234] 그러므로 신문자본가는 제 요인들의 요구와 더불어 자신의 요구를 충족시키기 위해서 정신노동자의 통제에 주력하게 된다.

그러한 통제는 노동자에 대하여 해고할 권리 등을 갖고 있는 자본가가 우월한 힘을 사용할 수 있음에 기반을 두고 있다. 그러나 일반 노동자와 달리 기자와 같은 정신노동자는 그러한 힘의 사용이 반드시 쉽게 관철되지만은 않으므로 신문자본가는 용이한 통제를 위해 상대적으로 높은 임금(정신노동력에 대한 가치의 전화형태)을 지불하는 방식을 사용하게 된다.

신문산업자본가가 이윤추구를 위한 상품을 생산하는 과정에서 기자와 같은 정신노동자를 통제하는 논리는 막스가 설명한 자본가에 의한 노동력의 소비과정에서 나타나는 두 가지 독특한 현상과도 궤를 같이한다.

"첫째, 노동자는 그의 노동이 귀속하고 있는 자본가의 통제 아래서 노동한다. 자본가는 노동이 질서정연하게 진행되고 생산수단이 합목적적으로 사용되어 원료가 조금도 쓸모없이 사용되지 않도록 감시하며 또 노동용구가 소중하게 취급되어 작업 중의 사용으로 인한 부득이한 경우를 제외하고는 손상되지 않도록 감시하고 있다.

둘째로 생산물은 자본가의 소유물이지 직접 생산자인 노동자의 소유

---

234) 신문자본가가 이윤증대에 주도적으로 참여하기 위해서는 기자를 직접 통제하여야 한다. 그것은 이를 토대로 국가가 이윤증대에 유리하게 개입되도록 할 수 있기 때문이다.

물이 아니다. 자본은 예를 들어 노동력의 하루가치를 지불한다. 이리하여 노동력의 사용은 다른 모든 상품들 - 예를 들어 그가 하루 동안 돈을 주고 빌렸던 말(馬) - 의 사용과 마찬가지로 그날 하루 동안은 그에게 속한다. 상품의 사용은 상품의 구매자에게 귀속한다. 그리고 노동력의 소유자는 사실상 자신의 노동을 건네줌으로써만 그에 의해서 판매된 사용가치를 건네주는 것이다. 그가 자본가의 작업장에 들어가는 순간부터 그의 노동력의 사용가치, 따라서 노동력의 사용, 즉 노동은 자본가에게 속하게 된다. 자본가는 노동력을 구매함으로써 살아 있는 효모로서의 노동을, 역시 자신에게 속하는 죽은 생산물 형성요소에 합체시키는 것이다. 그의 입장에서 보면 노동과정이란 자기가 구매한 상품인 노동력의 소비일 따름이지만, 그러나 그는 이런 노동력에 생산수단을 부가함으로써만 노동력을 소비할 수 있다. 노동과정은 자본가가 구매한 따라서 그에게 속한 여러 물품들 사이의 한 과정이다. 그러므로 이러한 과정의 생산물은 그의 포도주 창고에서 이루어지는 발효과정의 생산물과 똑같이 그에게 귀속한다."235)

한편 이 단계를 일반산업의 이윤율의 결정요인과 증대방안의 측면에서 살펴보면 다음과 같다. 노동효율의 경우 기술개선이, 노동강도에서는 생산라인의 가속화 및 노동속도 통제를 위한 보다 많은 작업감독관의 고용이 그리고 시간당 원료사용 및 기계파손량에서는 원료손실 및 설비파손을 줄이는 생산방법의 개발이, 끝으로 실제로 사용(가동)되는 노동시간당 자본재의 양에서는 보다 적은 설비를 사용하는 생산방법을 채택하는 것 등이 생산단계와 관련된다.236)

그러나 신문산업의 경우는 위의 측면들을 고려하되 신문산업자본가가 신문의 내용을 결정하는 기자를 통제하며 신문 내용에 대한 제 세

---

235) M199-200.
236) 김대환, 위의 책, 171쪽.

력의 개입을 이윤증대 방안으로 사용하는 데 초점을 맞추어 살펴보겠
다. 이 과정에서 신문산업 내의 자본가와 노동자의 대립을 비롯해 신
문산업과 국내외 세력의 대립 등이 다루어질 것이다.

(1) 편집과정

편집은 신문의 사용가치를 만듦으로써 장차 교환을 가능하게 하는
과정으로 신문산업자본운동의 가장 큰 추진력이다. 여기서 생산된 잉
여가치는 인쇄과정을 거쳐 다음의 판매단계에서 잉여가치를 실현한
후 다시 생산요소 구매단계로 전화하면서 확대 재생산한다.

편집과정의 담당자는 정신적 노동에 종사하는 기자다. 기자는 신문
이 담는 내용의 일부를 직접 만들어 내고 또 원료(통신기사, 청탁원
고 등)를 가공하여 다른 부분을 채우는 노동을 한다. 이러한 노동과
정에서 기자가 취하는 기사에 대한 태도에 따라 신문의 전체 성격이
결정된다. 물론, 기자 역시 신문자본가의 감독, 관리를 받아 노동을
하므로 그러한 신문의 내용이 신문산업자본의 최대 이윤확보를 가능
하게 하도록 해야 할 것이다.

그러나 기자는 지식인의 일원으로서 신문자본가가 '자본'의 인격화
된 존재로서 요구하는 오로지 이윤추구를 위한 신문생산에 대해 비판
적인 태도를 취하기도 한다. 즉 기자들은 한편으로 자본가계급의 입
장에서 오로지 자본가계급의 이익과 일치하는 내용으로 잘 팔리는 신
문을 만들어 그 이윤의 일부를 분배받으려 하나, 다른 한편으로 이러
한 사회의 부패성을 의식하고 민중의 입장에서 민중의 이익을 실현시
키기 위해 노력한다.[237)

그러므로 신문자본가는 기자의 이러한 이중적인 측면 중 후자가 발생시키는 자신의 이익 침해에 주목하여 이를 막기 위해 편집과정을 철저히 통제한다. 신문자본가의 생산요소구매단계에서 이윤율 증대에 기여한 국가, 자본 등의 사회구성체 제 세력도 후자로부터 나타나는 신문의 민중적 입장이 그들의 부패한 측면을 폭로함으로써 원활한 재생산에 위협을 받으므로 편집과정에서 기자의 통제에 대하여 신문자본가와 입장을 같이한다.

이와 같이 편집과정은 주로 신문 내용의 생산을 담당하는 기자에 대한 신문자본가와 국가, 자본 등 사회 제 세력의 통제로 특징져진다. 그러나 신문자본가는 신문이 '권력의 제4부' 또는 '사회의 목탁'으로 불리는 데서 알 수 있듯이 국가, 자본 등에 대한 일정한 정도의 비판적 역할을 수행하기도 한다. 그럼으로써 신문자본가는 신문독자의 대다수를 차지하는 민중에게 위와 같은 이미지를 계속 유지하며 신문을 판매할 수 있고 아울러 국가, 자본과 일정한 정도의 긴장관계를 형성하고 그에 대한 반대급부로서 각종 지원이나 혜택을 보장받고, 판매수입의 가장 큰 부분인 광고확보를 함으로써 자신의 이윤율 증대에 유리하게 사용한다.

그러면 편집과정에서 구체적으로 나타나는 현상을 신문산업을 중심으로 내·외 요인으로 나누어서 살펴보자.

---

237) 세계철학사, 151쪽.

1〉 내적요인

ㄱ. 기자(정신노동자)

기자는 편집과정에서 종사하는 작업의 성질과 단계에 따라 취재기자, 사진기자 및 편집기자, 교열기자 등으로 나눌 수 있으나 여기서는 신문의 사용가치를 직접 생산하는 측면에서 가장 중요하고 일반적인 취재기자를 중심으로 다루겠다.[238]

근래 들어 기자의 선발을 공개경쟁시험에 의해서 이루어지는 것이 일반적인데 그 경쟁률은 100 : 1을 상회하는 높은 편이다.[239] 중앙지 5대 신문사는 1986년 채용 시 기자 응시 자격으로 모두 대학졸업을 들고 있는데 한 통계에 의하면 그해에 선발된 중앙 언론사(본사가 서울에 있는 신문사와 방송사를 합침) 신입기자 149명 중 16명을 제외한 133명이 서울소재 대학출신이고 이 중 세칭 일류대로 불리는 서울대·고려대·연세대 출신이 80명으로 과반수를 차지하고 있다.[240] 이렇게 볼 때 한국 신문산업의 기자는 치열한 경쟁을 뚫고 합격한 주로 위의 3개 대 출신의 엘리트라고 하겠다.

이렇게 선발된 기자는 수습 또는 견습기자라고 불리는데 대개 각 부서를 돌며 선배기자로부터 업무를 익히고 사회부에 소속되어 3년

---

238) 노동부 국립중앙직업안정연구소, 미국직업사전, 1981, 99쪽에 따르면 기자와 보도기자(취재기자)는 다음과 같이 정의된다.
　*기자(NEWS WRITER): 취재진들이 제공한 취재 노트로부터 출판이나 방송하기 위해 뉴스 기사를 작성한다.
　*보도기자(REPORTER): 발행이나 또는 방송하기 위한 뉴스 기사를 쓰기 위해서 뉴스거리가 될 만한 사건들에 관한 정보를 수집하고 분석한다.
239) 신방 86. 12, 60쪽.
240) 같은 글, 61쪽.

내외의 경찰출입을 거친 후 정치부나 경제부 등의 새로운 부서에 배치
되어 국회나 경제기획원 등 전담 취재원을 갖게 된다.

기자의 승진은 능력과 연공서열(경력)에 따라 이루어지는데 능력의
판단 기준이 뚜렷하지 않으므로 현실적으로 상급자의 주관적인 판단에
의해서 이루어진다. 상급자는 일반기자에게 특정 대상에 대한 취재를
지시하고 신문지면에 게재할 결정권을 가진 간부사원으로 신문사의 부
장급 이상을 뜻한다. 이들은 기자와는 다시 구별되어 집단을 이루기도
하는데 한국편집인 협회가 그것이다.241) 신문사 간부는 신문자본가의
위임을 받아 신문제작 과정을 총괄하여 맡고 있으므로 매우 중요한데
대개 신문산업 내부의 갈등은 기자가 신문자본가와 대립하여 나타나
해결되기보다는 오히려 간부들 선에서 묵살되고 있다.242)

신문사 간부들은 신문산업 내의 전통적인 위계질서를 강조하며 기
자들을 통제하고 있는데 정론지적 성격의 신문을 만들 때 존재하던
기자들 사이의 동지적 결합이 신문기업이 대규모화되면서 산업자본의
논리에 따라 이윤 추구에 주목적을 둔 신문을 생산, 판매하면서 기자
간의 상하 위계질서가 형성, 강화되었다고 한다.243)

즉 1960년대 박정희 정권은 신문산업에 대한 차관제공 및 용지제공
등의 경제적 지원을 하는 한편, 다른 한편으로 '언론윤리위원회법'의
시행과 '신동아 사건' 등의 정치적 통제를 시도했는데 이때 이를 수용

---

241) 신협 20년, 378-84쪽 참조.
242) "듣건대 고생스런 취재는 부, 차장 선에서 잘리기 일쑤요, 힘들게 부, 차
장 선을 벗어나면 국장 선에서 난도질한다니 이 무슨 해괴한 굿거리인
가"라는 말도 전적으로 거짓은 아니다. 이영희, '기자풍토 종횡기' 창조 71.
10, 62쪽.
243) 송건호, 위의 책, 126쪽.

하여 신문기업의 성장을 의도한 신문자본가와는 달리 기자 측에서는 언론자유 제한으로 반대하였고, 이에 따라 1970년대 들어 신문자본가는 좀더 용이한 통제를 위해 기자 내의 상하 위계질서를 강조하며 이들의 반목을 조장하였다고 하겠다.[244] 이러한 위계질서는 신문산업의 가부장적 경영하에서 기자의 승진이나 신분보장을 상사의, 종국적으로는 기업주의 은고나 신임에 좌우되도록 만들어 아첨풍조를 풍미하게 하였다고 한다.[245]

엄격한 위계질서의 형성은 곧 기자의 기사취재를 제한하게 된다. 이제 신문자본가나 다른 요인들은 그들의 이익을 위해 기자를 직접 통제하는 대신 간부기자를 통해 간접적으로 지시하며 그것이 관습으로 정착되면 자질구레하게 신경 쓸 필요가 없게 된다.

"취재된 기사도 외부로부터의 전화 한마디로 부장 선에서 주물러진다. 어떤 개인이나 집단세력을 위해서 커지기도 하고, 절반으로 줄기도 하고, 영영 쓰레기통 속에 버려지기도 한다."[246]

좋은 신문을 만들고, 언론의 정도를 지키기 위해 부장이나 국장에게 항의해야 소용없지만 그러한 기자를 보기조차 힘들게 되었다. 그러한 기자는 기개 있는 기자로서보다 벌써 처세가 서툰 어리석은 기자로 불쌍한 인생으로밖에 보이지 않는다.[247] 물론 이는 한국 신문산업에 국한된 것만은 아니다. 미국에서의 최근 연구도 비슷한 결론을 내리고 있다.

---

244) 이상우, '박 정권하의 언론탄압', 신동아 86. 10, 303-6쪽.
245) 송건호, 위의 책, 94쪽.
246) 이영희, 위의 글, 61쪽.
247) 송건호, 위의 글, 95쪽.

"뒤얽힌 이해관계로 인해 보도는 제한되고, 어떤 문제는 아예 대상에서 제외된다. 제도적 활동의 규명에 관심을 가진 기자는 두 번 생각해야 한다. 먼저 편집과정을 통과할 것인가를 고려해야 하며, 다음에는 담당부서로부터 쫓겨나거나 아예 해고되지나 않을까를 고려해야 한다."[248]

신문산업 내의 엄격한 위계질서와 더불어 흔히 촌지라고 불리는 기자의 불법적인 수입도 기사취재를 제한하고 그 내용을 왜곡시키는 요인이다. 1960년대를 전후하여 기자는 무보수 또는 면세점 이하의 낮은 임금을 받았으나 출입처, 취재원 등으로부터 봉급의 몇 배, 몇십 배 되는 촌지를 받아 그에 전혀 개의치 않았다.[249]

"기자 사회에서 '촌지'라고 불리는 이 소속사의 봉급 외 수입은 기사가 직무상 관계하는 대상의 재정적 규모에 따라 문자 그대로 수천 원의 '촌지'에서 수십만 원의 촌지로 가지가지다. 출입처의 기자단은 국민에게 진실을 알리기 위한 취재의 편의에서보다 이와 같은 과외수입을 '징수'하는 압력단체로서의 역할을 하는 경우가 많다. 정기적으로 매달 엄청난 상납 아닌 '횡납금'을 거둬들이는 것은 경제계나 재계와 관련된 기자단이다. 1인당 2만 원이 환납되자 '기자를 무시하느냐'고 하여 3만 원씩으로 낙착되는 것은 비교적 가난한 출입처의 기자단이다. 허가사무와 관련된 이권청탁 한 건에 얼마라는 액수는 해당 기자 이외에는 영원한 비밀사항이다.

'촌지'는 나오는 대로 기자실에서 '섯다'의 밑천이 되는 것이 보통이지만 '척지'는 포카의 밑천이 되고서도 저택, 기업체에의 투자, 승용차, 골프멤버 등의 형태로 '확대재생산' 된다."[250]

---

248) Dreier & Weinberg, "The ties that bind: interlocking dictatorships" Columbia Journalism Review, November/December, 강상호. 이원락 편역, 위의 책, 182쪽 재인용.

249) 이영희, 위의 글, 65쪽.

따라서 기자는 촌지의 단위가 높은 취재처로 나아가기 위해서는 윗사람에게 잘 보여야 하고 윗사람의 심부름을 충실히 집행해야 한다.251) 기자라는 신분이 그 모든 밑천이기에 아무리 불평과 불만이 있어도 해고라는 막강한 권한을 갖고 있는 신문자본가의 애총을 받도록 노력해야 한다.252) 간부기자의 촌지는 이보다 한 단계 높아, 해외여행이나 대변인과 같은 고급 공무원의 채용으로 나타난다.

> "신문에 몸담고 있는 당신들이 모든 것을 다 포기하고, 알량한 촌지와 뻔질난 해외여행이란 화대 때문에 해야 할 책임과 의무를 포기한 채 화간을 계속 하시렵니까?"253)
> "여기에서 1970년 9월 신문지상을 떠들썩케 한 대통령의 동남아 8개국 순방길을 수행하여 취재하고 돌아온 각 사 부장들이 남긴 추문사건을 빼놓을 수 없다. 언론이 제구실을 못하는 것은 권력의 압제만에 의해서가 아니라 언론계 자신의 부패도 문제였다."254)
> "차장·부장·국장에 이르면 '무료해외여행', '생활보조'의 혜택으로, 이미 기자이기보다는 어떤 뜻에서 권력 측에 가까운 예도 드물지 않다. 기사 재료를 독점으로 준다는 미끼로 그 '죽음의 키스'를 받게 되고, 이권·청탁을 해야 하기 때문에 그 폭력 앞에 무력해지고 만다. 그 지위가 되면 벌써 생각은 행정부의 국장, 차관, 무슨 비서관이니 국영기업체의 자리에 가 있다."255)

기자들은 실제로 1973년 국회의원 선거에 18명이 진출했고, 정부 12

---

250) 같은 글, 62쪽.
251) 같은 글, 65쪽.
252) 같은 곳.
253) 정연주, "언론계 선배 동료들에게" 송건호 외, 민중과 자유언론, 아침, 1985. 261쪽.
254) 송건호, 위의 책, 130쪽.
255) 이영희, 위의 글, 61-2쪽.

개 부처에 대변인제가 신설되자 거의 전원이 기자 출신으로 기용되었으며, 이후 관계·정계·기업계로 유출되는 사례가 해마다 늘어났다.[256] 80년대 이후 11대, 12대 국회에도 모두 70명의 기자 출신 국회의원이 있다고 한다.[257]

그런데 중요한 것은 엄격한 위계질서 속에서 촌지를 받으며 제한된 취재를 수행하는 기자들이 객관적 보도라는 이름 아래 자신의 보도 입장을 옹호하고 합리화하려는 것이다. 송건호는 객관적 보도에 대해 다음과 같이 비판한다.

"신문에는 본래 객관적 보도란 있을 수 없다. 또 있어 오지도 않았다. 한 데도 한국 언론은 지난 30년간 미국의 객관주의 신문학의 교육 속에서 자라 왔다. 즉 사람의 주관을 넣지 않고 있는 그대로 객관적 보도를 하는 것이 기자의 바람직한 자세라는 것이다. 따라서 대학에서 배우는 신문학은 단순히 기사작성의 기술학에 불과하다. 신문기자가 무엇이 옳고 그르고를 판단하고 따지는 것은 바람직한 태도가 아니라는 것이다. 이리하여 오늘날 신문기자들은 일종의 기술자에 지나지 않게 되었으며 기자로서 뚜렷한 사상이나 이념을 가지고 언론활동을 하는 것은 바람직하지 않고 다만 사실보도에 충실하면 그것으로 족하다는 사상이 지배적이 되었다. 탈사상적인 한낱 기능인으로서 자기를 의식하게 될 때 기자들은 주어진 현실이 바람직한 상황이든 아니든 현실에 아무런 고민이나 갈등을 느끼지 않고 쉽사리 적응하게 된다. 언론인의 이 같은 탈사상적 기능화는 어느 의미에서 보면 고도의 이데올로기성을 발휘한다."[258]

요컨대 한국사회에서 최고 학부인 대학교를 졸업한 중에서도 엘리

---

256) 송건호, 위의 책, 137쪽.
257) 같은 책, 26쪽.
258) 같은 책, 95쪽.

트인 기자의 객관적 보도는 신문산업 내의 엄격한 위계질서와 출입처 및 취재기사의 이해관계자로부터 받는 촌지와 잘 어울리는 것이다. 어느 간부기자는 기자의 엘리트적 측면에서 나타나는 부작용을 신랄하게 지적하고 있다.

> "필자의 견해로서는 오히려 식민지적인 가치관, 문제의식, 세계관을 주입하는 것을 소임으로 하는 이 나라의 대학교육을 받은 젊은이보다는 차라리 공장노동자나 농사꾼이나 지게꾼이 뭣인가를 느끼고 분발해서 기자가 될 수 있는 길이 트여 있었다면 우리의 기자 풍토가 오늘과 같지는 않았을 것이 아닌가 하는 생각마저 든다. 대학지식을 자못 대단한 것이나 되는 것처럼 생각하는 사고방식이 바로 이 사회가 타파해야 할 권위주의가 아닐까 한다. 지식·기술의 신비주의, 권위주의는 노력하지 않고 지배하려는 그리고 그에 도전하는 사람들에 대해서 자기를 보호하려는 명분에 타락하기 쉽다."[259]

지금까지 기자가 신문의 사용가치를 창출하는 과정을 기자의 속성을 중심으로 살펴보았다. 즉 〈표 3.3-1〉과 같이 신문의 편집 내용은 바로 그러한 기자의 속성에서 나타난 것이라고 할 수 있겠다. 그러면 이와 함께 기자의 활동과 관련되는 사회구성체의 여러 가지 제 세력을 살펴보고 어떤 것이 기자의 활동을 제약하면 어떻게 영향을 미치는지 구체적으로 알아보자.

---

259) 이영희, 위의 글, 66쪽.
　또 보도지침에 따르면 86년 1월 9일 미국과 리비아의 관계에 대해 미국 시각으로만 보도하지 말고 우리 건설회사가 진출해 있는 만큼 국익차원에서 신중하게 보도하기 바란다고 했다. 그러나 며칠 후인 1월 15일 정부는 주한 리비아 대사관으로부터 "한국 신문이 리비아관계를 보도함에 있어 미국통신에 너무 치중, 즉 편파보도 하고 있다"고 항의를 들었음을 밝히고 신문사에 이 점을 참고할 것을 재차 시달하고 있다. '보도지침', 말, 특집호 1986. 9, 21-3쪽.

〈표 3.3-1〉 기자의 속성상 특징과 편집 내용에의 영향

속 성	특 징	편집 내용
1〉 자격	높은 교육수준의 엘리트	식민지성, 지배계급성, 객관성 합리화
2〉 조직	상하 위계질서	1〉+발행인 및 간부기자의 명령에 복종
3〉 수입	높은 임금 및 촌지	2〉+촌지제공자에 대한 호의적인 기사작성
4〉 목적	간부기자나 국가·기업 등의 간부	2〉+3〉+장차 진출할 대상에 대한 호의적인 기사작성

ㄴ. 자본가(신문발행인)

신문발행의 목적이 초기의 정치적인 측면에서 자본주의 사회가 발달함에 따라 점점 경제적(이윤추구)인 측면으로 바뀌어져 왔다는 점은 앞에서 설명하였다. 그런데 이때 이윤추구가 이데올로기적인 면을 배제한다는 것을 의미하는 것은 아니다. 오히려 전자의 논리 속에서 후자도 쉽게 관철된다고 하겠다.[260]

이 두 가지를 추구하는 점에서 신문발행인은 기자의 목적과 다른데, 기자가 이른바 언론자유라는 개념에 입각해서 사회의 비리를 폭로하는 성향을 어느 정도 가지는 데 비해 자본가는 신문의 그러한 이미지보다는 실질적으로 신문발행인의 이익, 즉 이윤추구를 제공해 주는 데 더 관심을 갖는다.[261]

따라서 신문발행인은 신문 상품을 자신의 그러한 목적에 맞게끔 생산하여야 하므로 이 과정에서 그의 통제를 받는 기자와 대립하기도 한다. 일반산업에서는 노동자에 대한 자본가의 우월한 힘의 작용이

---

260) 양성호 "시장경제사회에서의 대중매체-서독 인쇄매체의 전체 사회적 기능을 중심으로" 미발간. 1987. 122쪽.
261) 머독 "대기업과 언론산업과 통제" 강상호, 이원락(편역), 위의 책 153쪽.

자연스럽게 이루어지는 데 비해 신문산업의 경우는 정신노동자란 특수한 측면에서 약간 다르게 나타난다.

즉 바로 앞에서 보았듯이 대다수 자본가는 엄격한 위계질서와 촌지 속에서 자본가에게 순응하나, 일부 기자는 이러한 자세에 대해서 비판적 태도를 취하며 민중의 입장에 서는 것이다. 그런데 후자의 입장에서 만들어진 신문의 경우, 그 사용가치는 국가와 자본 측에는 유용성이 없어 교환가치를 갖지 못하게 되므로 신문자본가의 이윤증대에 막대한 타격을 주게 된다. 따라서 신문자본가는 항상 기사의 내용에 주목하며 이것이 국가와 자본 측에 유용성을 갖도록 만들어야 한다.

신문발행인과 기자 사이의 이러한 관계는 소위 '편집권'이란 표현에 집약되어 있는데 편집권이란 한마디로 신문의 내용을 결정하는 권리로서 그것을 누가 소유하느냐에 따라 신문의 사용가치가 달라지고 나아가서 이윤추구 여부에 따라 신문의 성격을 완전히 정반대로 결정짓기도 한다.[262]

한국 신문의 편집권은 1960년대 박정희 정권의 신문통제에서부터 문제로 등장하였다. 당시 국가는 윤전기의 구매허가 및 구매자금 알선 등 신문산업자본의 생산수단 구매 단계에 직접 개입하여 신문자본가에게 유리하게 해결해 준 것과 더불어 1964년 신문의 통제를 강화하는 '언론윤리위원회법'을 통과시켰으나 기자들의 반발로 이를 철회하였다.[263]

그러나 이때 신문발행인의 대다수(26개 사 중 21개 사가 찬성)는 이법을 찬성, 기자들과 의견이 다름을 보였다. 다음해인 1965년, '경향신문'이 국가에 의해 강제경매처분으로 탈취되어 어용지화되었고 '조

---

262) 편집권에 대해서는 송건호, 위의 책, 55-82쪽을 참조할 것.
263) 이상우, 위의 글, 301-6쪽.

선일보'는 현금차관이라는 특혜로 포섭되었으며 4년 후에 박정희 정권의 차관내막을 밝혀 문제가 된 '신동아사건'을 계기로 마지막 남은 동아일보 발행인마저 국가에 굴복하자 이러한 신문발행인과 기자 간에 신문편집을 둘러싸고 대립하기 시작하였다.264)

이후 유신체제하에서 신문발행인들은 국가의 특혜지원을 계속 받기 위해 편집에 대한 통제를 더욱 강화하였다. 신문발행인의 기자에 대한 통제는 1975년 동아 · 조선 '언론자유수호운동'에서 보듯이 한때 기자들의 거센 저항에 직면하였으나, 국가의 물리적 지원을 받는 발행인의 우위로 종결되었다.265) 1980년 박정희 정권의 붕괴 이후 다시 기자들이 신문발행인과 국가의 통제에 문제를 제기했으나, 700여 기자의 해고와 언론 통폐합 및 언론기본법의 제정으로 종전의 통제가 더욱 심화되어 기자의 보도, 편집조건을 악화시켰다.266)

1970년대의 편집권 문제에서 나타난 신문발행인의 입장과 해결방식을 보면 먼저 편집권에 대해서 신문발행인은 그것을 경영권의 일부로 생각하고 있어 신문제작을 위해 일시적으로 편집인 또는 기자에게 위임한 것으로 항상 자신들이 최종적인 결정권을 가진다고 주장하는 것이다.267) 그런데 편집권 문제는 이미 미군정하의 일본에서도 크게 대두되었는데 신문사 내에서 기자가 소유하기로 한 편집권제도를 당시 맥아더 정부의 개입으로 신문발행인이 뺏어간 적이 있었다.268) 이러한 전례에서도 보듯이 편집권 문제는 매우 중요하여 이를 두고 신문

264) 같은 글, 303-12쪽 및 송건호, 위의 책, 123-4쪽.
265) 김종철 "민중적 진실의 묵살과 왜곡", 송건호 외, 위의 책 51-100쪽.
266) 임채정 "80년대의 언론정책과 그 비판", 같은 책, 202-27쪽.
267) 송건호, 위의 책, 89쪽.
268) 같은 책, 72-3쪽.

발행인과 기자는 서로 팽팽히 대립하였는데 신문발행인은 급기야 자본가로서 노동자에 대해 갖고 있는 해고의 권리를 사용하여 일방적으로 해결하였다. 1975년 동아일보사와 조선일보사의 기자 중 모두 146명이 특별한 이유 없이 또는 부당한 이유로 해고되었는데 이들은 편집권이 단적으로 의미하는 신문자본가의 정신노동자에 대한 힘의 행사에 저항하였기 때문이다.[269] 1980년 해직기자 700여 명 역시 주로 그해 봄에 일어난 민주화 운동에 호의적이거나 신문발행인과 대립하려는 기색을 보인 기자들로서 역시 같은 방식으로 해고된 것이다.[270]

한편, 신문발행인은 1980년 이후 기자에 대한 높은 임금과 후생, 복지제도의 보장을 통해 편집권으로부터 발생하는 대립관계를 크게 줄였다.

요컨대, 신문산업도 타 산업에서와 마찬가지로 노동자에 대한 자본가의 우위 속에서 상품이 생산－신문 내용이 결정－된다고 하겠다.

신문산업 내에서의 신문편집과 그 과정에서의 통제방식을 간단히 도식으로 표현하면 다음과 같다.

〈그림 3.3-1〉 신문편집과정에 개입하는 내적요인의 관계

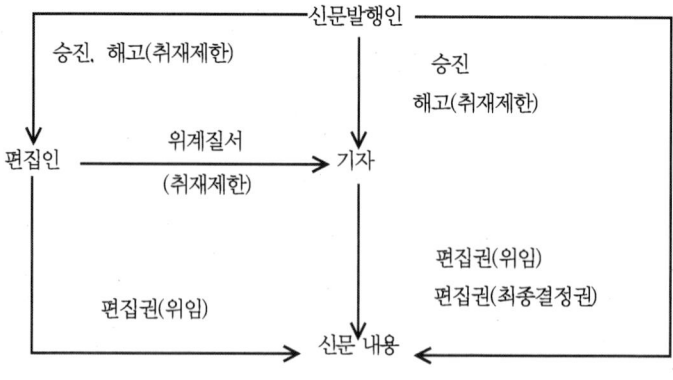

---

269) 김종철, 위의 글, 53-66쪽.
270) 김태홍, "80년 전후의 자유운동", 송건호 외, 위의 책, 268-337쪽.

2〉 외적요인

ㄴ. 국내요인

ㄱ) 국가

국가의 개념에 대한 정의는 다양한데[271] 원론적으로는 계급들 간의 비화해성의 산물로서 지배계급을 위하여 기존 사회적 관계의 재생산을 담당하고 있는 존재이다. 국가는 그러한 재생산을 효율적으로 수행하기 위해서 다양한 지배방식을 사용하는데 그중의 하나는 지배계급의 이데올로기를 사회의 지배이데올로기로 만들어 기존 체계를 유지시켜 나가는 것이다.

따라서 국가는 이데올로기를 담은 정신적 상품(신문)의 생산자인 신문산업의 자본가와 노동자의 생산과정에 개입하여 그 내용이 지배이데올로기에 해당하도록 조정, 통제한다. 국가는 이러한 목적을 달성하기 위해 여러 가지 방식(공식적·비공식적 등)으로 신문산업에 개입하는데 특히 한국사회에서는 그것이 국가의 특수성으로부터 기인하기 때문에 뚜렷한 특징을 보여준다.

국가의 개입은 크게 공식적인 방법과 비공식적인 방법을 들 수 있

---

271) 일반적으로 자본주의사회 지배세력의 하나로 간주되는 국가에 대한 연구는 유럽에서 활발하게 이루어졌는데 크게 두 가지로 나뉜다. 하나는 국가(기구)를 기본적으로 자본가계급의 이익을 위해 봉사하는 지배도구로서 인식하는 정통 막스주의자들의 입장이고 다른 하나는 자본가계급에 상대적으로 독립적인 권력은 갖는다는 네오 막스주의자들의 입장이다. 이 밖에도 과대성장 국가론, 관료적 권위주의 국가론에서는 약간씩 다르게 설명하기도 하나 이들은 대부분 국가가 지배계급의 이익을 지켜주고 실현시켜 주는 역할을 하고 있음에 공통된다.

다. 전자는 사회적으로 용인된 상태에서 법과 제도를 통한 것으로 비교적 광범위하게 이루어지나, 후자는 사회적으로 용인되지 않은 상태에서 물리력을 사용하는 것으로 비교적 소수의 특정대상에 한하여 이루어진다.

(ㄱ) 통제방식

가. 공식적 통제

가) 법적 통제

언론산업에 대한 국가의 법적 통제는 가장 일반적으로 사용되는 공식적인 통제방식이다.[272] 법적 통제의 장점으로는 무엇보다도 통제의 근거가 분명하고 또 전체를 대상으로 법이 개폐되지 않는 이상 오랫동안 사용할 수 있음을 들 수 있겠다. 신문산업에 관계된 법은 신문

---

[272] 팽원순, 매스커뮤니케이션 법제이론, 법문사, 1985, 13-7쪽.
한편 프라이버그(J. W. Freiberg)는 프랑스에서 신문산업에 대한 국가의 통제를 동의와 강제의 정도에 따라서 다음과 같이 나눈다.(뒤로 갈수록 동의보다는 강제에 의존한다)
1. 신문에 대한 국가의 재정원조
2. 정부 전문 연구 기관
3. 행정 규제기관
4. 행정상의 간섭
5. 기자에 대한 압력
6. 간행물에 대한 기소
7. 검열, 압수, 발행정지
8. 기자나 사장의 체포
9. 기자에 대한 폭력
10. 신문에 대한 폭력
J. W. Freiberg, The French Press, Praeger, 1981, 170쪽.

과 같은 매스미디어에만 적용되는 언론기본법을 비롯해 형법, 국가보안법, 균형법, 계엄법 등 매우 많은데[273] 이들은 또 비공식적 통제의 근거로서 사용되기도 한다. 그러므로 여기서는 우선 신문산업을 통제하는 가장 대표적인 것으로 언론기본법을 들어 문제가 되는 몇몇 조항과 다른 여러 가지 법을 통한 사법부의 실제 판례를 중심으로 살펴보겠다.

먼저 언론기본법은 입법회의를 통한 제정과정에서부터 문제가 되는 법으로 그 내용 중에는 신문산업에 영향을 주어 결국 신문편집의 범위와 성격을 제한하는 몇 가지 조항이 있다.[274] 구체적으로 예를 들면 가장 문제가 되는 20조 및 24조의 등록조항은 실질적으로 허가제적 성격을 띠고 있으며 21조의 시설기준은 신문산업의 설립을 극히 제한, 헌법에 보장된 표현의 자유를 제약하는 것으로 볼 수 있다. 또 6조의 정보청구권과 8조의 취재원을 보호함에 있어서 예외 조항을 두는 것은 각각 신문의 취재·보도 내용을 제한하고 기자의 신분을 위협하는 조항이다. 이 밖에도 52조부터 57조의 벌칙관계 조항은 과도한 형량으로 신문기자, 발행인의 활동을 제약하고 18조의 언론인 연수 조항은 기자에 대한 권위주의적인 통제로 이용될 수 있도록 한다.[275]

다음에 국가의 사법부를 통한 이러한 법의 실제 적용에서 기자에게 불리하도록 판결함을 들 수 있다. 1980년 이후 신문기자에 대해 내려진

---

273) 같은 책, 17-22쪽.
274) 언론기본법의 부당성과 그 폐지의 필요성에 대해서는 다음 글을 참조할 것. 팽원순, "언론기본법", 대학신문, 1987. 5. 14(3).
이와 함께 임채정의 글도 언론기본법과 함께 제 통제를 다루고 있음.
275) 언론기본법 제18조에 따라 설립, 운영되고 있는 '한국 언론연구원'은 각 신문사의 기자들을 의무적으로 훈련시키고 안보의식을 주입시켜 새로운 언론관을 형성하게 한다. 송건호, 위의 책, 13쪽.

몇 가지 판결을 보면 1980년의 언론계에서 일어난 제작거부운동 이후 김동선, 김태홍, 임재경 등의 기자 또는 기협관계자들이 구속되어 유죄 판결을 받았고,[276] 전 조선일보 정치부 차장 이종구 등 조선투위관련기 자 6명이 방우영 조선일보사장을 상대로 낸 파면처분 무효 확인 청구소 송 상고에서 대법원 민사부로부터 기각 결정을 받았다.[277] 또 1987년, '말'지의 '보도지침' 폭로사건으로 한국일보의 김주언 기자 등 3명이 국 가보안법 위반으로 구속 기소되어 유죄판결을 받았다.[278] 특히 이 사건 의 공판진행 과정 중에는 국내 신문기업의 몇몇 간부기자와 홍보정책실 장 등을 증인으로 채택하였다가 납득할 만한 이유 없이 취소하여 피소 자에게 불리하게 진행되기도 하였다.[279] 이러한 사례는 사법부가 기자 의 통제과정에 일익을 담당하고 있음을 시사하는 것으로 볼 수 있다.

나) 제도적 통제

국가의 신문에 대한 공식적인 통제로 법의 제정과 집행 외에도 행 정조직을 통한 제도적인 방식을 들 수 있다. 주로 문공부가 담당하는

---

276) 김태홍, 위의 글, 324-5쪽.

277) 신협 20년, 752쪽.

278) 이 재판에서 검찰의 구형량은 김태홍, 징역 3년, 신홍범과 김주언은 각 각 징역 3년에 자격정지 2년이고 사법부의 판결은 김태홍 징역 10월, 집행유예 2년, 신홍범 선고유예, 김주언 징역 8월, 자격정지 1년, 집행 유예 1년 등이다.

279) 재판을 담당한 박태범 판사는 "검찰과 변호인 측이 증인으로 신청한 문공부 홍보정책실장 등 27명 중 이미 채택한 24명에 대해서는 그 채 택을 취소하고 나머지 3명에 대해서는 신청을 기각한다."고 말했는데 취소이유에 대해서 분명히 밝히지 않아 다른 세력의 개입이 있음을 의 심토록 했다고 한다.
임채정, '말지사건 공판시말' 신동아 87 .7 및 권영기 '말지사건 공판 방 청기' 월간조선 87. 7을 참조할 것.

제도적 통제는 다시 기자에게 취재자격을 허가해 주는 '프레스카드'제와 같은 간접적인 방식과 신문의 편집방향을 일일이 지시하는 '보도지침'과 같은 직접적인 방식으로 나뉜다.

전자는 박정희의 장기집권 추진을 위한 전 단계로 1971년 말 처음 실시되었는데 기본적으로 보도 활동의 규제를 의도한 것이다. 김규환은 이에 대해 "1925년 무솔리니 정권의 기자취업등록증, 1933년 나찌 정부의 발상에 기원을 둔 것으로 기자에 대한 자격심사 등을 국가의 영향 아래서 행하였다"[280]고 한다. '프레스카드(보도증)'제는 정부 각 부처의 대변인제[281]와 함께 특히, 정부의 활동에 대한 취재를 정부의 홍보 위주로 제한하는 결과를 가져와 신문산업이 국가의 지배이데올로기를 전달하는 역할을 구조화시키는 데 기여했다.

한편, 문공부의 신문산업에 대한 제도적 통제는 아래 〈그림 3.3-2〉와 〈표 3.3-2〉에서 보듯이 홍보정책실과 매체국 및 공무국 등의 부서에 의해 다양하고 체계적으로 행해지고 있다. 이들 중 중요한 것으로는 언론 정책의 수립을 비롯하여 국내 정기 간행물에 관한 사항 등 전반적인 행정을 맡고 있는 매체국의 신문과, 신문산업에 대한 장기 국가 시책의 홍보, 즉 '국가이념의 홍보 및 국민정신 계도에 관한 기획조정을 비롯하여 신문의 활동 방향을 협의 조정하는 공보국 기획과, 그리고 당면시책 홍보에 관한 것과 더불어 반공홍보와 민간 반공 활동의 지도, 육성 등의 업무를 맡고 있는 공보부 공보과 등을 들 수 있다.

그런데 '프레스카드제'의 채택은 신문협회의 언론자율정화 결정을 근거의 하나로 하여 이루어졌는데[282] 문공부는 신문발행인들의 모임

---

280) 김규환, '최근의 한국 언론', 신문연구소학보 22(1975), 54쪽.

281) 정부는 1972년 3월부터 대변인제를 도입하며 공보양식을 일원화하였다. 같은 곳.

인 신문협회에 대해 각종 융자, 윤전기, 신문용지의 수입허가 및 관세 인하 등을 통한 혜택을 바탕으로 신문협회를 이용하여 기자 통제를 강화해 왔다.

즉 문공부가 신문편집에 영향을 미치는 중요한 사항들은 대개 신문 협회의 이름을 빌어 행해졌는데 1980년의 언론통폐합도 그 한 예이다.[283]

그러나 이러한 간접적인 방식에 의해서는 보도 내용의 대략적인 범위와 추상적인 성격의 통제밖에 할 수 없는데, 좀더 철저한 통제를

---

282) 신문협회는 1971년 12월 8일 정부의 '국가비상사태선언'을 지지하면서 이를 강력히 뒷받침할 국민의 총단결을 호소하는 '국가비상사태선언에 대한 성명서'를 발표하였다. '언론 자율정화에 관한 결정사항'은 그 며칠 후 나온 것으로 주로 언론활동을 축소, 제한시키는 다음 6개 사항의 실시를 그 내용으로 하고 있다.
1. 지사, 지국, 보급소설치(지방지의 경우는 자도 내 중심으로 국한)
2. 지방주재기자의 배치(일간 종합지의 경우 45명을 상한선으로 함)
3. 취재와 보급의 분리(지사장, 지국장, 보급소장의 취재업무 금지-이는 기자의 부조리를 막기 위한 것임)
4. 기자의 제 보수(본사와 지방주재기자 간의 차등을 없앰, 3과 같은 목적)
5. 프레스카드제 실시
6. 신문윤리강령 준수
신협 20년, 622-3쪽.
283) 신문협회가 발표한 주요 성명서, 결의문은 다음과 같다.

제 목	발표 일시
시국수습을 위한 결의문	1963. 3. 21
신문용지타개를 위한 결의문	1965. 11. 22
국가비상사태선언에 대한 성명서	1971. 12. 8
언론자율정화에 관한 결정사항	1971. 12. 17
남북공동성명에 관한 성명서	1972. 7. 6
북괴의 만행을 규탄하는 성명서	1974. 3. 1
국가안보에 관한 결의문	1975. 5. 3
언론부조리 숙정에 관한 결의문	1975. 5. 24
언론자율정화와 언론인 자질향상에 관한 결의문	1980. 7. 30
건전언론육성과 창달을 위한 결의	1980. 11. 14

가능케 하는 직접적인 방식으로 1985년 9월에 공개된 '보도지침'이 있다.

보도지침을 공개한 '민주언론운동협의회'에 따르면 이는 문공부 홍보정책실이 수시로 각 신문사에 은밀하게 시달하는 보도통제 가이드라인이라고 한다.[284] 홍보정책실은 1981년 홍보조정실로 신설되어 85년에 그 명칭이 바뀐 부서로 실장 밑에 홍보정책관 1명, 홍보기획관 3명, 홍보심의관 1명, 홍보담당관 7명이 있는데 이들이 각 신문사의 편집국 간부들에게 보도통제 일일지침을 계속 시달한다는 것이다. 이 중 보도지침의 주요 실무를 홍보담당관이 맡고 있는 것으로 여겨지는데 문공부 직제 8조 7항에는 주요 업무가 언론인의 취재, 보도활동에 관한 협조, 지원을 비롯해 각종 홍보매체에 대한 정부 주요 시책의 배경 및 내용설명 등임을 밝히고 있다.[285]

보도지침을 공식적인 통제 중 하나인 제도적 통제에 포함시킨 것은 그것의 활동이 정부조직의 업무로 명시된 데 근거를 두고 있고 또 신문사의 편집국에 공식적으로 시달하여 대부분 실제로 이루어지고 있음에 의한 것이다.[286] 따라서 그것이 비공개적으로 이루어지고 있을지라도 공식적인 제도의 하나라고 본다. 아울러 보도지침은 사전검열의 성격을 갖는다고 할 수 있다.

---

284) 보도지침은 홍보정책실이 "주요한 사건이 일어날 때마다 가(可), 불가(不可), 일체불가 등의 딱지를 붙이고, 각 신문사에 기사의 내용, 제목, 위치, 크기 등은 물론 사진의 크기나 배치 등 미세한 부분까지 지시"하는 것이라고 한다.
말, 특집호(1986. 9. 6) 및 말, 제11호(1986. 5. 15)를 참조할 것.

285) 문화공보부 직제에 대해서는 '82 신방연, 565쪽을 참조할 것.

286) 김규환은 그 이전에도 "정부가 공보부를 통하여 특정문제에 대한 협력의 뢰를 함으로써 직접통제를 행하였다"고 밝힌다. 김규환, 위의 글, 54쪽.

〈그림 3.3-2〉 문화공보부 기구도

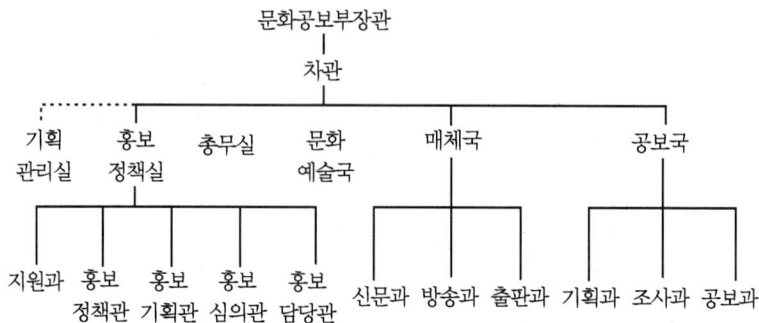

*이 그림은 신문산업과 관련한 것을 중심으로 재구성한 것임.
*자료: 총무처, 문화공보부직제, 1473쪽, 1987.

〈표 3.3-2〉 문공부 정원 현황

직급별 / 기관별	별정직 1급	2급	3급	5급	6급	7급	소계	일반직 2급	3급	4급	5급	6급	7급	소계	고용직	계
홍보정책실 계	1	1	6	1	4	6	19	2	3	8	4	6	1	24	16	59
지원과	1						1		1	2	3	1		7	2	10
홍보정책관								1	1					2	1	3
홍보기획관								1	2					3	1	4
홍보심의관				1	4	6	11		1	3	2	3		9	11	31
홍보담당관		1	6				7		3					3	1	11
매체국 계				1	1	1	3	1	3	6	9	4		23	4	30
신문과								1	1	2	3	1		8	2	10
출판과									1	2	2	2		7	1	8
방송과				1	1	1	3		1	2	4	1		8	1	12
공보국 계					1	2	3	1	3	8	20	12		44	9	56
기획과								1	1	2	4	1		9	2	11
조사과									1	2	3	1		7	1	8
공보과					1	2	3		1	4	13	10		28	6	37

*이 표는 신문산업과 관련하여 재구성한 것임.
*자료: 총무처, 문화공보부직제, 1477-8쪽. 1987.

또한 보도지침의 몇몇 사항은 국가안전기획부의 요청에 의한 것인데 이러한 국가안전기획부의 활동은 관계법과 시행령에 국가와 관련된 신문산업의 취재, 보도에 대해 문공부와 조정을 갖도록 정해 놓은 조항에 따른 것이다.[287] 따라서 국가안전기획부의 신문산업에 대한 통제 중 이러한 절차는 제도적인 것으로 볼 수 있겠다. 아울러 보안사의 통제도 같은 방식으로 이루어진다고 하겠다.

한편 프레스 카드제나 보도지침과 같이 취재보도를 제한하는 성격을 드러내지 않으면서 이들을 포함한 제 방식과 복합적으로 작용하여 효과를 나타내는 것으로 신문기자와 같은 언론인만을 대상으로 하는 해외연수 등의 복지제도를 들 수 있다.

---

[287] 국가안전기획부법 제2조 제2항에 의해 규정된 '정보 및 보안업무 기획, 조정규정'의 제5조(조정업무의 범위)에는 "조정대상기관의 하나로 문화공보부를 포함하고 그 업무의 범위로서 가. 신문, 통신, 기타 정기간행물과 방송, 영화 등의 대중전달 매개체의 활동동향의 조사, 분석 및 평가에 관한 사항, 나. 공연물 및 영화의 검열에 관한 사항, 다. 대공심리전에 관한 사항, 라. 대공 민간활동에 관한 사항" 등을 들고 있다. 또 제6조(조정의 절차)에서는 "안전기획부장은 제5조의 조정을 행함에 있어 국가안보에 중대한 영향을 미치는 주요 사안에 관하여는 직접 조정하고, 기타 사안에 관하여는 일반지침에 의하여 조정한다"고 밝히고 있다. '82 신방연, 468-469쪽.

〈표 3.3-3〉 신문기자 해외연수 현황

(1986년 말 현재)

연도별	'81	'82		'83		'84		'85		'86		계	비율(%)
신문사명	장기	장기	단기	장기	단기	장기	단기	장기	단기	장기	단기		전체신문사대비
동아	2	1	1	2		1		1		1		9	12.2
서울	3	1	2	1		1		2	1		2	13	17.6
조선	1		3			2		1	1			8	10.8
중앙	2	3	3	2	1	1	1	1	1	1	1	17	23.0
한국				1		1		2				4	5.4
5대 신문사	8	5	9	6	1	6	1	7	3	2	3	41	55.4
기타(신문사)	6	2	6	3	1	4	2	5	0	3	1	33	44.6
총계(신문사)	14	7	15	9	2	10	3	12	3	5	4	74	100.0
전체(방송사, 통신사포함)	24	21	29	20	10	20	10	22	7	19	10	192	

*장기는 1년, 단기는 6개월간의 교육임.
*한국에는 자매지 일간스포츠 기자도 포함했음.
*자료: 한국 언론연구원, 1987. 5쪽.

　특히 1980년 언론통폐합 이후에는 언론기본법 제44조의 광고방송규정에서 그 수익으로 언론인의 복지증진에 사용한다고 명시하였다. 또 그에 따라 한국방송광고공사[288]는 81년 이후 신문기자를 포함한 언론인에 대해 〈표 3.3-4〉에서 보듯이 생활자금 및 주택자금 등의 융자와 세금감면 혜택 및 자녀의 학자금 제공 등을 통해 상당한 경제적 이익을 제공하고 있다.

---

288) 언론기본법에 의해 무자본 특수법인으로 설립된 한국방송광고공사는 문공부장관이 사장과 감사를 임명하고, 매년 사업계획을 승인하는 등 문공부에 속하는 하부기관이라고 한다. 배인준 '철저해부 한국방송광고공사', 신동아 '86. 6. 495-515쪽을 참조할 것.

〈표 3.3-4〉 한국방송광고공사의 대언론인 공익사업

(단위: 억 원, 85년 말 현재)

구 분	금액(81~85년)	비 고
총 광고 매출액	11,513	이 중 20%가 수입임.
공익 자금계	1,520	위에서 대행공사수수료 및 자체경비를 제외한 금액
언론 공익사업	738	
프레스센터	212	총 건립비 440억 원 나머지는 '서울신문'이 투자
남한강 수련원	53	언론문화예술인의 연수 및 휴식공간
언론단체지원금	201	기자협회, 편집인협회 등 29개 단체
언론인 후생복지증진	135	언론인 학자금, 주택자금융자(557명), 생활자금융자(5,261명)
언론인 국내외연수	92	해외장기연수(164명), 국내연수(4,791명), 각종 해외 시찰(729명)

* 언론공익사업 외에 83년부터는 문화예술 진흥사업을 전개
  예술의 전당 건립비(303억 원), 예총회관 매입자금(12억 원) 및 문예진흥기금(184억 원) 등에 1983년, 1984년, 1985년의 3년간 584억 원을 투입했다.
* 이상의 자료 외에 주요한 것으로 '연합통신'의 사옥신축에 무담보 무이자로 80억 원을 융자했다.
* 자료: 한국방송광고공사, 〈광고정보〉 86년 1월호 및 배인준 '철저해부 한국방송광고공사', 〈신동아〉 86년 6월호 512-3쪽에서 재인용

그러나 이러한 혜택은 다른 한편 몇 가지 문제점을 지니는데[289] 김규환은 다음과 같이 지적한다.

"신문기자에 대한 과도한 후우(두터운 대우)는 언론을 망쳐서 정부에 대한 비판적 입장을 약화시킨다는 것이다."[290]

---

289) 이러한 한국방송광고공사의 언론공익사업에 대해 1980년 700여 언론인의 대량해직, 언론기관 통폐합, 언론기본법 통과 등 세 차례에 걸친 언론통제강화에 대한 '위무적 시혜'라는 비판이 있다. 같은 곳.
290) 김규환, 위의 글

나. 비공식적 통제

가) 회 유

비공식적 통제의 특징은 비공개적으로 사용되는 것인데 이 중 회유는 기자에게 금전이나 향응 또는 국가기관의 고위직을 제공함으로써 신문의 보도 내용을 제한하는 비교적 교묘한 간접적 통제방식이다.

금전 제공은 흔히 각료나 정치인이 제공하는 '촌지'[291]로 앞에서 간단히 설명하였듯이 그 액수가 월급의 몇 배가 되기도 한다. 이러한 촌지의 대가는 특정기사를 축소 또는 확대 보도하거나 외국차관의 도입에서 수수한 뇌물에 대해 아예 보도하지 않는 것(은폐) 등을 들 수 있다.[292] 향응 제공은 이와 비슷하나 금전을 직접 제공하지 않는 점에서 다르다고 하겠다.[293] 국가기관의 고위직 제공은 두 가지 목적으로 사용되는데 하나는 출입처 기자 또는 관련기자에게 이의 제공을 시사함으로써 보도 내용을 제한하는 것이고 다른 하나는 이들 기자의 실제 채용을 통해서 다른 기자들의 취재를 협조한다고 명목하에 제한하는 것이다.[294] 후자의 경우에는 제도적 통제에 해당한다.

---

291) 남선우, '시련 받는 신문: 오늘의 한국 언론?' Gazett 24(1978), 114쪽.
292) 같은 곳.
293) 기자의 보수가 낮은 1970년대 전후에도 출입처에서 위로는 대통령·장관·국회의원·은행총재로부터 아래로는 부장·국장·과장과 동격으로 행사하며 이들과의 식사나 주연에 초대받았다. 촌지와 향응은 함께 이루어지기도 한다.
    이영희, 위의 글, 58-9쪽.
294) "문공부 홍보조정실은 언론기관의 보도협조 및 지원에 관한 종합계획수립이 주 업무라고 발표되었는데, 주로 언론계출신의 조정관들이 각 언론매체를 분담하여 취재, 보도활동에 대한 조정, 통제기능을 발휘하기 시작했다."
    배인준, 위의 글, 500쪽.

나) 압 력

앞서의 회유와 함께 비공식적인 통제이나 그 과정에서 물리적인 폭력을 수반하는 것이 특징이다. 압력의 경우도 법적근거를 갖기도 하는데 그러한 법은 대개 포괄적이거나 특수한 목적을 위해 제정된 법이다. 예를 들면 형법, 국가보안법, 국가안전기획부법, 군사기밀 보호법 및 이들과 관련된 시행령을 들 수 있다.

이 통제방식의 담당기관은 주로 국가안전기획부(전 중앙정보부)나 보안사와 같은 수사기관으로 위의 실정법을 위반하거나 국가방침과 어긋나는 기사를 작성한 기자나 책임자를 연행하여 심리적인 불안감을 조성하거나 때로는 구타 등의 고문을 병행하기도 하면서 통제를 한다(이때 연행 자체부터 불법적인 경우도 있다).295) 이러한 통제는 1987년 '신동아'와 '월간조선'이 10월호 지면에 전직 중앙정보부장의 인터뷰기사를 게재, 출판하는 과정에서 일어난 국가안전기획부의 동 기사 삭제 압력과정에서 볼 수 있는데 〈표 3.3-5〉에서 보듯이 아울러 그동안 광범위하게 행해졌음도 밝혀졌다.296)

---

295) 이에 대해 자세한 내용은 남선우, 위의 글과 신협 20년의 신문연표 1945. 8. 15-1982. 8. 31, 648-763쪽을 참조할 것.

296) 1987년 '신동아', '월간조선' 사태에 대해 자세한 것은 다음 글들을 참조할 것.
원우현, '신동아 사태에서 본 언론과 국가이익', 신동아 87.11
이상회, '무엇이 언론의 사회적 책임인가', 같은 책.
김동선, '제5공화국의 언론통제 실태', 같은 책.
박찬희, '월간조선사태의 전말', 월간조선 87.11
팽원순, '완전한 언론자유가 국익', 같은 책.
안경환, '국익판단, 정부독점일 수 없어', 같은 책.

〈표 3.3-5〉 1984년 이후 '신동아' 발행에 대한 탄압 사례

기　사	게재(예정) 시기	압력 일시	압력 기관	압력 및 처리 내용
'정래혁사건'(전만길)	84.8		안기부	게재 안 됨
'신동아공개대토론-1988년	84.10		당국	게재 안 됨
'다큐멘터리-광주, 그 비극의 10일간'	85.7	6.25- 26	보안사	가혹행위(앞의 두 기자),기사출처조사
'김대중의 미국체류기'	85.9		당국	게재 안 됨
'김대중 씨가 말하는 개헌방향'	86.6	5.17	안기부	인쇄중단, 기사삭제
'홍남순 변호사'(최일남)	86.6		안기부	게재 안 됨
신상우의 민한당 창당관계기사	86.7		안기부	강압적요구로 삭제
'문익환을 말한다(고은)'	86.7	6.27	안기부 수사과	남시욱, 이정윤 호출
'최루탄 피해'	86.7	6.28	보안사	이정윤, 황의봉 면담요청
'박정권의 용공좌경조작 시말'		7.23- 24	안기부	남시욱, 이정윤 연행
		7.23- 25		이상우 임의 동행
'부천서 성고문 사건'(황호택)	86.9		안기부	절반 이상 삭제
'재미 한인사회의 반체제 운동'(강준식)	86.10		안기부	게재 안 됨
'박형규 목사'(최일남)	86.12		당 국	게재 안 됨
'유신체제하의 고문'(이상우)	86.12		당 국	게재 안 됨
'나(김한조)는 박 대통령의 대미 밀사였다'(이경재)	87.1		안기부	28면삭제 표지, 목차지움
'사면복권을 기다리는 사람들'(서중석)			안기부 보안사	김대중 씨 관련 부분 삭제
권두토론(함석헌, 이태영, 이한빈)	87.3			인쇄 중 삭제
박정희 론(이상우)	87.5		안기부	인쇄완료 상태에서 삭제 10월호에 재게재
'민주헌법쟁취 국민운동 본부'(이경재)	87.7		안기부	내용 일부 수정 '6.10시위막전막후'로 제목변경
'이후락 증언' 관계 기사	87.10		안기부	인쇄중지요구 거부

*자료: 신동아 편집부, 84년 이후 '신동아' 발행에 대한 탄압사례.

　이 밖에도 특정기사의 작성과 게재에 대한 보복으로 기자에게 행해
지는 테러를 들 수 있다. 1960년대 국가와 관련된 비판적인 기사를

쓴 기자에게 몇 차례 일어났는데 그 진상이 정확히 구명된 적은 없다. 1970년 이후에는 주로 사건 취재현장에서 경찰의 집단구타 등으로 나타나는 테러는 기자에게 물리적 및 심리적 영향을 미쳐 신문 내용을 통제하는 것으로 볼 수 있다.[297)

요컨대 국가의 압력은 기자의 보도, 편집을 매우 제한하는데, 기자는 이에 농성이나 시위 등으로 대응하나 그러한 대응은 미약한 정도에 불과하다고 하겠다.[298)

남선우에 따르면 1970년대에 이러한 수사기관(당시, 중앙정보부)의 신문에 대한 엄격한 통제에 따른 신문발행인과 기자 양자의 소심화로 모든 신문의 내용은 획일화되었다고 한다.[299) 그는 "거의 매일 기관원 (중앙정보부)들이 사무실에서 편집인 및 기자들과 같이 지내며 심지어 편집국 내의 밀고자들에게 금전을 지불한다는 소문도 있다"[300)고 한다. 1973년, 김대중도 이때의 언론을 다음과 같이 설명했다고 한다.

"이 나라는 완전히 중앙정보부에 의해서 통제되는 절대 독재국가이다. 다른 나라에서는 취재기자가 뉴스를 쓰나 여기서는 중앙정보부가 쓴다. ……그 요원은 학교에서 사제 간의 관계에 간섭하여 불신을 조장하고, 교수와 지식인이 자유스럽게 기고하지 못하도록 겁을 준다. ……중앙정보부는 심지어 야당에까지 들어와 싸움과 분열을 일으킨다."(Sunday Star-Bulletin & Advertiser, 1973. 1. 23)[301)

---

297) 강성재, 위의 글, 및 이상우, 위의 글을 참조할 것.
298) 남선우, 위의 글, 118쪽.
299) 같은 글, 112쪽. 최종수는 기관원의 출입이 1964년부터 상례화되었다며 이는 어떤 강력한 실정법보다도 더 효과적인 영향을 언론의 제작 내용에 미칠 수 있다고 말한다. 최종수, 위의 글, 2-4쪽.
300) 남선우, 위의 글, 115쪽.
301) 같은 곳.

(ㄴ) 통제 내용

그러면 국가는 신문산업을 통제함으로써 어떤 목적을 달성할 수 있는 가가 문제인데 이는 다음과 같은 국가의 성격을 통해 나올 것이다.[302]

첫째, 한국의 국가성격을 결정짓는 가장 기본적인 요인은 제국주의에 대한 예속성이다. 한국의 국가가 미처 일국적 차원에서의 토대를 갖추기 전에 제국주의의 이해에 따라 분단 상태에 놓였으며 이는 제국주의적 이해의 실현을 위한 것이라고 하겠다.

둘째, 한국의 국가는 분단상황하에서 반공기지 국가로서의 역할을 지속해 왔는데 이러한 분단국가로서의 성격은 제국주의적 이해가 한반도에서 관철되는 과정에서 체제 간 대립의 작용으로 말미암아 창출된 특수한 조건이라고 할 수 있다.

이러한 성격은 제국주의에 대한 예속성과 아울러 국가의 강압적 지배를 지속시키는 중요한 요인으로 작용해 왔다.

셋째, 한국의 국가는 예속적 자본축적의 진전에 따라 자본주의 국가로서의 성격을 강화시켜 왔다. 특히 60년대 이후 한국사회 내부에서 산업자본적 성격을 지닌 재생산의 기반이 확충됨에 따라 자신의 토대에 입각한 자본주의 국가로서의 기능을 증대시켜 온 것이다. 그러나 여기서 강조하지 않으면 안 될 것은 이러한 자본주의 국가로서의 성격이 한국의 국가가 지닌 제국주의에 대한 예속적 성격이나 분단국가의 성격을 배제하는 것은 아니라는 점이다.

---

302) 다음 주장에 대해 자세한 내용은 조형제 '한국에서 국가의 성격'(고대 신문 1987. 5. 11) 및 '자본주의발전과 국가역할의 성격구명'(대학신문 1987. 9. 28)과 한국산업사회 연구회 국가분과 '한국자본주의 국가연구의 현황' 산업사회연구(1집) 한울 1986, 349-72쪽을 참조할 것.

따라서 국가의 신문산업에 대한 요구는 구체적으로 친미, 분단 및 자본주의를 정당화하는 이데올로기로 표현될 수 있는데 이들의 내용을 좀더 자세히 살펴보면 다음과 같다.

먼저 제국주의 규정성에서 나오는 것으로 친미를 들 수 있다. 친미 이데올로기는 현실적으로 미군정에 의한 적산의 처리과정과 경제원조를 토대로 형성되었고 1950년 한국전쟁과 그 이후의 미군 주둔 속에서 유지, 강화되었다고 하겠다. 신문산업은 월남전 등에서 미국과 이해를 같이하는 한국 국가의 입장을 충분히 주목하여 미국을 우방으로서 묘사하고 설명해 왔는데 보도지침에서 FBI 국장의 방한사실 보도 금지303)나 미국방송의 '핵적재전투기 각국 배치'에서 '한국'은 빼고 보도할 것304)을 지시하는 등에서도 잘 나타난다. 이에 대해 김주언은 "만약 핵이 문제되어 전멸할지라도 보도통제를 해야 하는지 알 수가 없다. 국민들이 핵에 대해 모르게 하고, 여론화되는 것을 극력 막고 있는데 핵 때문에 쉽게 외세에 종속되고 굴복하는 태도가 더 큰 문제"라고 말하며 그러한 보도태도가 함의하는 반민족적인 측면을 지적한다.305)

다음에 국가의 강압적 지배를 지속시키는 명분으로 '분단' 이데올로기는 국민에 의한 통일논의의 전개보다는 남북한의 대치와 북한의 전쟁준비 강화 그리고 이에 따른 남한의 대응조치 필요 및 정치적 안정이 강조되는 것으로 나타난다.306) 신문산업은 국가의 통치체제를 강

---

303) 말, 특집호, 22쪽.
304) 같은 책, 55쪽.
305) 말, 11호, 93쪽.
306) 김주언은 '보도지침'에서 가장 큰 문제는 통일에 대한 권력의 태도라고 한다. 그는 "그 진전이나 논의가 한번도 국민에 의해 이루어지지 못하고 보도통제로 베일에 가려져 있으며, 민족과 국민의 열망과는 달리 비밀로 취급하면서 권력이 주무르고 있다"고 한다. 같은 곳.

화하는 움직임에 적극 호응하며 각종 성명서를 발표했는데 1971년에는 국민에게 "정부의 비상사태 선언을 강력히 뒷받침할 국민의 총단결을 호소"하는 '국가비상사태선언에 대한 성명서'를 유신치하인 1975년에는 "정부는 나라를 배반하고 국민의 총화단결을 저해하는 사회의 부조리를 조속히 정리하는 한편, 건전한 사회기풍을 진작하여 조국수호의 숭고한 애국정열을 집약할 수 있는 과감한 시책이 있기를 요망"하는 '국가안보에 관한 결의문' 등을 각각 발표했다.

보도지침에서는 1986년 군부의 반란과 민중봉기로 붕괴한 필리핀의 마르코스 정권과 관련하여 "'독재정권의 발자취' 등을 시리즈로 쓰지 말 것"[307]과 영국국제 전략연구소가 발표한 "'남북한 군사력 대등'은 제목으로 뽑지 말 것"[308] 그리고 슐츠 미 국무장관과 미 태평양 지구 사령관의 "'한국안보 중요' 발언, 눈에 띄게 보도 요망"[309]을 지시한 데서 볼 수 있듯이 남북한 긴장 및 국가안보를 강조하여 강압적 지배를 은폐하고 있다. 김주언에 따르면 보도지침 중에는 "어떤 학생 시위에 대해 '적군파식 수법'이라고 쓰라"는 지시가 있다며 또 "국가안보는 전체 국민의 합의에 의해 일체가 되어 국가를 지켜야 함에도 불구하고 이런 중요한 안보시설에 대한 뇌물수수사건을 쓰지 말라는 것은 거꾸로 된 태도"라고 지적한다.[310]

끝으로 '자본주의' 이데올로기는 미군정과 한국전쟁을 거치면서는 '반공' 이데올로기의 모습으로 '친미' 이데올로기와 밀접히 연관되어 존재했고 60년대와 70년대 '경제성장 제일주의' 속에서는 외형적 성장

---

307) 말, 특집호, 32쪽.
308) 같은 책, 25쪽.
309) 같은 책, 35쪽.
310) 말, 11호, 93쪽.

을 위한 무리한 수출을 추진하여 막대한 외채와 민중경제의 악화를 가져온 것에서 볼 수 있다. 즉 공업화를 위해 저임금이 그리고 저임금을 지탱시키기 위해 저곡가정책을 추진하여 근로자와 농민은 열악한 생활을 바탕으로 독점재벌을 형성시켰다.[311]

그러나 국가는 이러한 문제의 개선에 양면적으로 행동해 왔다. 즉 형식적으로는 근로자와 농민의 생활조건 향상을 외쳐 왔지만 실질적으로는 이러한 문제의 해결에 소극적이거나 외면하기도 하였다. 그 예로 보도지침을 통해 1985년 10월 "'농촌 파멸직전' 보도하지 말 것"[312]을 지시하고 1986년 7월의 하곡수매가 결정관계에 대해서는 "3-4%의 인상에 위로금(출하장려금)을 더하면 7-8%의 인상효과가 있다고 보도하되 물가 등을 자극할 우려가 있으니 대폭인상이란 제목은 피하고 인상분(3-4%)과 출하장려금(3-4%) 등으로 나누어서 붙이도록"[313] 하라고 지시한 것을 들 수 있다. 김주언은 보도지침이 "농민이나 노동자의 문제는 작게 취급하거나 보도를 막고 있는데 말로만 민생을 중요시하는 것처럼 하면서도 은폐하기에나 힘쓰는 것으로 생각된다"[314]고 말한다.

이상에서 국가가 신문산업의 규정요인으로 존재하는 근거와 그 성격의 측면에서 신문에 미치는 영향을 몇 가지 구체적인 사례를 들어 확인했다.

그러면 이해와 편의를 위해 이를 그림으로 나타내면 다음과 같다.

---

311) 저곡가정책의 영향에 대해서 김홍상, "8·15 이후 한국농업의 전개과정과 소작제", 서울대경제학과 석사논문, 1987을 참조할 것.
312) 말, 특집호, 6쪽.
313) 같은 책, 53쪽.
314) 말, 11호, 93쪽.

〈그림 3.3-3〉 편집과정에서 기자에 대한 국가의 개입방식

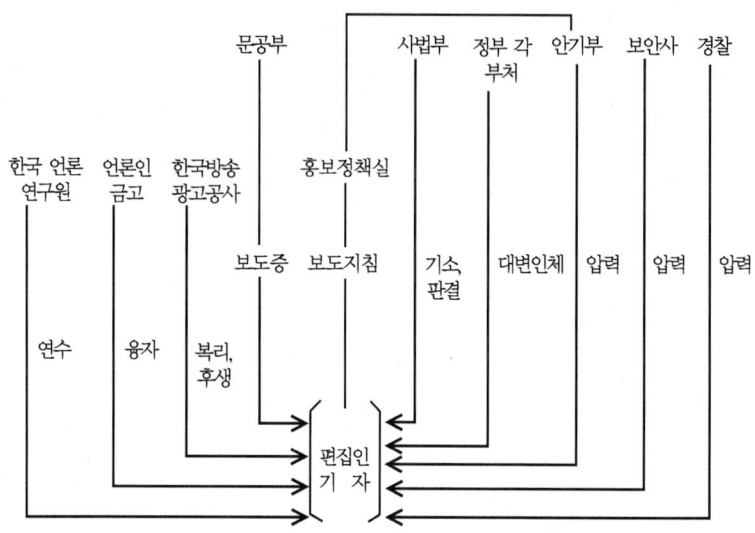

ㄴ) 자본

사회구성체를 이루는 토대와 상부구조에서 원래 토대에 해당하는 자본은 한국사회와 같이 분단과 제국주의 규정성 속에 놓여 있는 특수한 사회구성체에서는 다른 특징을 보여준다. 즉 자생적인 자본이 미약하거나 존재하지 않는 것인데 현재 존재하고 있는 자본은 분단 이후 미군정하에서 적산을 불하받았거나 원조경제의 처리를 맡았던 친일 또한 친미집단으로 60년대 경제개발계획의 추진 속에서 국가의 차관제공과 기타 특혜를 받으며 성장하여 독점자본이 되었다고 할 수 있다.

따라서 이들 자본은 미, 일 제국주의 자본의 논리 속에서 형성되어 국내적으로는 착취의 주체로서 국제적으로는 착취의 주체인 제국주의 자본과 착취의 대상인 제3세계(식민지) 민중의 매개적인 존재로서 존재한다고 한다. 그러면 이러한 자본, 즉 국내독점자본의 성격을 그 순

환과정 속에서 살펴보자.

"우선 생산요소구매과정에서부터 한국의 자본주의는 원자재 자본의
대외 종속성을 갖는다. 한국의 예속자본의 축적과정은 외자도입의 양적
증가와 그 형태의 변화(50년대의 원조, 60년대의 차관경제, 차관기업 부
실화 이후 직접투자 유치, 1970년대 말 중화학공업 실패 이후 80년대의
자본자유화)와 분리시켜 파악할 수 없다.

이러한 소재보전상에서의 특징은 가치증식과정에서 그대로 드러나 기
술도입이나 자동화를 통한 상대적 잉여가치 생산의 측면(이것 역시 무
시될 수 있는 측면은 아니며 그 자체가 종속성을 띠고 있다)보다는 절
대적 잉여가치 생산의 측면이 더욱 중시되어 한국의 노동자는 주당 평
균노동시간, 노동강도의 강화로 인해 산업재해율, 저임금 등에서 가히
세계적 수준이라 할 수 있다. 대외 의존성은 가치실현과정에서도 예외
가 아니다. 기업 간, 산업 간 불균등 발전은 국내에서의 상품가치 실현
을 제약하고 따라서 수출이 가치 실현에서 중요한 비중을 차지하게 된
다. 그러나 이러한 수출상품은 양적확대에도 불구하고 생산력기반의 취
약성으로 인해 덤핑으로 판매되고 있고 이러한 해외에서의 낮은 이윤율
은 국내시장에서의 독과점 가격에 의해 보완되고 있다."[315]

국내독점자본은 신문산업에 대해 광고주로서 재정의 가장 큰 부문
을 담당하므로써 큰 영향을 미치고 있는데 이러한 영향력은 자본이
민중의 힘 또는 국가와 대립될 때 사용하는 것 중의 하나이다. 일반
적으로 자본이 민중과 국가에 대해서 큰 힘을 발휘하는 것은 경제력
을 직접 정치력으로 이전시키는 방법(선거자금기부, 여론변경을 위한
선전, 변호사 및 전문가 고용 등), 매스미디어를 통한 간접적인 방법
(TV 방송국, 신문사 및 출판사 등 대중매체를 소유) 그리고 투자를

---

315) 김희자, '한국의 지배구조', 고대신문 1987. 5. 18.

통해 자본주의 경제에 미치는 방법(비생산적인 투자 또한 해외투자로 국민경제를 침체에 빠트림)의 세 가지인데 이 중에서 앞의 두 가지는 바로 신문산업을 통한 방법이다.316)

그런데 이 두 가지를 자본의 정치력 확보의 관점에서가 아니라 신문산업의 입장에서 보면 오히려 첫 번째 여론 변경을 위한 선전이 신문의 내용을 통해서 국가나 민중에게 영향을 미치는 간접적인 방법이고 또 두 번째 신문기업의 소유가 직접적인 방식이 된다. 이 중에서 첫 번째 방법은 신문산업에 영향을 미치는 것에 대한 반대급부로서 신문자본가 또한 정신노동자(기자)를 통해 자본의 이익과 일치하는 이데올로기를 담는 것으로 광고를 통한 방식이 된다. 광고는 편집과정에 다시 두 가지 방식으로 나타나는데 먼저 광고제공의 대가로 개별자본의 이익과 일치하는 신문의 편집이고 다음에는 이러한 편집양식이 광고의 존재로부터 나타나 구조화하는 것이다.

전자의 경우는 광고의 효과를 높이기 위해 기사와 결합시키는 것으로 1987년 9-11월에 한국일보에 실린 '대우전자'의 비디오카세트(또는 TV나 전축) 광고가 상단의 '세계영화기행'이란 연속기획기사와 함께 실려 기사의 내용과 연관시키며 상품의 구매를 유혹하는 데서 광고가 단순히 기사에 덧붙여 판매되는 것이 아니라 기사를 부가하며 판매되는 주체임을 보여준다고 하겠다.317) 여기엔 또 광고의 대가로 광고 자체 또는 광고주의 입장과 일치하는 기사를 포함할 수 있다.

---

316) 김대환, 위의 책, 320-1쪽.

317) 한국일보 1987. 11. 10(16)을 참조할 것.
      대우전자는 이 광고로 1987년도 한국일보 광고대상을 수상했는데 위의 신문에는 그때까지 광고로 게재된 내용 15회분을 모두 축소해서 담고 있다. 이 중에서 가장 최근의 광고 5회분을 영화의 제목과 광고대상별로 알아보면 다음과 같다.

"구체적으로 말하자면 신문에 정기적으로 굵직한 광고를 맡기는 기업에 대해서는 비판적인 상세한 보도를 할 수 없다는 것이다."[318]

이는 광고주가 전달하려는 상품정보를 해치는 정보나 여론은 그만큼 광고의 축소를 가져와 재정에 압박을 가져오기 때문이다.[319] 한국사회에서 광고주의 주류를 이루는 독점자본의 성격은 그 매판성으로 인해 이러한 신문 내용을 제국주의 자본에까지 일치하도록 한다고 볼 수 있겠다.

후자의 경우는 광고주는 광고로부터 큰 효과를 얻기 위해 판매(또는 발행)부수가 많은 신문을 선호하는 데서 나타나는 현상이다. 즉 신문이 독자를 자본에게 팔아넘기는 데서 신문의 목표는 최대 독자 확보가 되고 그러자면 최대 공약수적인 뉴스, 즉 센세이셔널(선정적)하고 천편일률화된 지엽적인 뉴스를 실을 수 밖에 없다.[320]

영화 제목	광고대상
분노의 포도	텔레비전
OK목장의 결투	전 축
로마의 휴일	텔레비전
역 마 차	전 축
카사블랑카	VTR(비디오카세트)

318) Breidenstein, Gerhard Unser haus brennt, Hamburg, 1982, S. 241, 양성호, 위의 글, 26쪽에서 재인용.

319) "여하튼 보다 결정적인 것은 편집부문이 광고부문과 내용적으로 그리고 형식적으로 일치한다는 것이다. 이러한 종류의 의존성을 많은 학자들은 편집부문이 판매보조역할의 하나로서 광고 부분을 위해 기능하고 있다고 설명하고 있다." 같은 글, 26-7쪽.

320) 추광영, '전파매체와 인쇄매체의 역할', 신방 85. 12, 59쪽.
한편 Nuissl은 "상품으로서의 대중매체가 광고시장에 대해서 사용가치의 측면을 지향하고 있음은 대중매체의 형식과 내용, 그리고 구조를 결정한다."고 말한다.
Nuissl, Ekkehard, Massen medien in System burgerlicher Herrschaft, Berlin, 1975, S. 75, 양성호, 위의 글, 30쪽에서 재인용.

이렇게 광고의 존재논리는 곧 기사에 대한 자본(광고주)의 개입과
내용의 구조적 결정으로 나타나는데 이는 또 기자에 대한 촌지제공
등의 매수를 통해 가능하기도 하다. 그 예로 (주)통일과 조선대학교가
비밀장부를 통해 이들 기자들에게 촌지를 제공한 것을 볼 수 있는데
이는 호의적인 기사 게재를 목적으로 한 것으로 여겨진다.[321] 두 번
째 방법인 자본의 신문기업 소유는 첫 번째 방법을 더 효과적이고 능
률적으로 수행하기 위한 것으로 주로 독점자본에 의해서 이루어지고
있다. 5대 신문사를 비롯한 한국의 신문산업은 대부분 독자적 경영체
제를 갖고 있지 않고 대기업 중심의 기업집중 속에서 존재한다.[322]
즉 중앙일보사가 한국최대의 재벌인 삼성그룹의 37개 계열사의 하나
인 것을 비롯하여 5대 신문사는 모두 계열기업을 갖고 있는데 이들은

---

321) 신문산업에 대한 자본의 촌지제공의 예는 다음과 같다.

(주)통일 87년도 비자금사용계획안

(단위: 1000원)

순서	기관명	합계
1	노 동 부	5,000
2	X X 부	10,000
3	X X 대	6,800
4	창원 경찰서	2,600
5	병 무 청	800
6	방 송 국	400
	경 남 일 보	400
	부 산 일 보	400
	계	1,200
7	법 무 부	2,800
8	인사노무과정보비	3,600
9	경찰서 교통계 등	4,500
합계		37,720

*이는 구정, 여름휴가, 추석, 연말로 나뉘는데 이 중 6번의 언론사는 모두 추석과
   연말에 한함.
*자료: 백만 학도, 제3호.(1987. 10. 2, 4면)

"안정된 경영과 집중 산하 계열기업의 권익보호를 위해 정보와 여론을 조정하고 조작하고 비정상적인 언론행위를 자행한다"[323]고 한다.

"집중되지 않은 언론매체라 하여 반드시 정상적인 언론행위를 한다고 말할 수는 없지만 집중된 언론매체와의 차이가 현격한 것은 결코 부인할 수 없다. 오늘날 우리사회에서 대기업이 언론기업을 소유하고 집중하고 있는 목적은 언론의 정상적 활동을 가능케 하고 사회의 공익을 추구하려는 것이 결코 아니다. 영리추구와 기업의 권익옹호를 목적으로 존재하는 언론은 국민의 건전한 정치의식을 파괴하고 공정한 정보유통

조선대 자금운용부

(단위: 1000원)

일시	직 명	선 물	금 액	비 고
1. 8	광 주 일 보		200	
1. 8	연 합 통 신		100	
1. 8	동 아 일 보		100	
2.19	동 아 일 보		50	
2.23	연 합 통 신		100	
추 석	광주일보 사장	김10	58	공보과
추 석	광주일보 지사장	김10	58	공보과
추 석	광주일보 편집국장	김10	58	공보과
추 석	연합통신 지사장	김10	58	공보과
추 석	연합통신 홍기자	김10	58	공보과

이는 조선대의 비밀장부를 신문사와 통신사를 중심으로 재구성한 것임.

*자료: 말, 16호 24-7쪽.

322) 각 신문사별 주요 계열기업은 다음과 같다.

신문사명	계열기업	비 고
동 아	경 방 그 룹	김상만 등 김씨일가
서 울	한국 방송 공사	문공부 통제
조 선	코리아나 호텔	방일영 등 방씨일가
중 앙	삼 성 그 룹	그룹매출액 14조 6천억(86년 말 현재)
한 국	한국조립건물(주) 등	장강재 개인지분이 98.4%

*자료: 원우현, 한국미디어 문화비평, 나남, 1987, 117-8쪽.
한국일보 '86 감사보고서, 40쪽.

323) 김경근, '언론민주화 없이 정치민주화 없다.' 월간조선 86. 8, 118쪽.

과 여론형성을 불가능하게 만들 뿐만 아니라 나아가서는 문화의 순수성
마저 파괴하는 민족적 범죄를 저지르기도 한다. 문화의 가치를 기업의
영리추구 목적에 직결시키기 때문에 언론을 소유한 기업의 기업이념을
합리화시키고 미화시키는 문화를 중점적으로 육성하고 소개하기 때문에
그 이외의 문화에 대하여는 별다른 관심을 갖지 않는다."[324]

　이렇게 독점자본은 신문산업에 직접 개입하여 독점자본의 이익과
일치하는 방향으로 신문 내용을 편집한다고 볼 수 있는데[325] 1987년
'삼양사 소작농 사건'과 '7, 8월 노동자 대파업' 때 동아일보와 중앙일
보가 각각 그러한 이유로 비판받았음에도 잘 나타난다.[326] 송건호는

---

324) 같은 곳.

325) 노르덴스트랭(Nordenstreng)은 "자본주의 사회의 언론은 '계급갈등과 소
　　외현상'을 숨기고 현존 체제에 대한 대안을 은폐하기 위한 대중조작을
　　위해 사용되고 있다"고 주장하고 있다. 그는 자본주의 언론은 사회적
　　이슈를 계급이 아닌 개인의 문제로 항상 조명함으로써 집단의식의 형성
　　을 방해하고 흥미 위주의 무익한 오락물로 소외를 극복할 것을 강요한
　　다는 것이다. 또한 그는 언론매체들은 현존자본주의에 대안이 되는 예
　　컨대 사회주의를 비난하고 사회주의국가 내의 갈등을 확대 부각시킴으
　　로써 선택의 폭을 좁힌다는 것이다. 추광영, "언론의 독점화 경향과 사
　　회적 책임" 기독교사회문제 연구소 편, 언론과 사회, 29쪽에서 재인용.

326) "권력의 비호 속에 비대해진 제도언론은 정경유착체제의 지속을 전제
　　로 권력과 자본가의 주장만을 홍보하면서 노동자의 생존권 주장은 외
　　면하거나 침묵했고, 마지못해 보도할 경우 노동투쟁현장의 비일상성과
　　그로 인한 불가피한 조업중단 생산위축만을 강조하고 있다. ―제도언론
　　의 진정한 체질개선 없이 바뀌지 못할 이 같은 불공정한 보도태도가
　　두드러진 대표적 기사, 사설 등을 그 주요 내용이 압축된 컷, 제목과
　　함께 소개하면 다음과 같다.
　　*노사분규가 급증 생산활동 위축.
　　*너무 많은 요구가 기업주에게 큰 부담.
　　*일부에서 민주화 역기능 우려여론도(동아, 87. 7. 30, 사회면 머리)
　　*근로자들 한꺼번에 너무 많은 요구.

이러한 현상에 주목하여 한국 신문산업은 한 재벌이 그 계열기업을 지키기 위해 방패로서 경영하는 것이라고 말한다.[327]

    "신문기업주들은 좋고 올바른 신문을 만들기보다 계열기업을 잘 운영하고 또 그런 기업들이 특혜를 누리기 위해 신문이 이용되는 것을 바람직스럽게 생각한다. 이들에게는 언론의 정도니 무어니 하는 것은 당초부터 관심 밖이며 어떻게 하면 신문을 권력에 봉사시켜 계열기업이 특혜를 누릴 수 있나부터 생각하니 이러고서 언론이 올바르게 제작될 까닭도 없고 오늘의 언론이 지난날과 달리 변질, 타락된 가장 큰 원인도 여기에서 생겨난 것이다."[328]

이상으로부터 국내 독점자본의 신문산업에 대한 개입을 간단히 그림으로 나타내면 다음과 같다.

〈그림 3.3-4〉 편집과정에서의 자본의 개입

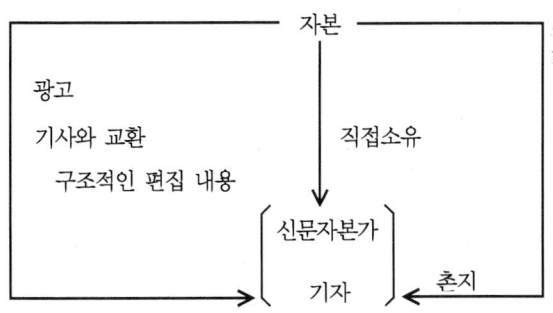

    *집단행동으로 생산 큰 타격.(중앙, 87. 7. 31, 사회면 머리)
    *앞날이 걱정이다 – 잇따르는 노사분규.(중앙, 87. 8. 1, 사설)
    *집단행동 계속 땐 경제, 사회혼란.(한국, 87. 8. 1, 해설)
    자료: 민주언론운동협의회, 말소식, 제12호(1987. 8. 9) 8면.

327) 송건호, 위의 책, 23쪽.
328) 같은 곳.

ㄷ) 민중

우리는 앞에서 국가와 자본이 신문산업의 생산단계인 편집과정에 개입하여 신문발행인 및 기자와 일정한 관계를 형성, 영향을 미치고 있음을 논했다. 국가는 체제유지를 위해 지배이데올로기를, 자본은 그 순환운동의 판매단계를 원활히 하기 위해 상품광고를 각각 신문의 주된 내용으로 담고 있는데, 이들의 개입대상은 형식적으로는 신문산업이나 실제로는 신문산업의 상품인 신문을 매개로 하여 그 독자의 대부분을 이루고 있는 민중이라고 할 수 있다. 왜냐하면 민중은 한편으로 국가에 의해서 지배를 받는 피지배 계급이요 다른 한편으로 자본에 의해서 생산된 상품을 소비하는 구매로서 국가와 자본 모두의 재생산에 중요한 존재이기 때문이다.

따라서 국가와 자본은 모두 민중을 필요로 하고 있으며 이를 위해 신문의 내용에 개입한다고 하겠다.

그런데 민중도 또한 정신적인 필요욕망과 음식물, 의복 등의 자연적인 욕망을 충족시켜야 하는데 사회현상과 상품에 대한 정보를 담고 있어 이를 원활히 해결하는 데 도움을 주는 신문을 필요로 한다고 볼 수 있다. 그러면 이상과 같은 측면에 주목하여 민중의 개념을 살펴보고 그들이 신문산업에 어떻게 개입하는지를 알아보도록 하자. 민중의 개념은 학술적인 용어로 굳혀졌다기보다는 한국사회의 현실로부터 구성된 개념이라 할 수 있는데 이에 대해서는 박현채는 "자본주의의 논리의 관철이라는 순환 계열상의 다른 범주이면서 긴밀한 상호 관계를 맺고 있고", "노동자계급을 기본구성으로 하면서 소생산자로서의 농민, 수공업자와 도시빈민, 그리고 일부 진보적 지식인이 주요 구성을 이루는바" 이들은 현 단계 모순구조에 의해 주어지는 민족운동의 과

제로서 '자주독립, 통일, 민주주의'를 실현할 주체로 규정함으로써 민중개념을 확정 지었다고 한다.[329]

민중의 구성을 보면 먼저 노동자계급이 있다. 서관모에 따르면 현재 노동자 계급은 인구의 40% 이상을 점하고 있으며 그 핵심세력인 산업노동자(공업, 운수, 건설노동자)만 해도 25%에 달하고 있다. 세계 최장의 노동시간, 제 선진국 노동자의 1/10 내외에 불과한 임금수준, 선진국에서 보다 수십 배 높은 산업재해율로 요약될 수 있는 한국 노동자의 상태와 규모는 노동자 계급으로 하여금 민중의 핵심 부분을 이루게 하고 있다.[330] 한국의 자본축적과정이 대외 종속적으로 이루어지고 있어 노동자는 제국주의 자본과 국내 독점자본의 이중적인 규정을 받고 있다. 이 밖에 도시빈민, 농민은 노동자의 주요 동맹 대상에 해당한다. 그러나 서관모는 1960년대 중반까지 소시민적 민족주의의 담당세력으로서 진보적인 역할을 해온 중간 제 계층 중 일부 진보적 지식인층을 제외하고는 민중의 구성에 해당하지 않는다고 하는데 이들은 1960년대 이래의 고도성장의 혜택을 가장 많이 받은 세력이기 때문이라고 한다.[331] 일부 진보적 지식인층은 신문산업의 정신노동자와 관련하여 매우 중요한 데 앞서 신문산업의 정신노동자, 즉 기자를 살펴본 데 따르면 그 일부가 민중의 입장에 서기 때문이다.

이러한 민중은 국가, 자본 및 제국주의 세력과 대립하는 데 따라서 그들에 의해서 규정된 신문산업이 민중의 이익과 대립하여 신문을 만드는 것에 대하여 두 가지로 대응을 한다. 하나는 신문산업에 대한

---

329) 박형준, '계급론' 연세춘추 1987. 6. 29.
330) 서관모, '한국사회의 계급구조', 대학신문 1987. 5. 18.
331) 같은 곳.

비판으로 특히 그 정신노동자인 기자가 진보적 지식인의 일원으로서 활동할 것을 촉구 지지하는 것이고 다른 하나는 기존 신문의 구독을 거부하거나 민중의 이익을 대변하는 신문을 발간하는 것이다.

먼저, 전자는 주로 국가와 관련된 특정한 사건의 발생이나 통치체제의 강화 등을 계기로 하여 나타나는 신문산업의 기회주의적인 신문 제작에 대해 비판하는 것으로 나타난다. 즉 민중은 신문을 단순한 상품으로 취급하여 팔고 있는 것에 불만을 느끼는데[332] 그 불만은 특히 이러한 상품을 제작하는 주체의 하나인 기자에게 향한다. 물론 기자는 신문산업자본가의 통제대상이요 국가로부터 법적, 제도적으로 그리고 때로는 물리적 제재의 대상이 되고 자본으로부터는 회유를 받아 미약한 존재로 전락했다.

그러나 그러한 상황 속에서 지식인(인텔리겐챠)인 일부 기자는 양심의 가책을 느끼고 민중의 입장에서 신문을 만들려고 하고 또 이러한 현상은 민중세력의 성장에 따라 두드러지기도 한다. 이들 기자들이 1975년의 동아, 조선 자유언론 수호운동을 비롯하여 1980년의 계엄하 검열거부결의 및 1987년의 언론자유쟁취선언 등은 상대적으로 부상한 민중의 세에 힘입어 기존 입장을 탈피하기 위해 일어난 예로서 바로 그러한 비판이 어느 정도 영향으로 미치고 있음을 보여주는 것이다.[333]

다음에 후자는 신문산업의 신문 내용을 단순히 비판하는 데서 한걸음 나아가 구독을 거부하거나 아예 새로운 신문을 발간하는 것이다.

---

332) 같은 곳 및 김승수. 위의 글.

333) 이러한 비판적 언론을 '민중언론'이라고 하는데 이에 대해서는 안기석, '민중언론시대의 노동자, 농민 신문들', 신동아 87. 12, 618-33쪽 및 이태호 '제도언론과 민중언론', 송건호 외, 위의 책, 13-50쪽을 참조할 것.

이러한 경우 기존신문의 판매부수가 감소되어 신문산업자본의 순환운동이 원활히 이루어지지 않을 것이다. 이에 따라 신문발행인의 이윤을 감소시키므로 신문발행인은 일시적으로라도 편집 내용의 성격을 변화시키며 이에 대응하여야 할 것이다. 특히 이 중에서도 새로운 신문의 발행은 카르텔적인 현 신문산업의 부정적인 점을 부각시켜 비판하기로 하므로 신문산업의 평가에 큰 영향을 줄 수 있다. 그 예로 해직기자를 중심으로 한 민주언론운동협의회가 발행하는 '말'지가 주로 "은폐, 왜곡된 사실을 샅샅이 들추어내고 폭로"하는 내용을 실어 신문산업의 신문과 대조를 이루는 한편, 신문산업과 국가권력의 관계가 권력·언론 복합체(약칭하여 권언복합체)임을 폭로하는 것 등을 들 수 있겠다.

그러므로 새 신문의 발행은 신문산업의 성장에 영향을 미쳐 그 내용의 변화를 가져올 수도 있다고 본다.

요컨대, 민중은 신문의 가장 큰 구매자로 국가의 지배이데올로기유포와 자본의 상품판매를 위한 광고의 대상이나 정보추구의 측면에서 정신적 사용가치를 필요로 하기도 한다. 따라서 민중은 그들의 이익을 위해 신문의 내용을 비판함으로써 기자들의 개선노력을 불러일으키거나 민중적 입장을 대변하는 신문을 만들어 기존 신문발행인의 이윤증대에 위협을 가한다고 볼 수 있다.

이상의 내용을 간단히 도식화하면 다음과 같다.

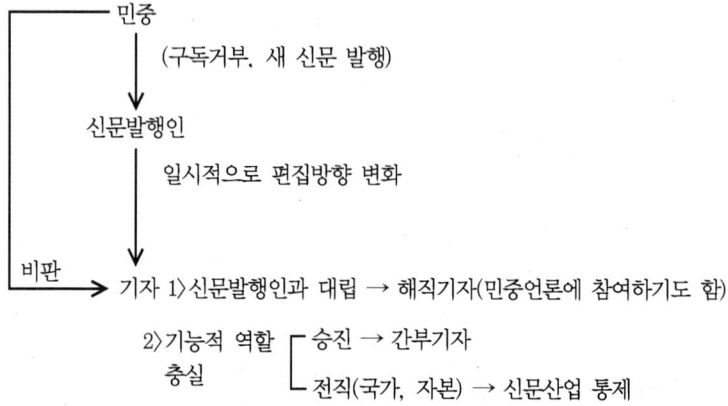

〈그림 3.3-5〉 신문 편집 과정에서의 민중의 위치

신문형식의 변화: 한자의 한글화('82신방연: 88)······신문구독선택층이
            한글 세대로 옮겨감
            종서의 횡서화('82신방연: 94)

ㄴ. 국외요인

ㄱ) 제국주의 국가

제국주의란 독점단계의 자본주의를 지칭하는 개념이지만 식민지,
신식민지와의 관계에 있어서는 정치적, 군사적, 경제적 측면을 포함하
는 총체적인 지배를 행하는 존재이다. 이러한 총체적 지배는 구체적
으로 제국주의 국가와 제국주의 자본을 통해 이루어지는데 전자가 형
식이라면 후자는 내용에 해당한다. 즉 제국주의 국가는 제국주의 자
본의 이해를 실현하기 위해 정치적, 군사적 및 이데올로기적 기능을
담당한다고 볼 수 있다.

형식과 내용의 관계에서 일반적으로 결정적인 것은 내용이지만 제

국주의와 신식민지의 관계가 급격히 변화하며 재편되는 시기에 있어
서는 무력 전쟁의 형태를 거치게 되므로 형식에 해당하는 제국주의
국가의 역할이 중요하게 대두된다.334) 한국사회의 경우 제2차세계대
전 이후 일본을 대신하여 미국이 주요한 제국주의 세력으로 존재해
왔으므로 그 실체를 파악하기 위해서는 우선 그 형식에 해당하는 제
국주의 국가(미국국가)에 대한 인식이 필요하다고 본다.

한국에 대한 제국주의의 이해는 정치, 군사적 측면과 경제적 측면
의 크게 두 가지 차원에서 파악될 수 있다.335)

첫 번째는 사회주의 체제에 대해 세계 자본주의 체제를 유지하는
데 있어 한국이 지니는 지정학적 가치이다. 정치, 군사적 이해라고 보
통 표현되는 제국주의 이해의 이러한 차원은 궁극적으로는 제국주의
독점자본의 이해를 보장하기 위한 것이라고 할 수 있다.

두 번째는 제국주의 독점자본의 직접적인 경제적 이해를 실현하기
위해 한국이 지니는 경제적 가치이다. 오늘날 한국은 지정학적 측면
과는 구분되는 차원에서 제국주의 자본수출 및 상품판매의 시장으로
서 세계 자본주의 체제 내에서 일정한 위치를 차지하고 있다.

여기서 현상적으로는 분리되어 있는 것처럼 보이는 한국에 대한 제
국주의 이해의 두 차원을 통합시켜 주는 것이 바로 제국주의 국가이
다. 미국은 이 두 차원의 제국주의 이해의 실현을 담당하고 있다고
하겠다. 자국 독점자본의 직접적 이윤 실현과 함께, 이러한 이윤 실현
이 범세계적으로 계속될 수 있는 조건을 보장하기 위해 세계자본주의
체제의 '헌병' 역할을 맡고 있는 것이다.336)

---

334) 김수행, '제국주의 국가분석과 한국국가의 외세규정성', 외대학보, 1987. 9. 22.
335) 박현우, '한국사회의 지배계급과 국가', 외대학보, 1987. 11. 3 및 조형
     제, '자본주의 발전과 국가 역할의 성격구명', 대학신문, 1987. 9. 28.

따라서 단순히 제국주의가 독점자본의 이윤 추구 논리만을 의미하는 것이 아님을 유의해야 한다. 한국에 대한 제국주의의 이해는 해방 직후에는 주로 정치 군사적인 것이었다. 그것은 한국 자체가 지니는 경제적 가치가 컸다기보다는 사회주의 체제와 맞닥뜨려 있는 한반도의 정치, 군사적 중요성에 대한 고려가 크게 작용한 데 따른 것이다.[337] 그러나 1960년대 이후 한국의 자본주의 발전이 급속히 전개됨에 따라 한국 자체의 경제적 가치 또한 높아져 왔는데 이 두 차원의 제국주의 이해를 매개하는 제국주의 국가의 정책으로 지역통합전략을 들 수 있다.[338] 국가안보회의(NSC)문서 2421호에서는 한국을 일본과의 국지적 연관하에 자본주의 세계체제 내에 안정적으로 통합시키기 위해 한국 내의 급격한 자본축적이 허용되었다고 한다.[339]

---

336) 조형제, 같은 글.
  김수행은 제국주의 국가의 논리를 다음과 같이 설명한다. "여기서 우리가 파악해야 할 것은 제국주의 국가로서의 미국정부가 나쁜 일을 하였다든가 좋은 일을 하였다든가의 판단보다는 그보다 먼저 미국정부는 국내의 압도적 세력인 독점자본의 해외이익을 위하여 세력권의 확보와 확대에 총력을 기울이지 않을 수 없었다는 사실을 객관적으로 인식하는 일이다." 김수행, 위의 글.
337) 김광식, '분단국가의 성격과 민족문제', 외대학보, 1987. 10. 13.
338) 조형제, 위의 글. 그 이유와 과정은 다음과 같다.
  "그러나 60년대 이후 달러제국의 붕괴, 일본, 서유럽국가들의 부상, 민족해방투쟁의 급격한 고양, 소련의 전후 복구완료 및 중공의 기반확보에 따른 사회주의 진영의 확대, 발전에 대응하는 하나의 전략으로서 미국은 60년대의 중반경부터 동아시아에서 일본을 동반자로 삼고 일본의 동아시아에 대한 재진출을 지원하게 되었다. -한일회담의 타결에 의하여 한국은 일본으로부터 무상 3억 달러, 유상 2억 달러, 민간차관 3억 달러 및 차관을 받게 되지만 이것은 기본적으로 한국에 대한 일본의 자본수출이다." 이성수, '한국자본주의의(신)식민지성', 고대신문, 1987. 1. 13.
339) 조형제, 같은 글.

　제국주의 국가의 이러한 성격은 기본적으로 한국사회에서 그들의 이익을 항상적으로 보장, 관철시키기 위해 이데올로기적 측면으로도 행동할 것을 요구한다.[340) 즉 한국에서 제국주의 국가에 대한 호의적인 역할을 부각시킴으로써 그들의 이익추구과정에서 부딪히는 내적인 대립요인을 최소화하는 것이다. 이에 따라 제국주의 국가는 사회 전체는 물론이요 특히 그들에게 적대적인 민중에게 큰 영향을 미칠 수 있는 신문에 주목 신문산업의 개입을 통해 그러한 목적을 달성하려고 한다.

　그런데 제2차 세계대전 이후의 변화된 지배방식은 국가의 개입을 가급적 은폐한 형태로 이루어지므로 한국에서의 제국주의 국가 역시 직접적 개입보다는 국내의 국가권력이나 제국주의 자본 또는 통신사 등을 통해 간접적으로 영향을 미친다. 그러나 간접적인 개입이 주된 방식임에도 불구하고 일부 세련된 형태의 비공개적인 개입이 존재하는데 한국에서도 특히 남미에서 광범위하게 활동한 것으로 알려진 미국의 USIS 와 CIA를 그 예로 들 수 있다.[341) 즉 미국의 USIS와 CIA는 한국에서도 신문산업에 개입하는 것으로 여겨지는데 지금까지 그에 대한 구체적인 연구나 자료는 거의 없는 상태이다. 따라서 먼저 남미의 경우를 살펴보고 그것이 한국에서는 어떻게 나타나는지 논의해 보겠다.

　남미에서의 미국의 활동에 대해 연구한 벨트란과 카르도나에 따르

---

340) 김수행은 종속국의 내부에 미국의 다국적기업과 다국적은행의 영리활동을 보장하는 다음과 같은 정치적, 경제적, 사상적 구조가 생성되어 재생산한다고 말한다.
　　정치적 – 친미적인 정당과 정치세력이 주도
　　경제적 – 미국의 독점자본과 제휴하는 자본가계급이 지배
　　사상적 – 반공이데올로기가 국시로 확립
　　김수행, 위의 글.

341) 벨트란과 카르도나, '남미와 미국: 자유로운 정보의 흐름의 결합', 강상호, 이원락(편역), 위의 책, 227-66쪽.

면 미국정부가 주로 CIA와 USIS를 통해서 기사(메시지)를 남미의 미디어 기구와 국민에게 직접 배포시킨다고 한다.[342]

이들은 공식적인 미국 측 자료 '상원특별위원회의 간부보고서'를 예로 들어 남미 국가들의 매스미디어에 관련된 CIA(중앙정보부: Central Inteligence Agency) 활동을 분석했는데 그 내용은 주로 CIA가 칠레 매스미디어에 대해 1963년부터 1973년 사이에 수행한 활동, 특히 남미에서 최초로 민주적으로 선출된 사회주의 정부가 수립됐던 이 기간의 마지막 3년 동안에 대한 것이다.

> "보고서는 이 캠페인이 '대단했다'고 보고, 그 크기에 대해 자세하게 기록하고 있으며, 'CIA는 위협적인 반공 캠페인을 기독교 민주당 후보를 대신하여 미국이 행한 가장 효과적인 활동으로 간주한다'고 쓰고 있다(U.S Senate, 1975, p.16). 보고서는 계속해서 CIA가 여러 가지 유사한 계획들을 지원했다고 설명한다. 그 하나는 통신사를 포함하는 것이며, 둘째로 벽보 전단 캠페인과 선거 유세에서의 야유, 셋째는 우익 주간지를 지원하는 것이다. '이 계획하에 투자된 다른 자금은 거의 매일 칠레의 유력 일간지인 엘 머큐리오(El Mercurio)에 CIA가 제공한 사설을 싣게 했으며, 1968년 이후에는 그 신문의 국제 뉴스 분야의 내용에 실질적인 통제를 가했다'(U.S. Senate, 1975. pp.18-19)."[343]

이 보고서는 CIA가 "실제적으로 칠레 내의 모든 미디어를 이용하면서 그 주제를 국제 언론에도 또한 계속적으로 제시하는 밀도 있는

---

342) 같은 책, 258쪽.

343) U.S. Senate, Select Committee to Study Government Operations With Respect to Intelligence Activities.(1975). "Covert Action in Chile 1963-1973: Sfaff Report of the Select Committee to Study Governmental Operations with Respect to Intelligence Activities", U.S. Government Posting Office, Washington, D.C, 같은 책, 240쪽에서 재인용.

선전 캠페인 6가지를 수행했다고 하는데[344] 아울러 이러한 캠페인들
이 상당한 효과를 거두었다는 것을 상세히 밝혔다.

> "남미와 유럽 미디어에서 6주 동안 실시된 CIA의 선전 캠페인의 규
> 모에 대해 몇 가지 통계치가 있다. CIA에 의하면, 726개 기사, 방송, 사
> 설과 같은 항목들이 직접적으로 정보부 활동에 기초한다는 것이 부분적
> 인 회귀에서 보였다. 정보부가 승수효과의 범위를 측정할 수는 없으나
> -예를 들어 '유도된' 뉴스가 얼마나 칠레 문제에 미디어의 관심을 집중
> 시켰으며 부가적 취재를 자극했는가의 여부-그 공헌이 실질적으로 중
> 요했다고 결론지을 수는 있다(p.25)."[345]

또한 선거 후 CIA는 아옌데의 승리 이후 역선전에 주력했는데 이를
위해 칠레의 가장 큰 일간지 '엘 머큐리오'에 150만 달러를 지원했다고
한다.[346] CIA 측 자료에 따르면 이러한 노력이 1973년의 칠레 군부
쿠데타에 근거를 마련해 주는 중요한 역할을 수행했다고 한다.[347]

한편 이러한 활동은 미국정부 직속기관으로 설립된 미국 공보원
(United States Information Service)의 후원 아래 행해지고 있다고 하는
데 USIS는 남미에 22개의 지부를 두고 169명의 미국인과 660명의 현지
인을 고용하고 있다고 한다.[348] 벨트란과 카르도나는 1973년 남미를 위
한 예산이 대략 2천만 달러인 이 조직의 주요 측면을 전 USIS 국장인 셰익
스피어(Frank Shakespeare)의 말을 인용하여 다음과 같이 설명한다.[349]

---

344) 같은 곳.
345) 같은 곳.
346) 같은 책, 241쪽.
347) 같은 곳.
348) 같은 책, 238쪽.

"(1) 미국의 대외정책에 대한 반대를 감소시키고 지지를 강화하며 그 것을 명확히 함으로써 그 정책을 돕는 것.

(2) 국제적 태도가 미국의 대외 정책과 그 형성에 관련되는 정도를 평가하는 것. 그는 첫 번째 기능이 전 세계 35개 국가 언어로 이루어지는 라디오 방송(미국의 소리: The Voice of America)과, TV와 극장을 위한 영화의 제작과 배포, 그리고 전 세계에 펼쳐 있는 도서관, 예술극장, 신문, 문화기업 등을 통해 이루어진다고 설명했다. 그러나 후자에 대해서는 설명하지 않았다."[350]

요컨대, 벨트란과 카르도나는 미국의 정치적 기구들, 보다 정확히 말하자면 USIS와 CIA가 남미 미디어와 관련된 다른 활동과 함께 광범위하게 정보를 유포시킨다고 결론짓고 있다.[351]

앞에서 지금까지 미국이 한국의 신문산업에 대해 어떻게 영향을 미치는가에 대한 구체적인 분석은 없다고 밝혔다. 그러나 이들의 활동과 몇몇 관련 있는 자료를 통해서 보면 정도는 다르지만 남미와 비슷한 다음과 같이 두 가지 방식으로 이루어진다고 볼 수 있다.

첫 번째는 신문사에 직접 기사화될 수 있는 자료를 배포하는 활동을 들 수 있다.

좀 오래된 예이지만 USIS는 1950년 한국 내에 통신기사를 번역하여 배포하였고 그 1년 전에는 해외시사만화를 서울신문에 제공하기도 하였다.[352] 이는 또, 자체간행물의 형식으로 이루어지기도 하는데 주

---

349) 셰익스피어는 1969. 2. 7~73. 2. 7의 기간에 총책을 맡았다. USIS 34쪽.
350) 벨트란과 카르도나, 위의 책, 238쪽.
351) 미국통신사들은 남미 국제뉴스의 80%를 관리하고 있다. 같은 책, 244쪽.
352) USIS, 위의 글, 3쪽.
    서울신문, 1949. 10. 27, 만화정신, 1986, 41쪽에서 재인용. 이 시사만화 제목은 '승리의 가치는 무엇?'으로 한 군인(중공)이 총을 들고 다른 똥

한미국공보원이 1987년 초부터 매월 발행하는 '시사평론'이 그러한 경우에 해당된다고 본다. 이 간행물은 주요 사건에 대한 미국의 견해를 전하기 위한 것인데353) 주로 기자를 포함한 지식인, 대학생과 같은 층에 배포되고 있다.

두 번째는 신문기자에 대한 영향인데, 주로 인간적인 유대를 맺거나 공식적인 의견을 표명하는 방식에 의해서 이루어진다. 예컨대, 1979년 제15회 한국 신문편집인협회 토론회에는 약 40명의 언론관계자가 참석했는데 그중에는 외국인으로서는 유일하게 미 공보부직원 1명이 참석했다.354) 또 그 자리에는 미 공보부의 고문인 한국인도 1명이 있었는데 이로부터 그러한 추론이 가능하다고 본다. 이 밖에 1980년 한국 신문편집인 협회와 미 기자협회가 "CIA 등 정보기관들이 '기자를 정보원으로 이용하거나', '비밀정보활동을 구실로' 언론매체를 악용치 말라"355)고 촉구한 일이 있는데, 이 역시 한국 신문산업에 CIA의 개입이 존재함을 시사한다고 하겠다.

지금까지, 미국이 신문편집에 영향으로 미치고 있음을 두 가지 방식을 들어 살펴보았다. 이상의 내용을 간단히 그림으로 나타내면 다음과 같다.

뚱한 사람(국민당)을 쇠줄로 묶고 "나는 승리를 얻었다"고 외치는 것인데 그 줄 뒤에는 다시 중공을 묶은 소련의 손이 있는 그림이다.

353) 시사평론의 간행취지는 다음과 같다.
   "이 간행물은 세계적인 의의를 갖는, 특히 한미관계에 영향을 미치는 제반 문제와 사건들에 대한 미국의 견해를 전하기 위한 것이다. 매호마다 미국의 정책, 제도, 사회 및 문화에 대한 각계의 의견을 계속 반영시키고자 한다."
   시사평론 제7호(1987. 9).

354) 한국 신문편집인협회, '고도성장경제하의 언론의 과제', 1979.

355) 신협 20년, 794쪽.

〈그림 3.3-6〉 신문편집에 대한 제국주의 국가의
개입

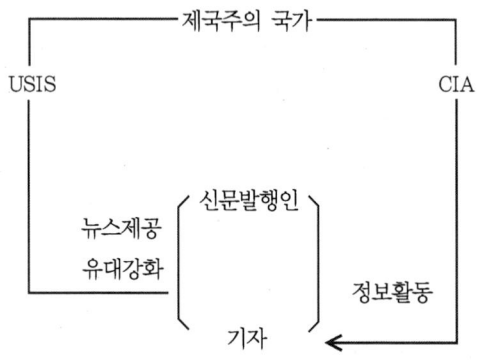

ㄴ) 제국주의 자본

제국주의 자본이란 제국주의 국가와 함께 제국주의의 실체를 구성
하는데 식민지에의 자본수출과 상품수출을 통해 본국보다 높은 이윤
율을 실현하는 것으로 국제독점자본 및 다국적 기업 등의 형식으로
존재한다.356) 제국주의 자본의 이러한 활동은 자본의 논리에 따라 움
직이는 과정에서 필연적으로 발생하는데 이를 위한 식민지 형성 및
쟁탈전에서 제국주의 국가의 도움을 받는다.

제국주의 자본과 제국주의 국가가 내용과 형식으로서 상호 규정적
이고 상호 침투적이므로 이들을 엄격히 구분하기는 곤란하나 앞에서
제국주의 국가를 설명하면서 국가기관의 형식으로 활동하는 경우를
들었으므로 이번에 제국주의 자본에 대해서는 경제적 측면에 국한시
켜 논의하겠다.

---

356) 제국주의에 대해 자세한 내용은 편집부 편역, 현대제국주의 정치경제
　　학, 미래사, 1986을 참조할 것.

한국의 경우 제국주의 자본은 원조와 차관, 직접투자 및 전면수입 개방화의 단계를 거치며 점점 개입하는 정도를 높여오고 있으나 1980년 이전에는 직접 진출하는 방식보다는 국내자본에 대한 차관제공이나, 합작투자, 기술제휴 및 상표사용권계약체결 등에 그쳤다.[357] 따라서 이들이 신문산업에 개입하는 것은 국내자본의 경우 광고제공과 그에 따른 홍보성 기사의 요구 또는 기자에 대한 금전제공 등 다양하고 심도 있게 행해 온 것과는 달리 비교적 단순하여 전체적으로 아주 적은 정도의 광고에 그치고 있다.

그러나 제국주의 자본은 1980년 이후 시장개방요구를 통해 한국에 대한 경제적 진출의 유리한 조건을 계속 확보하고 있어 점점 국내자본과 같은 방식으로 개입할 것으로 예상된다.

ㄷ) 국제 통신사

오늘날, 이른바 구미(歐美) 4대 통신사(AP, UPI, Reuter, AFP)는 전 세계 뉴스교환량의 90%를 지배하고 있으며 한국 신문도 외신기사의 대부분을 이들 4대 통신에 의존하고 있다. 채백에 따르면 중앙일보의 경우 이 4대 통신이 전체 외신기사의 76%를 제공하고 있으며 한국일보의 경우는 80%로 더 높은 의존도를 보인다고 한다.[358] 그 중 세계 정보량의 60%를 차지하고 있는 미국계 통신사 AP와 UPI에 대한 의존도는 중앙일보의 경우 41%이며 한국일보의 경우 43%를 기록하고 있다.

---

357) 1980년 이후 직접투자 등 제 경제 분야에 대한 해외자본의 개입에 대해 완전개방하는 단계로 들어오고 있다.
358) 채백, '문화적 종속과 한국', 문화운동론, 공동체, 1986, 271-2쪽.

이렇게 전달되는 통신기사는 제국주의 관점에서 바라본 뉴스 수집과 선택을 거친 것으로서 그들에 대한 호의적인 이미지와 제3세계에 대한 부정적인 이미지 및 공산주의에 대한 혐오감을 전달한다고 한다.[359] 또한 이들 통신사의 뉴스공급 시 부가된 '급전'(Urgert)이나 '특전'(Bulletin)과 같은 표시는 한국 신문편집자의 뉴스에 대한 가치판단에 영향을 미치기도 한다.[360] 이에 따라 한국 신문기자의 뉴스가치관은 서구의 그것에 매우 접근하여 구미 각국 중심의 기사를 제3세계 기사보다 선호하고 있으며 상업적 혹은 선정적 뉴스에 대해서도 같은 경향을 보인다고 한다.[361]

이렇게 뉴스량과 이데올로기적 측면에서 한국 신문산업에 매우 큰 영향을 미치는 국제통신사는 뉴스무역에서의 불균형이 보여주듯이 한국 신문산업을 훌륭한 이윤추구의 대상으로 보기도 한다.[362] 경제적 목표는 신문보다는 방송, 영화 등에서 광범위하게 행해져 '미디어 제국주의'라는 개념으로 불릴 정도인데 신문의 경우도 정도만 다를 뿐 연합통신사가 1985년과 1986년에 뉴스수입의 대가로 각각 13억 원과 15억 원을 지불한 데서 보듯이 그러한 범주에 해당한다고 볼 수 있다.[363]

---

359) 채백, "미디어 제국주의론에 관한 일고찰", 서울대 석사논문, 1983, 제3장을 참고할 것.

360) 같은 책, 88쪽.

361) 채백, 1986, 위의 글, 280쪽.

362) 국제커뮤니케이션의 구조에 대해서 자세한 것은 다음을 참조할 것.
　　*추광영, 커뮤니케이트권과 제3세계의 논리, 성곡논총 제13집(1982), 448-50쪽.
　　*주동황, '미디어 제국주의론의 두 가지 구성개념에 대하여', 신문연구소학보, 제23집, (1986), 97-113쪽.

363) 85년 10월 현재 연합통신의 외신계약사는 모두 11개사(미국6, 영국4, 프

제국주의 세력 중 한국 신문산업에 그들의 이데올로기를 실제로 전달, 유포시키는 가장 중요한 통로라고 할 수 있는 국제통신사는 외신기사를 통해서 한국 신문에 영향을 미침을 물론이요 또 이러한 영향을 신문기자의 뉴스가치 판단과 취재시각에까지 미쳐 신문산업내인으로 구조화시킨다고 하겠다.

한편 국제통신사 외에도 제국주의 국가의 신문산업이 한국 신문산업과 전재(轉載)계약을 맺어 기사의 내용에 담은 이데올로기를 전달하는 것도 중요한 역할을 한다.[364] 이는 또 앞의 국제통신사와 함께 그 효과를 더욱 크게 한다고 볼 수 있다.

이상의 내용을 간단히 그림으로 나타나면 다음과 같다.

〈그림 3.3-7〉 신문편집에 대한 국제통신사의 영향

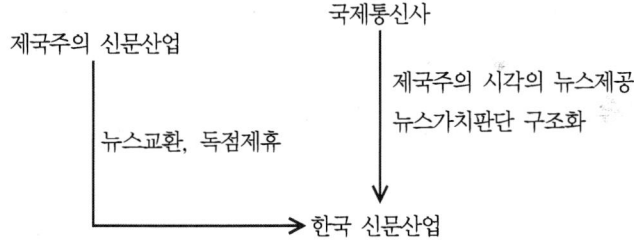

(2) 인쇄과정

신문산업에서 인쇄과정이 차지하는 비중은 편집과정에 비해 작으나

랑스1)이며 뉴스교환, 제휴사는 30개사이다. 외신계약지불료는 '85 및 '86 연합통신감사보고서의 자료임.

364) 외국신문사와의 뉴스교환, 독점제휴 현황은 신방 85. 10, 40쪽을 참조할 것.

그것이 중요하지 않음을 뜻하는 것은 아니다. 신문산업 역시 다른 산업과 마찬가지로 제조업이라는 점에서 사용가치를 완성시켜 잉여가치를 증식시키는 인쇄과정은 매우 중요하다. 앞의 구매요소단계에서 윤전기와 신문용지 등의 생산수단이 고가의 수입대상으로 구하기 어렵기 때문에 이의 해결에 개입하는 주요 세력으로 국가 등을 다룬 바 있다. 이러한 윤전기와 신문용지는 노동자와 결합하여 신문이란 상품을 생산하는데 여기서 육체노동자도 잉여가치 생산에 참여하는 만큼 이윤증대에 영향을 미치는 중요한 요인이라고 하겠다.

인쇄과정에서 노동자는 여타 산업과 마찬가지로 자본가의 엄격한 통제 아래 놓이는 전형적인 모습을 보이는데 일반적인 이윤율의 결정요인인 노동효율, 노동강도, 시간당 원료사용량 및 기계마손량과 실제로 가동되는 사용시간당 자본재의 양 등에 주목할 그 증대방안은 기술개선과 노동강도 강화로 요약된다.[365] 먼저 기술개선은 노동자의 기술개선을 포함하여, 원료손실 및 설비파손을 줄이는 생산방법의 개발과 보다 적은 설비를 사용하는 생산방법의 채택에 의해서 가능하겠다. 그리고 노동강도 강화는 생산라인의 가속화 및 노동속도 통제를 위한 보다 많은 작업감독관의 고용 등에 의해서 가능할 것이다. 이러한 방안은 신문산업에서도 거의 그대로 사용되는데 신문의 부수증가와 증면으로 신문산업의 규모가 확대되어 직원 수가 많이 늘어났으나 인쇄노동자 수의 증가는 매우 낮은 것 〈표 3.3-6〉에서 잘 나타난다.[366]

요컨대 신문자본가에게 있어서 육체노동자는 정신노동자와 달리 낮은 임금과 노동강도의 강화를 통해 이윤증대를 위한 중요한 대상임이

---

365) 김대환, 위의 책, 제6장을 참조할 것.

366) 절대적인 숫자 또는 비율뿐만 아니라 신문산업의 규모가 커진 것을 고려할 때 노동조건의 악화 정도는 더 큰 것으로 보인다.

분명하나, 그 통제는 정신노동자에 비하여 비교적 용이하므로 쉽게
해결된다고 볼 수 있다.

〈표 3.3-6〉 5대 신문사의 인쇄노동자 수와 그 비율의 변화

(단위: 명)

연　도	1982년	1985년	1987년
전체 사원 수	4,529	5,404	5,459
인쇄노동자 수	1,262	1,338	1,226
비　율(%)	27.9	24.8	22.5

*연도는 자료의 발행연도를 뜻하므로 기록은 그 전해 말의 통계로 여겨짐.
*자료: '82, '85, '87 신방연

4) 판매단계의 분석

제3단계인 판매단계는 신문산업자본이 상품생산과정에서 증식시킨
잉여가치를 실현하는 단계이다. 즉 상품자본을 화폐자본으로 전환시
켜 신문산업자본 순환운동의 한 단위를 매듭지으면서 동시에 다음 순
환을 계속하도록 하는 것이다.

일반 산업의 판매단계가 상품이 생산자로부터 소비자에게 옮겨가는
유통과정만으로 존재하는 것과는 달리 신문산업의 판매단계는 신문의
유통과정과 더불어 그 자체가 만들어낸 소비자(독자)를 다시 유통시
키는 과정으로서도 존재한다.

즉 신문산업의 판매단계는 신문판매와 광고판매로 이루어지는데 양
자의 관계를 간단히 표현하면 아래와 같다.

〈그림 3.4-1〉 신문산업의 판매단계

신문산업 ··· 신문 ··· 독자의 신문구매 ··· 판매부수(독자) ··· 광고주의 독자구매

　　생산　　　　　　신문판매　　생산　　　　　　　광고판매

□은 상품을 뜻함

(1) 신문판매

1〉 신문판매의 중요성

신문산업에서 가장 어려운 일은 제작된 '상품'의 판매, 즉 가급적 많은 신문을 높은 가격으로 신속하게 판매하는 문제이다. 그러므로 신문자본가의 경영상의 입장에서 볼 때 "판매촉진을 통해 신문부수를 확장한다는 것이 편집작업보다 더 중요한 것이며, 부수확장이 정지되는 것은 신문의 생명이 정지되는 것과 같다."367) 고까지 말한다. 광고와 함께 신문의 주요 수입원 중의 하나인 판매수입이 전체 수입에서 차지하는 비중이 점점 줄어들고는 있으나 그 액수는 150억 원 내외로 아직도 매우 중요하다고 하겠다.368) 이 밖에도 신문부수는 다음 두

---

367) 박무승, 위의 책, 121쪽.
　　신문산업에서 일반적으로 부수를 말할 때 발행부수를 의미하나, 이것은 한국의 경우 ABC(부수공사위원회)가 없기 때문인데 실제로 신문부수가 광고주나 독자의 관심에 부응하려면 판매부수(즉 유가부수)이어야 한다. 한편 박무성은 신문부수를 인쇄부수, 발행부수, 유가부수로 나누나 이 밖에도 상품효과부수, 중첩부수, 중복부수, 강제부수, 무효부수 등으로 구분하기도 한다. 자세한 것은 박무승의 책을 참조할 것.

368) 5대 신문사의 재무제표에서 신문수입 중 신문매출금과 광고매출금을

가지 이유로 신문산업의 성장에서 큰 의미를 지닌다.

첫째로 신문산업의 특수성에 비추어 보아서 부수 자체가 증가한다고
해서 반드시 신문사의 실제 수입이 늘어나는 것은 아닐지라도 그것이
광고수입의 증가에 직접 영향을 미치기 때문이다. 즉 광고주는 광고효
과를 노려 많은 부수를 판매하는 신문에 광고를 게재하려 하기 때문이
다. 오늘날 신문자체수입 중 광고수입은 60-70%를 차지하고 있어 부수
증대는 오히려 광고수입을 위해서 필요하다고 볼 수 있을 정도이다.369)

둘째로 신문부수의 증가는 그 신문의 영향력을 말해 주는 간접적인
척도로서 작용하기 때문이다. 많은 부수가 그 신문이 좋은 신문이란
것을 보증하지는 못할지라도 최소한 그 신문이 사회에 미치는 힘을 보
여줄 수는 있다. 이것은 또 신문산업자본가의 투자목적과도 일치한다.
신문이란 상품이 이윤추구의 대상일 뿐만 아니라 사회의 지배이데올로
기 형성의 중요한 수단이라는 두 가지 측면이 신문산업자본가가 신문
산업에의 투자를 택한 이유이므로, 양자를 효과적으로 수행하기 위해
서는 먼저 부수증대를 통해 영향력을 확대시킬 필요가 있기 때문이다.

따라서 많은 부수를 판매하는 신문은 그것이 의미하는 영향력으로
인해 독자에게 지배이데올로기를 전달하길 원하는 국가와 역시 호의

구분하는 신문사와 그 금액은 다음과 같다.

(단위: 백만 원)

연도	1984		1985		1986	
	신문매출금	비율	신문매출금	비율	신문매출금	비율
서울	10,635	43.4	11,771	41.6	15,864	36.6
조선	15,463	35.3	17,289	36.9	18,566	36.6
한국			13,089	30.2	14,088	30.4

* 서울 은 1985년에 새로 발간한 자매지 스포츠서울을 그리고 한국 역시 자매지 일
  간스포츠를 포함한 것임.
* 자료: '85, '86 서울, 조선, 한국 감사보고서.

369) Nuissl, S. 75, 양성호, 앞의 글, 9쪽에서 재인용.

적인 이미지를 심어주길 원하는 자본(광고주, 등)의 적극적인 개입대
상이 될 것이다. 물론 이러한 개입과정에는 신문 내용에 대한 간섭뿐
만 아니라 그 대가로 주어지는 특혜조치나 광고도 들어 있을 것이다.

2〉 신문판매경쟁

이러한 판매의 중요성으로 인해 전통적으로 신문산업에는 다른 어
떤 산업보다도 더욱 치열하고 과다한 판매경쟁이 존재한다.370) 각 신
문사는 판매촉진을 위해서 지사나 보급소 단위의 판매전략을 짜고,
회사 내에 판매촉진을 위한 기구를 세우거나 독자의 흥미를 끄는 선
정적인 지면제작 등의 방안을 사용했는데371) 특히 1970년대에는 물
량공세 수단을 사용한 데서 볼 수 있듯이 이러한 경쟁이 매우 심했다.

이러한 판매경쟁은 1980년대에도 계속되었는데 특히, 81년 초부터
의 증면(주 48면으로 50% 증가)으로 월정구독료가 크게 인상되어 독
자 수가 현저히 감소하였기 때문이다.372)

---

370) 이환의는 물량공세가 일본신문들이 써온 방법이라며, 부동층(어느 한
    신문을 고정적으로 보지 않는 집단) 독자의 가정에 냄비, 설탕, 잡지,
    조미료 등의 일용품을 배포하는가 하면, 극장이나 운동시합의 독자입장
    권을 발행해서 초대하고, 상품퀴즈와 추첨권을 신문에 삽입 발행하는
    등을 예로 들고 있다.

371) "언론사 간의 과당경쟁도 조정되어야 할 것입니다. 최근에 이르러서는
    신문지면의 제작기준마저 경쟁 위주로 다루어져 보도의 가치판단이 분
    별하기 어렵게 되어 가고 있습니다. 그 결과 언론은 균형을 잃고 선
    정지면으로 치우쳐 판매만이 목적인 듯 국민신탁의 공익성을 소홀히
    한다는 말을 듣기에 이르렀습니다." 이원홍 문공부장관 '신문의 날' 연
    설요지, 신방 1985. 4, 12쪽.

372) 1981년의 인상률은 66.6%로 증면을 감안하여도 매우 큰 폭이라고 할

1980년대의 판매경쟁심화는 또한 주재기자 철폐와 보도지침 등의 지시에 따라 획일적인 신문편집으로 판매부수의 증가율이 둔화된 데도 기인한다.[373] 이렇게 신문 판매가 어렵게 되자 각 신문사는 이를 타개하기 위해 강제투입, 대량살포, 저가판매, 무가기간연장, 고가 판촉물제공 및 확장요원 지원 등 비정상적인 판매행위를 펼쳤다. 그런데 이 중 강제투입은 80년에 반상회에서 '공해'로 규정되어 사회정화운동의 정화대상이 되기도 하는 등의 문제를 일으키기도 했다.[374]

수 있는데 이로 인해 예년의 가격인상에 따른 판매부수 감소(10% 정도)보다 2배 이상 되는 20-30%의 판매부수가 줄어들었다. 이에 따라 거의 매년 1월에 있어온 구독료 인상이 1982년에는 4월에 8%의 인상률로 실시되었고 그 후 5년간 지속되었다. 87년 9월부터 다시 주8면의 증면과 더불어 7.4% 인상이 되었다.
'82 신방연, 118쪽 및 '83 신방연, 129쪽.

373) '83 신방연, 129쪽.
80년 이후 전체 신문(전국의 모든 일간지)의 1일 발행부수의 변화는 다음과 같다.

(단위: 만 부)

연도	1980	1981	1982	1983
발행부수	819	812	850	900

*자료: '81-'84 신방연.
한편 5대 신문사의 1일 발행부수는 다음과 같다.

(단위: 만 부)

연도	1980	1984	1986
동아	100	150	188
서울	70	80	88
조선	115	142	180
중앙	120	154	160
한국	92	146	150

* 단, 서울의 1980년과 1986년의 자료는 각각 1982년과 1985년의 자료임.
* 자료: 5개 신문사 팸플릿, 한국일보사보 1987, 봄 및 김규환, '최근의 한국 언론'
서울대 신문연구소 학보 제22집(1985)
374) '82 신방연, 118쪽.

3) 신문판매 카르텔

독자확보를 위한 경쟁은 신문산업의 판매비용을 증대시켰는데 그것
은 주로 무가지(無價紙)와 확장지(擴張紙) 및 지사, 보급소에 대한
판매장려비의 지출증가 등에 따른 것이다. 따라서 신문산업은 1960년
대에 이래 계속된 판매경쟁의 해소에 관심을 가지게 되었는데, 70년
에 들어와 당시 중앙 일간지 8개사의 판매국장은 판매협의회를 결성
하고 판매경쟁의 제한과 더불어 지방수송 등에서 공동협력을 추구하
기로 했다.[375]

공동수송은 각사가 지역을 분담하여 해당 지역의 신문을 일괄 운송
하는 것으로 많은 경비절감을 가져와 성공적으로 진행되었는데, 이에
따라 대상 지역도 처음 8개 노선의 운영에서 1982년에는 97개 노선으
로(지방신문사 포함) 확대되었다.[376]

그러나 판매경쟁은 판매부수가 광고수입에 영향을 미치고 결국 신문
사의 성장을 좌우한다는 점에서 쉽게 합의를 보지 못하고 계속되었
다.[377] 판매협의회는 1981년 들어와 새로이 실행된 '독점규제 및 공정
거래에 관한 법률'에 따라 한국 신문협회명의로 경쟁제한 행위 등록을
하여 정식 카르텔이 되었지만[378] 이에 의해서도 신문판매의 공정거래
는 전혀 진전된 바 없다고 한다.[379] 1982년에는 한국일보의 자매지인

---

375) 신협 20년, 523-6쪽.

376) 같은 곳.

377) 판매협의회는 경쟁제한의 일환으로 '발행부수 및 구독률의 공개금지'를
     결의했으나 부수의 급성장을 보인 중앙, 조선 등이 이를 어기기도 했
     다. 또한 기타 제한행위 등도 판매부수가 광고를 결정하기 때문에 거의
     지켜지지 않았다.

378) 경제기획원, 공정거래백서, 1984, 134쪽.

일간스포츠가 판매촉진의 일환으로 현상경품을 제공하는 과정에서 제공가 한도액(경품 중 최고가 상품이 30만 원 이하일 것)과 총한도액(전체 경품액이 300만 원 이하여야 함)을 위반하여 시정권고를 받기도 했다.380) 한편 그동안 전체 회원사가 공동으로 〈표 3.4-1〉과 〈표 3.4-2〉에서 보듯이 구독료 인상과 증면을 통해 수입을 확대하는 데 앞장서 온 신문산업의 카르텔인 판매협의회는 1985년 다시 구독료를 인상하기 위해 경제기획원에 서류를 제출했으나 타당한 이유 부족으로 반려되었다. 그 후 열린 신문산업과 국가의 관계자회의에서는 카르텔을 탈피 발행면수와 구독료의 자유경쟁이 필요하다는 의견이 나왔으나381) 현실적으로 카르텔을 통해 무리한 경쟁의 제한과 가격 인상 등의 공동이익이 보장되는 이상 신문발행인들이 현 제도를 선호, 유지시키려는 것은 분명하다고 하겠다.

〈표 3.4-1〉 신문구독료 인상 추세

일 시	월정요금	1부
62. 6. 10	65원	2원
63. 1. 1	80원	4원
64. 1. 1	100원	5원
65. 1. 1	130원	10원
67. 9. 1	180원	10원
69. 9. 1	220원	10원
70. 3. 1	280원	15원
72. 3. 1	350원	20원

379) '82 신방연, 118쪽.
380) 경제기획원, 위의 책, 175쪽.
381) '87 신방연, 71-2쪽.

일 시	월정요금	1부
74. 1. 1	450원	20원
75. 1. 1	600원	30원
77. 1. 1	700원	40원
78. 1. 1	900원	50원
79. 2. 1	1,200원	60원
80. 1. 1	1,500원	80원
81. 1. 1	2,500원	120원
82. 4. 1	2,700원	130원
87. 9. 1	2,900원	140원
88. 4. 1	3,500원	150원

*한겨레신문의 창간 이후 면수에 따른 구독료제한이 완화됨.

자료: 서울신문사 40년사, 758쪽.

〈표 3.4-2〉 신문발행면수(주 단위) 변화 추세

연도	간행별	주 단위 발행면수	연도	간행별	주 단위 발행면수
60. 1. 1	조석간	54면	65. 1. 1	단 간	40면
61. 1. 1		56	4. 1		36
4. 21		48	11. 29		28
5. 23		42	12. 26		36
62. 8. 21	단 간	48	70. 3. 1		48
64. 2. 2		40	81. 1. 1		72
8. 3		32	87. 9. 1		80
			88. 4. 1		96

자료: 신협 20년, 197쪽.

4〉 국가의 통제

신문판매에서 이윤율 상승과 관련된 요인은 신문(생산물) 가격과 가동률 두 가지로 볼 수 있다. 전자는 일반적으로 독점적 확보 등에 의해 가격(구독료)을 인상시킴으로써 가능하고 후자는 유휴설비가 사용되게끔 수요를 창출하고 시장을 확대(부수증대)함에 의해 이루어진다.

그러면 이들 이윤증대방안과 관련한 신문산업 내외의 제 요인을 살펴보자.

먼저 구독료 인상을 비롯하여 판매비용에 영향을 미치는 우편요금 및 철도요금 등을 결정하는 국가가 있다. 구독료 인상은 신문자본가들의 이익집단인 신문협회가 국가의 승인을 받아야 가능한 것으로 1981년 이후에는 공정거래법에 의해 경제기획원이 담당하고 있다. 또한 우편요금의 경우 일간신문은 제3종 우편물 '가'급인가를 적용하여 다른 우편요금에 비해 매우 저렴하게 지불하고 있으며[382] 철도요금 역시 신문의 지방수송과 관련되어 중요하다. 이처럼 국가는 신문판매 과정에서 신문산업의 이윤 증대에 다양하게 개입하는데 위의 사항들은 신문자본가에게 유리하도록 해결해 주는 것들이라고 볼 수 있다.

다음에 신문구매자인 민중으로 이들은 구매와 동시에 광고주에게 판매되는 판매부수(독자)로도 가능하며 신문산업자본의 이윤증대에 기여한다. 민중은 때로 무리한 신문구독료 인상과 획일적인 내용에 대해 구매 거부로써 대응하나,[383] 강제투입과 같은 치열한 구매권유로 곧 독자로 편입되어 그 힘은 매우 제한되어 있다고 하겠다.

이상의 내용을 간단히 도식화하면 다음과 같다.

---

382) 우편판매는 현재(82년) 전체 판매부수의 20%를 차지하고 있다. 판매협의회는 1979년 초부터 제2종 우편물요금의 대폭 인상계획을 막기 위해 체신부장관을 방문, 인상폭을 낮추었다. 이에 대해 자세한 것은 신협 20년, 211-2쪽을 참조할 것.
이러한 일은 1985년 인상 때에도 있어 신문에 대한 우편요금의 인상을 억제했다. '87 신방연, 72쪽.

383) '82 신방연, 118쪽.

〈그림 3.4-2〉 신문판매에 개입하는 제 요인

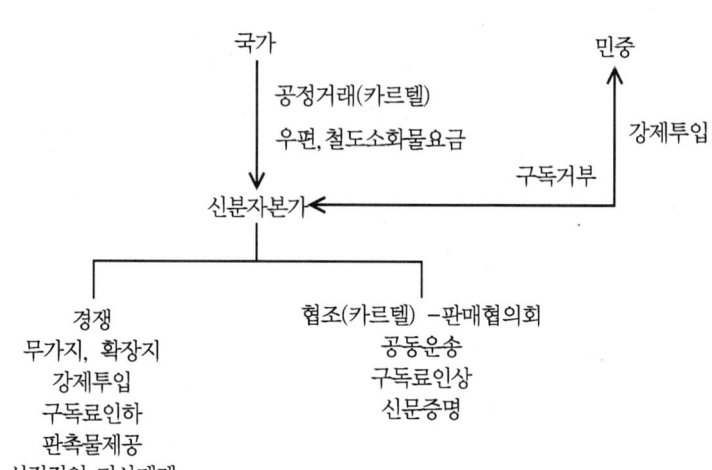

(2) 광고판매

1〉 자본주의와 광고

오늘날 신문수입에서 가장 큰 부분을 차지하고 있는 광고판매는 신문판매를 통해 생산된 '독자'라는 상품을 광고주에게 판매하는 것이다.[384] 신문산업에 광고가 중요하게 대두된 것은 20세기에 들어와서 발달한 자본주의 국가의 산업자본이 상품의 과잉생산과 저소비위기 상황으로 공황에 직면하면서 상품생산의 조절이 아니라 판매촉진을 통해 이 문제를 해결하려는 데 기인한다고 한다.[385] 이에 따라 19세

---

384) D. Smythe 'Introduction', "Dependency Road" 1981, 14쪽.
    "수요를 관리하기 위해서, 독점자본주의는 커뮤니케이션의 대중매체를 '발명'했는데 그 주요한 생산물은 광고주에게 팔리는 수용자(독자)다."

기까지 산업자본의 유통비용으로서 별 의미를 갖지 못하던 광고비용
이 20세기 이후 생산력발달에 따라 양적으로 크게 성장했을 뿐만 아
니라 질적으로도 매우 중요하게 취급되고 있다.[386]

> "광고란 후기자본주의적 경제체제가 원활히 기능하도록 하기 위해서
> 는 불가피한 것이다. 다시 말해 간접적으로는 과축적위기를 극복하기
> 위해서, 그리고 직접적으로는 경제적 나아가 정치적 지배관계를 유지시
> 키기 위해서는 필연적인 것이다."

2〉 광고수입

신문산업은 광고를 통해 전체 산업자본의 잉여가치의 실현과정을
돕는 대가로 광고비를 받는데 광고비는 아래 〈표 3.4-3〉에서 보듯이
오늘날 신문사의 전체 매출액에서 가장 큰 비율을 차지하고 있다.

〈표 3.4-3〉 서울, 조선, 한국의 광고매출액 및 비율

(단위: 백만 원, 1986년 말 현재)

	광고 매출액	비 율ㄱ)	신문수입ㄴ)	비 율ㄷ)
서 울	27,488	63.4	43,352	82.4
조 선	32,232	63.4	50,799	88.8
한 국	32,293	69.6	46,381	92.5

ㄱ) 신문수입에서 광고매출액이 차지하는 비율임
ㄴ) 신문수입은 신문매출액과 광고매출액만을 포함하고 인쇄 등은 다각 경영에 의한
　수입 제외한 것임
ㄷ) 전체 매출액에서 신문수입이 차지하는 비율임
* 자료: 서울, 조선, 한국 '86 감사보고서

---

385) 양성호, 위의 글, 14-15쪽.
386) Hennig Eike, Die Abhangig Keit der Massenmedien von den werbeein-
　nalimeu and den Anzcigenteil, S. 29. 같은 글, 16-7쪽에서 재인용.

이는 〈표 3.4-4〉에서 알 수 있듯이 한국경제의 성장과정에서 전체 광고비가 증가한 데 따른 것인데 신문광고수입은 1980년 59억 7천만 원에서 1986년에는 3,000억 원으로 약 50배 이상 증가하였다.

〈표 3.4-4〉 신문광고비 추이

(단위: 광고비: 백만 원, GNP: 억 원)

구분	신 문		전 체		국민 총생산	
연도	광고비	전년대비(%)	광고비	전년대비(%)	GNP(억 원)	전년대비(%)
1970	5,967	144.0	12,727	128.5	25,893	107.8
71	6,809	114.1	15,200	119.5	31,516	121.7
72	6,808	100.0	19,018	125.1	38,600	122.5
73	8,154	119.8	23,100	121.1	49,287	127.5
74	13,760	168.7	43,000	186.1	67,791	137.5
75	20,800	151.2	65,000	151.2	90,800	133.9
76	34,509	151.5	93,500	143.8	120,000	132.2
77	37,680	119.6	120,300	128.7	154,000	128.3
78	57,392	152.3	169,949	141.3	222,578	144.5
79	76,300	132.9	218,550	128.6	295,570	132.8
80	98,945	129.7	275,254	123.9	358,880	121.7
81	123,681	125.0	316,329	115.7	431,553	125.7
82	169,031	136.7	432,621	136.8	482,699	111.8
83	219,033	130.0	565,314	130.7	584,284	112.8
84	258,212	117.9	683,354	120.1	653,797	111.9

*자료: 신협 20년, 223쪽
*신방 84. 7, 71쪽.
*'86 광고연감(제일기획)162쪽.

광고수입과 그 비중이 증가함에 따라 신문산업은 광고에 대해 매우 큰 관심을 갖게 되었다. 즉 구체적으로 광고수입을 결정하는 요인이 광고량과 광고단가인 점에 주목하여 이들을 통해 최대 이윤을 추구하는 것이다.

이를 구체적으로 살펴보면 광고량의 경우 가급적 많은 광고를 확보하는 데 주력하며 또 이를 소화할 수 있도록 신문지면의 단수조정이나 지면 자체를 증면을 하는 방식387)을 광고단가의 경우에는 신문판매부수의 증가 등을 이유로 올리는 방식을 각각 사용한다.

3〉 독점자본(광고주)의 통제

상품의 판매추진을 주요 목적으로 하는 광고의 주체는 이들 상품을 생산, 판매하는 산업자본으로 한국의 경우 재벌을 중심으로 한 독점자본을 들 수 있다. 그런데 이들 독점자본은 자본의 집적과 집중을 통해 성장하는 과정에서 소생산자나 중소기업을 도산시키고 이윤을 추구하기 위해 저질 상품을 생산하거나 공해방지시설 등을 갖추지 않아 민중의 생활조건을 악화시키므로 이들의 불만을 사기도 한다. 따라서 이들은 민중의 불만을 무마하기 위해 독점자본에 대해 호의적인 이미지를 형성할 필요에 있다.388) 즉 독점자본은 상품판매를 위한 광

---

387) 증면으로 절대 광고량이 증가하는 외에도(〈표 3.4-2〉 참조)
신문지면에서 광고가 차지하는 비율은 점점 늘고 있다.
신문지면 중 광고의 비율

(단위: %)

연 도	1982	1983	1984
6개 중앙지	35.8	37.3	40.7
6개 지방지	33.7	33.2	34.6

*윤영태 61쪽 자료: '85 신방연, 135쪽.
한편 중앙일간 4사의 광고 게재량은 85년에 비해서 86년에 1.9%가 늘어났다고 한
다. '87, 신방연, 66쪽.

388) 이를 기업광고라고 한다. 기업광고는 제품광고와는 달리 일반대중으로부

고와 자신의 재생산을 위한 호의적인 이미지의 형성(기업홍보) 두 가지 목적을 위해 신문을 필요로 한다고 볼 수 있다.

그런데 독점자본은 이러한 목적을 효율적으로 달성하기 위해 단순한 광고 이외에도 기사를 이용하길 원하는데 그것은 기사의 경우 상품판매 목적을 직접적으로 표출하지 않으면서 객관적이고 권위 있는 제3자 또는 전문가의 의견을 빌려 더 큰 상품판매효과를 가져올 수 있기 때문이다.

독점자본이 신문의 기사에 대해 개입하는 것은 그들이 상품판매를 위해 제공한 광고가 신문산업의 중요한 재정원으로서 기능한 데 따른 것으로 그 구체적인 방식은 다음과 같이 네 가지를 들 수 있다.

1) 상품판매에 간접적으로 도움이 되는 기사의 게재
2) 상품광고와 관련된 기사의 동시게재
3) 독점자본에 호의적인 기사의 게재
4) 독점자본에 악의적인 기사의 축소 또한 제거

기업홍보는 다시 상품판매에 영향을 미치므로 이들 네 가지는 상호 연관되어 있다고 할 수 있다. 한편 신문산업이 광고수입에 의존하는 정도가 커짐에 따라서 광고확보를 위해 판매부수를 증대시켜야 하는 데서 발생하는 신문 내용의 변화를 들 수 있다. 즉 독자의 인기를 끌기 위해서 흥미 위주의 선정적이고 자극적인 기사를 게재하여 독자에게 쾌락적이고 소비적인 문화를 조장하고 탈정치화시켜[389] 다시 독

터 기업에 대한 호감을 얻기 위한 설득작업이므로 자사에 대한 호감은 물론 나아가서는 명성까지 얻어내려는 비제품 광고활동(Non- Product Advertising)이다.

'기업광고'에 대해서는 이병인, '기업광고의 분야와 제 역할', 매스컴과 광고, 대학문화사, 1979, 231-6쪽을 참고할 것.

389) 추광영(1986), 앞의 글, 270쪽.

점자본의 상품판매와 국가의 체제유지에 기여하는 것이다. 이러한 현
상은 광고수입의 증가 자체로 말미암아 신문산업이 구조적으로 광고
주인 독점자본의 통제 아래 있음을 의미한다.

광고를 통한 신문산업의 통제에 참여하는 세력으로 독점자본과 더
불어 국가를 들 수 있다. 국가는 1980년대 들어와 언론통폐합과 더불
어 TV 광고판매를 독점한 한국방송광고공사의 막대한 수입 중 일부
를 공익광고로 사용하고 있는데 이 역시 신문산업의 수입원으로 작용
하므로 신문 내용의 통제에 사용되는 것으로 볼 수 있다. 이때의 통
제 역시 이중적 의미인데 공익광고 자체의 지배이데올로기성과 이를
제공하는 대가로 신문 내용에 개입하는 것이다.

이상의 내용을 간단히 그림으로 나타내면 다음과 같다.

<그림 3.4-3> 광고판매에서 신문산업에
개입하는 제 요인

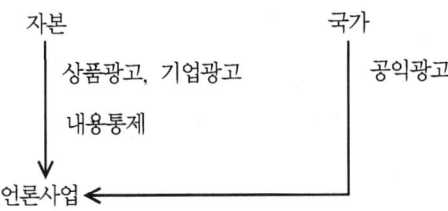

(3) 신문산업자본의 증대

한국 신문 산업자본은 신문상품의 생산, 판매를 통한 잉여가치의
획득 외에도 관련업종이나 기타 이윤율이 높은 분야에 투자를 통해
성장하고 있다. 일반적으로 개별자본은 집적과 집중을 통해 증대하는

데 신문산업자본도 같은 방식으로 증대한다고 볼 수 있다. 먼저 집적이란 개별자본이 잉여가치의 축적을 통해 그 총액을 증가시켜 나가는 것으로 엄밀한 의미에서는 신문자본이 신문의 생산판매로부터 잉여가치를 획득할 경우에 국한된다. 그러나 본 연구에서는 출판, 잡지 및 문화, 교육사업 등이 신문산업의 축적에 의한 것이고 또 같은 기업 내에서 다각경영의 형식으로 존재하므로 일단 집적에 포함시키겠다.

이 밖에 타 산업에의 투자 또는 카르텔, 콘체른 등은 집적에 대해 집중으로 보고자 한다. 원래, 집중은 몇 개의 비교적 작은 자본을 합병하여 하나의 큰 자본으로 만드는 것인데 이 과정은 첨예하고 복잡한 투쟁으로 이루어지며 결국에는 중소기업을 흡수해서 대기업으로 되는 과정이다.390) 집중의 전형은 주로 투자나 독립회사의 신설을 통한 경우가 될 것이다. 그러면 신문산업 내에 합병된 집적과 그렇지 않고 경제적, 법적 독립을 유지하고 있는 집중을 분리하여 살펴보겠다.

〈그림 3.4-4〉 신문산업의 집적과 집중

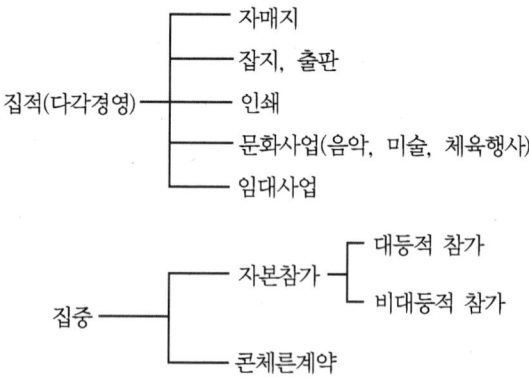

---

390) 노동과 사랑 편, 정치경제학사전, 이론과 실천, 1985, 127쪽.

〈그림 3.4-4〉는 신문산업의 내부 또는 외부와 관계되는 많은 산업을 주요 유형에 따라 나눈 것이다. 여기서 다각경영은 신문산업 내에서 일체적으로 움직이는 것이고 기업집중은 수직적 결합 등을 통한 진입장벽의 강화(새로운 사업을 시작하려는 것을 막음)의 비결합경쟁자(결합에서 빠진 같은 산업의 기업)의 배제행위 같은 경쟁제한적 효과를 얻거나 혼합적 결합과 같이 관계가 없어 보이는 산업 간의 결합을 통해 상호 서비스제공 등의 효과를 얻는 것이다.391) 기업집중에서 주식소유비율이 지주회사를 형성할 경우에는 실제적인 집중으로 기능할 수 있다. 이 밖에 자본참가나 콘체른 계약이 아닌 인적결합에 의해 기업집중이 가능할 수 있다.

1) 집적(다각경영)

한국 신문사업의 집적(다각경영)은 1960년대 후반 각 신문사가 다투어 주간지를 발행하기 시작한 것을 본격적인 것으로 볼 수 있다.392)

그 이전에도 스포츠, 음악 등의 부대사업을 펼치기는 했으나, 대개 신문사의 홍보나 독자에 대한 서비스의 일종으로 수입원으로 보기는 곤란하므로 여기서는 주로 1960년대 후반 이후에 한하여 살펴보겠다. 또 이 시기는 상업TV 방송국의 개설로 신문의 광고수입이 침식되기 시작할 때인데 그 영향은 1970년대 중반에 크게 나타났으나 이 시기에 이미 신문사로 하여금 다각경영에 참여토록 하는 원인으로 작용했다고 본다.393)

---

391) 공정거래백서, 378-400쪽을 참조할 것.
392) 1960년대 이후 발행된 5대 신문사의 현존정기간행물은 다음과 같다.

1970년대의 다각경영은 신문과 방송의 집중형식이 우세했는데 동아
일보사가 라디오 방송국을 그리고 1974년에는 중앙일보사가 TV와 라
디오 방송국을 함께 운영했다.[394]

그러나 1980년의 언론통폐합조치는 신문과 방송의 분리를 가져와
신문산업의 다각경영이 줄어들었다. 그런데 방송산업의 수익이 매우
컸으므로 이로 인한 손실을 신문과 다른 분야를 통해 보완하기 위해
신문산업은 다투어 잡지, 출판을 추가 발행하였고 또 새로이 교육문
화사업에 적극 참여했다.[395]

신문사	발행잡지
동아	신동아('64), 소년동아일보('65), 동아연감, 여성동아(이상 '67), 스포츠동아('78), 음악동아, 월간 ∝및(이상 '80), 과학동아('86)
서울	선데이서울('68), 주간스포츠(75), 주간TV가이드('71), 예술과 비평('84), 스포츠서울('85)
조선	소년조선일보('65), 주간조선('68), 월간조선, 월간산(이상 '80), 월간낚시('84), 가정조선('85)
중앙	주간중앙('68), 소년중앙('69), 여성중앙('70), 학생중앙('73), 계간미술('76), 문예중앙('78) 영레이디('81), 이코노미스트, 음악세계(이상 '84)
한국	소년한국일보('60), 주간한국('64), 주간여성, 일간스포츠(이상 '69), 월드테니스('83), 스포츠레저('84)

* 괄호 안은 창간연도임.
* 자료: '87 신방연

393) '77 신방연, 63쪽.

394) 이렇게 합병한 기업은 완전한 결합을 통해 강한 시장지배력과 생산합
리화 기반을 가질 수 있어 기업집중의 목적을 가장 효과적으로 달성할
수 있다고 한다.

395) 위의 주 26)에서 보면 1980년대 들어 다시 잡지발행이 활발해졌다. 자
세한 것은 잡지화보 86. 5, 5-11쪽을 참조할 것.

〈표 3.4-5〉 5대 신문사 매출액과 다각경영 현황

(단위: 백만 원, 86년 말 현재)

	전체	신문	광고	인쇄	출판	문화사업	임대	관리비	기타
동아 매출액	61,130	47,243			13,081	2,347			−1,541
동아 내용		동아일보 소년동아일보			스포츠동아 등 7종	고교야구대회 등 31			
서울 매출액	52,591	15,864	27,488	6,821		127	847	1,444	
서울 내용		서울신문 스포츠서울			선데이서울 등 5종	사이클대회 등 13			
조선 매출액	57,217	18,567	32,232	906	4,936	355	221		
조선 내용		조선일보 소년조선일보			주간조선 등 5종	고교야구대회 등 14			
중앙 매출액	73,688	41,498			18,478	13,711			
중앙 내용		중앙일보			주간중앙 등 9종	고교야구대회 등 14			
한국 매출액	50,136	14,088	32,293	810	1,524	1,420			
한국 내용		한국일본 소년한국일보일간스포츠 등			주간한국 등 5종	고요야구대회 등 20			

*한국의 경우 도서수입을 출판에 사업을 문화사업에 각각 포함했음.
*출판은 정기간행물 중 무가를 제외한 유가지만을 뜻함.
*문화사업은 비영리적인 것을 포함.
*자료: '87 신방연 및 5개 신문사의 '86 감사보고서

위의 〈표 3.4-5〉 중 중요한 몇 가지만 설명하면 첫째로, 일간신문의
경우 1985년 서울신문사 발행의 스포츠서울이 1980년 이후 창간된 유
일한 신문이라는 점이 특징이다. 서울신문사는 한국방송공사가 전체
주식의 99.39%를 소유하고 있고 그 KBS는 정부의 관할하에 있으므
로 새로운 일간지의 발행은 국가의 특혜에 의한 것으로 볼 수 있다.
스포츠신문의 신규 발행은 광고수입을 통해 서울신문사의 이윤을 증
대시키고 1988년 서울올림픽 개최와 함께 스포츠열기를 조성하여 국
민을 탈정치화시키는 목적을 갖고 있다고 하겠다. 이 밖에도 소비주
의 조장, 저속한 대중문화 보급 등을 들 수 있겠다.

둘째로 잡지, 출판은 언론통폐합의 영향도 있겠으나 그 이전부터
신문산업과 가장 가까운 인쇄, 출판에 해당하여 계속 확대되던 분야
이다. 그러나 신문산업과 같은 대기업의 잡지, 출판진출은 기존 중소
업체의 많은 반발을 받고 있다.

> "신문 자체만으로는 경영의 벽에 부딪치게 됨에 따라 각 사마다 탈출
> 구를 마련하기에 기를 쓰고 있다. 그 대표적인 예가 출판시장 참여이다.
> 정기간행물은 물론 단행본 시장에까지 깊숙이 들어가 영세출판업자들을
> 누르기 시작하고 있다."[396]
> "신문산업의 잡지, 출판은 또 잡지, 출판 전문산업에 비하여 프레스카
> 드의 발급 소득세대상에서 취재비로 일정액 공제 및 우편요금의 차이로
> 혜택을 입고 있다."[397]

---

396) '80 신방연, 128쪽.
397) 잡지화보, 87. 8, 4-5쪽. 이들의 문제점은 다음과 같다.
　　먼저, 잡지기자는 보도증(프레스카드)이 발급되지 않으며, 취재수당
에 대한 세제공제 혜택과 복리, 후생의 대상에서 제외된다. 다음에 잡
지는 우편판매 시 일간 및 주간신문보다 비싼 요금을 지불해야 한다.
세 번째는 1980년대 이후 신문사의 잡지발행경쟁으로 현재 65종의 잡

셋째로 위에서 인쇄는 타 신문의 인쇄, 즉 외간(外刊) 사업을 일컫는다. 각 신문사는 막대한 비용의 기계시설을 일정한 신문발행시간에만 사용하므로 많은 시간 동안 놀릴 수밖에 없다. 그러나 생산도구는 새로운 기계의 발명으로 노후화(사회적 마모)되기도 하므로 더 많은 가동을 통해 감가상각비를 빨리 회수할 필요가 있다. 따라서 다른 신문(주간, 월간)의 발행을 통해 윤전기를 가동 이윤증대를 추구하는 것이다.

넷째로 문화사업은 다른 것에 비해 비교적 신문산업의 선전을 목적으로 하는 정도가 크다고 하겠다. 신춘문예, 음악콩쿠르 및 스포츠대회는 그 자체가 신문산업의 권위를 나타낸다고 하겠다. 그것은 또 그러한 대회의 입상자를 신문에 보도하여 부각시키는 대중매체의 특성에 기인한다.

마지막으로 임대사업은 필요 이상의 대형빌딩을 건축하여 얻는 여러 가지 이익의 가장 단순한 형태이다. 제1단계에서 설명했듯이 고정자본은 그 자체가 훌륭한 투자대상이며 특히 건물은 사세를 상징하는 간접적인 효과도 나타낸다고 하겠다.

이상에서 신문산업의 다각경영의 논리와 그 상황을 살펴보았다. 이러한 다각경영이 신문산업자본의 이윤증대를 위한 것임은 이들이 대부분 유망한 산업이며 또 그 속에서 신문산업이 정부의 특혜와 비교적 큰 자본의 규모로 인해 유리한 입장에서 활동함을 볼 때 더욱 분명하다고 하겠다.

지를 발행하고 있는데 이들 잡지는 신문사의 광고(정식 또는 별도의 광고지면을 첨부함)에 힘입어 판매경쟁에서도 유리하다. 그러나 신문사 발행의 잡지는 극도의 상업주의에 치중, 비윤리적인 내용을 담아 1987년 상반기 동안(1월-6월) 한국도서잡지 주간신문 윤리위원회로부터 129건의 제재조치(총 156건 중 약 83%)를 받기도 했다.

그러면 신문산업의 다각경영이 사회구성체의 제 세력과의 관계에서 어떤 영향을 끼치는지 살펴보자.

첫째, 신문산업 내부의 측면에서 볼 때 다각경영은 경기변동의 영향을 받지 않고 안정적인 이윤을 얻을 수 있도록 보장해 준다. 예컨대 경기변화로 신문산업의 주 상품인 광고, 수입이 감소할지라도 신문 이외의 다각경영이 전체 매출액의 10-40%를 차지하므로 이를 통해 그 영향을 최소화할 수 있을 것이다.

둘째, 신문자본가의 노동자에 대한 통제의 폭을 넓혀 준다. 신문자본가의 명령을 거부하는 노동자를 해고할 경우 물의를 일으켜 신문판매부수의 감소 등 큰 피해를 일으킬 수 있다. 그러나 그에 대한 벌로서 신문사 기자일 경우 기자직과는 관계없는 다른 직종으로 배치함으로써 같은 효과를 별 문제없이 자연스럽게 낼 수 있을 것이다.[398] 또한 신문발행의 기계화 및 자동화에 따른 인원감축을 사업확대를 통해 해결할 수도 있을 것이다.

셋째, 여러 업종에 참여하는 과정에서 국가가 법적, 제도적으로 개입하게 된다. 국가는 앞에서의 예와 같이 주로 신문산업에 유리하게 개입하므로 이 경우 이해가 대립되는 중소잡지, 출판업 등은 피해를 입을 것이다.

---

398) 1970년대 중앙일보는 인사고과제도에서 D를 받은 기자는 3개월 대기발령 후 해직시키고 C를 받은 기자는 타 직종으로 돌리거나 삼성방계회사로 전출시켰다고 한다. 김태홍, 위의 글, 279쪽.
이러한 일은 최근에도 방송사를 포함한 제 언론사에서 일어나고 있다. 그 예로 1987년 신문, 방송사의 언론자유수호 선언 이후 포항 MBC는 '지방사 보도, 편성, 경영의 자율성'을 주장한 당사 기협분회장 2명의 기자를 총무부로 무기한 대기발령을 내렸다. 이러한 타 부서 배치는 해고와 함께 기자를 통제하는 언론사 사장의 무기이다.

2> 집중

기업집중은 광의로는 카르텔, 트러스트, 콘체른 등을 모두 포함하는 것이겠으나 협의로는 개별 참가기업들이 의사결정의 독립성을 상실하고 하나의 조직체로 통합되거나 안정적으로 지배－종속관계를 형성하는 과정 및 형태를 의미하기도 한다.399) 기업집중은 한마디로 말해 기업의 외연적 성장과 확대를 의미하는 것으로서, 일반적으로 시장지배강화, 경영합리화, 금융원활화 등의 목적하에 이루어진다. 즉 이를 좀더 구체적으로 말하면, 시장지배력의 유지, 강화, 규모의 경제성 제고, 제품다각화를 통한 위험의 분산, 경영능력이나 기술의 흡수 또는 보완, 세제상의 이익도모, 부실기업의 구제, 재벌건설, 인사의 탄력화 등 여러 가지 목적이나 동기하에서 이루어진다.400)

그런데 이러한 기업집중의 개념을 신문산업에 적용할 때 유의할 점은 신문산업이 스스로 기업집중을 해나가는 주체라기보다는 다른 산업의 한 부분으로 출발한 경우이다. 중앙일보사가 삼성그룹 산하의 신문이고 동아일보사의 대주주가 경방그룹의 대주주인 사실에서 보듯이 신문산업이 중추적인 역할보다는 관련기업의 한 부분으로서 존재하거나 형식상보다는 내용적으로 밀접한 관련을 맺고 있다. 조선일보사나 한국일보사의 경우는 물론 신문산업을 중심으로 해서 기업집중을 하였다고 볼 수도 있으나 이 경우는 그 규모가 상대적으로 작은 점을 감안하여야 할 것이다. 따라서 신문산업은 대그룹일 경우에는 상하기업으로 소그룹일 경우에는 중추적인 기능을 담당하는 지주회사로 존재한다고 하겠다.

---

399) 경제기획원, 위의 책, 386-7쪽. 여기서 사용하는 '집중'이란 개념은 시장점유율의 크기를 뜻하는 것이 아니다.

400) 같은 곳.

각 신문사의 기업집중 현황은 그 방식에 따라 크게 자본참가에 의한 것과 콘체른에 의한 것 두 가지로 볼 수 있다. 전자는 투자의 성격이 강해 한 기업이 투자대상기업을 지배할 수 있는 정도는 되지 않은 채 일종의 카르텔적인 협조관계를 설정한 것이라고 하겠다.[401] 이 경우는 다시 각 참가기업 간의 세력관계 여하에 따라 각각 동률의 지주비율을 갖는 대등적 참가(Co-Ordination)와 한 참가기업이 다른 참가기업에 비해 높은 지주비율을 갖는 비대등적 참가(Sub-Ordination)로 나누어 진다.[402] 콘체른에 의한 것은 자본참가를 바탕으로 하여 기업 간의 지배, 종속관계가 형성될 경우에 그 관계를 계약형식에 의거 명확하게 규정하여 보완하는 것이다.[403] 이는 일반적으로 관계회사로 불린다.

그러면 신문산업의 집중을 사회구성체의 제 세력과 연관하여 살펴보자.

먼저, 신문산업자본가들의 카르텔 형성이 특징이다. 이는 주로 신문협회를 통해서 이루어지는데 한국 신문잉크(주)의 설립이 그 대표적인 예이다. 물론 이러한 카르텔은 분석대상인 5개 신문사 외에도 전체 신문사가 다 참여하는 것이지만 그 과정에서 각 사의 크기에 따라서 약간씩 차별화가 이루어지기도 한다.

다음에 복합기업으로 불리는 신문산업과 타 산업의 연관이다. 신문산업은 이러한 관계로 한때 '방탄신문' 등으로 불리기도 하였는데 공익추구의 명목적 규정이 1966년 삼성그룹의 '사카린밀수사건'에서 보듯이 사익옹호로 되는 것에서 실제로 나타나기도 한다.[404]

---

401) 같은 책, 390쪽.

402) 같은 책, 390-1쪽.

403) 같은 책, 391쪽.

404) 추광영은 미디어에 대한 가장 오래된 비판은 미디어 소유주들이 자신의 기업이익, 개인적 취향, 정치적 선호 등 사적 이해득실에 따라 언론을 개

끝으로 이러한 신문산업의 기업집중을 통한 성장에는 국가의 직, 간접적인 지원이 있다고 볼 수 있다. 신문사의 설립을 비롯하여 차관, 은행융자 등을 통해서 사옥을 신축하거나 새로운 회사를 설립하는 데 국가가 개입하기 때문이다. 예컨대, 삼성그룹의 신문사설립에 국가의 협조를 받은 것이나 1973년 대한일보의 폐간[405] 그리고 언론통폐합에서 보듯이 국가는 신문기업의 생사여탈권을 쥐고 있다고 할 수 있다. 국가는 또 스스로의 통제하에 있는 서울신문사를 한국방송공사(KBS)를 통해 기업집중 상태로 두기도 한다.

이상의 내용을 간단히 그림으로 나타내면 다음과 같다.

〈그림 3.4-5〉 신문산업의 집중

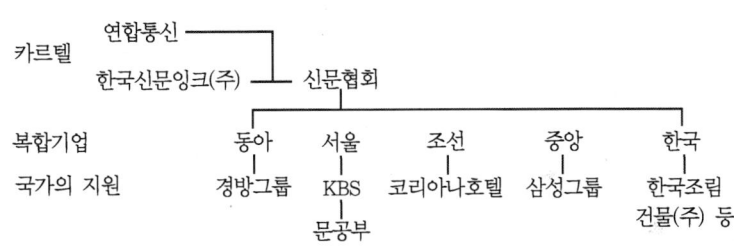

인적 무기로 사용하고 있는 것이라고 한다. 한비사건 시 중앙일보의 보도태도 역시 "기업복합화에 따라 언론이 방계기업의 수단으로 전락하여 그룹 내 타 기업의 제품판매 선전의 도구로 이용되고 있는" 예 인데 이러한 경향은 더욱 심화된다고 한다.

추광영, 기사연 편, 위의 책, 26쪽.

한편 이병철도 그의 자서전에서 한비사건에 대해 비판한 국회의원들에 주목, 이들의 선거에 방송중계차를 동원하여 부정선거사례를 포착, 폭로하여 낙선시켰다고 말하고 있다. 이병철, 호암자전, 중앙일보사, 1982, 190-1쪽.

405) 남선우는 1973년 대한일보의 폐간에 대해 당시 정부가 추진하던 1도 1지제를 포함한 언론통폐합과정에서 대한일보 발행인(김연준)이 박정희가 싫어하는 장군에게 뇌물을 주고 수재의연금을 횡령했다하여 기소되자, 그 부인이 '자진해서' 폐간하기로 동의한 것이라고 설명한다.

남선우, 위의 글, 112쪽.

(4) 조세

신문산업이 한편으로 신문과 광고를 판매하고 다른 한편으로 다각
경영과 기업집중을 통해 성장해 가는 과정에서 획득하는 이윤은 최종
단계에서 법인세 등의 조세를 공제한 다음에야 비로소 축적에 사용될
수 있다. 이 때문에 조세는 신문산업의 최종 이윤율을 결정하는 중요
한 요인이라고 할 수 있다.[406] 실제로 신문산업은 〈표 3.4-6〉과 같이
일반적으로 획득한 이윤의 40% 내외를 세금으로 지불하고 있어 이러
한 세금납부를 큰 부담으로 여기고 있다.

〈표 3.4-6〉 5대 신문사 조세(법인세 등) 납부액

(단위: 백만 원)

	1985년				1986년			
	법인세차감전순익	법인세 등	당기순이익	세율(%)	법인세차감전순익	법인세 등	당기순이익	세율(%)
동아	2,277	858	1,419	37.7	4,013	1,794	2,309	43.7
서울	-853		-853		793	209	584	26.4
조선	2,674	1,264	1,410	47.3	2,165	1,314	851	60.7
중앙	515	216	298	41.9	651		651	0
한국	1,548	622	925	40.2	1,714	698	1,025	40.2
총계	6,161	2,960	3,201	48.0	9,426	4,006	5,418	42.5

*자료: 5대 신문사 '85, '86감사보고서

따라서 각 신문사는 세금납부액에 큰 관심을 갖고 세금납부액을 줄
임으로써 이윤증대를 꾀하려 하는데, 이와 비슷한 예는 앞에서 신문

---

406) "기업의 최대 관심은 두말할 필요도 없이 이윤이며, 그중에서도 세금을
납부하고 남은 이윤, 즉 조세 후 이윤율(after-tax profit rate)이다."
김대환, 위의 책, 312쪽.

용지에 따른 관세율의 인하와 신문판매에서의 우편요금의 인하에 신
문협회와 판매협의회 등의 로비(섭외)활동이 주요한 역할을 한 데서
미루어 알 수 있다.[407] 그러나 조세는 또한 국가 활동의 물질적 기반
인 재원으로 사용되므로 국가로서도 결코 쉽게 처리할 수 없는 대상
이다. 오히려 오늘날 대개의 국가는 해마다 재정규모를 확대하면서
그 활동의 폭을 확대해 가고 있는 실정으로[408] 이를 충당하기 위해
서는 그에 상응하는 정도로 조세율을 인상시켜야 할 형편이다.

조세가 갖는 이러한 속성은 오히려 앞에서 국가가 신문산업의 성장
을 조장하는 활동을 행해 온 이유의 다른 측면을 보여준다.

즉 국가의 개입으로 인해 신문산업이 성장할 경우 국가는 다시 조
세의 징수를 통해 경제적 이익을 획득하는 것이다. 이것은 국가가 조
세징수를 통해서, 즉 조세납부자를 통해서 존립하므로 조세징수액을
증가시키기 위해서는 조세납부능력을 형성, 확대시킬 필요가 있기 때
문이다.[409]

그러므로 신문산업은 지금까지 국가가 신문산업의 이윤증대에 기여
한 데 대해 신문의 내용에 지배이데올로기를 담아 민중에 전달, 유포
하는 것과 더불어 스스로의 이윤의 일부를 국가에 제공한다고 볼 수
있다. 이러한 신문산업의 국가에 대한 경제적 기능은 또 해마다 열리
는 각종 성금모금운동에 의해서도 행해진다고 할 수 있다.[410] 그것은

---

407) "각 기업은 전 기업의 평균 이윤율에 관심이 있는 것이 아니라 자신의 이
　　윤율에 관심을 갖는다. 그렇기 때문에 기업들은 자신의 이윤율을 제고시켜
　　주는 정책들을 실시하도록 정부에 촉구하기 마련이다. 각 기업들은 조세감
　　면, 보조금 지출, 높은 가격 등을 위해 정부를 상대로 로비활동을 한다."
　　같은 책, 314-5쪽.

408) 같은 책, 289-91쪽.

409) 같은 책, 319-28쪽을 참조할 것.

방위성금, 재해의연금, 원호성금, 이웃돕기성금과 같은 모금운동의 목적이 국가가 담당하고 있는 국방이나 사회복지 분야인데도 불구하고 신문산업이 직접 국민으로부터 성금을 거두어 들여 국가에 제공하기 때문이다. 이러한 각종 성금모금운동은 또 단순히 경제적 기능뿐만 아니라 효과적인 이데올로기적 기능도 하는데[411] 특히 사회의 구조적 모순으로부터 발생한 빈민문제를 근본적으로 해결하는 대신 이웃돕기성금을 통해 가시적인 차원에서 일시적으로 은폐하는 점에서 그러하다고 하겠다.

〈표 3.4-7〉 각종 성금 모금실적[412]

(1981년 현재, 단위: 백만 원)

모금종별	연도	모금액	모금종별	연도	모금액	모금종별	연도	모금액
방위성금	1968	270		1979	1,850		1971	44
	1969	214		1980	1,291		1972	339
	1974	1,329		1981	1,427		1973	2
	1975	5,955		소계	10,175		1974	348
	소계	7,767	수재의연금	1961	12		1975	
원호성금	1977	4,310		1962	13		1976	12
	1978	5,357		1963	20		1977	1,547
	1979	3,844		1964	8		1978	1,191
	소계	13,512		1965	12		1979	3,270

---

410) 신협 20년 제3장 6절 신문의 공공, 선전사업을 참조할 것.

411) "각 신문사는 많은 사업을 벌인다. 이 사업을 통해 자회사의 선전을 노린다. 이 밖에 갖가지 운동, 즉 프레스 캠페인도 벌인다. ─이러한 캠페인은 그 신문사의 선전효과를 노린 것이지만 공기(公器)로서의 신문이 지닌 지도기능과 결합기능을 살려 민중을 지도하고 계도함으로써 어느 목적에 결합시켜 사회발전에 공헌하는 효과를 가져온다."
같은 책, 257쪽.

모금종별	연도	모금액	모금종별	연도	모금액	모금종별	연도	모금액
이웃돕기성금	1974	146		1966	0.4		1980	4,688
	1975	909		1967	13		1981	3,969
	1976	2,149	수재의연금	1968	50		소계	15,580
	1977	1,547		1969	37	합계		47,034
	1978	858		1970	5			

1. 방위성금과 원호성금 모금류 중에는 외화가 합산됨.
2. 75, 79년도 이웃돕기 성금모금액 중에는 재일동포 모국 방문돕기 성금이 포함됨.
3. 76년도 이웃돕기 성금모금액 중에는 수재의연금이 포함됨.
*자료: 신협 20년, 262-3쪽

이상에서 조세가 신문산업에서 갖는 제 의미를 살펴보았다. 그러나 여기서 주의할 점은 조세가 국가에 대해 경제적 기능을 하는 점이 과대평가되어서는 곤란하다는 것이다. 왜냐하면 그러한 목적은 다른 산업을 통해서도 충분히 가능하며 신문산업에서는 이것이 어디까지나 이데올로기적 목적을 달성하기 위해 신문산업의 성장을 조장하는 과정에서 발생하는 부수적인 기능이기 때문이다.

그러면 조세가 신문산업과 국가와의 관계에서 갖는 의미를 간단히 그림으로 나타내면 다음과 같다.

〈그림 3.4-6〉 조세를 둘러싼 개입요인

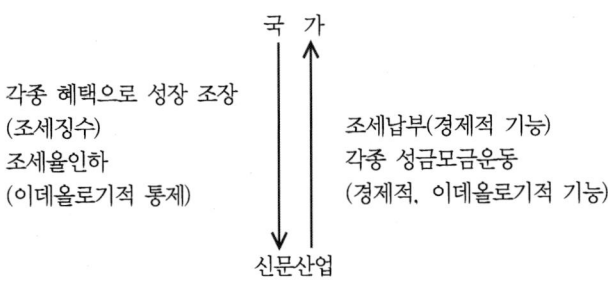

각종 혜택으로 성장 조장
(조세징수)
조세율인하
(이데올로기적 통제)

조세납부(경제적 기능)
각종 성금모금운동
(경제적, 이데올로기적 기능)

412) 각종 성금운동의 부문별 내역은 같은 책, 506-7쪽을 참조할 것.

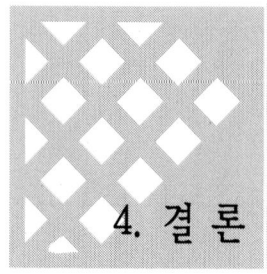

4. 결 론

1) 한국 신문산업의 성격

(1) 경제적 성격

1〉 신문자본가

우리는 앞에서 현대 한국 신문산업을 자본 순환운동의 관점에서 분석하고 1980년 이후 나타난 각 신문사의 자본금의 변동에서 신문산업 자본도 다른 산업자본과 마찬가지로 확대재생산하고 있음을 확인했다. 또한 그러한 순환의 각 단계를 차례로 살펴보면서 신문산업의 성장이 일어나는 구조적 기제를 밝혀 보았다.

여기서 신문산업의 성격을 보여주는 가장 중심이 되는 논리는 신문 산업자본의 인격화된 존재인 신문산업자본가가 이윤증대를 위해 신문 산업과 관련되는 사회의 제 요인에 작용하고 또 대응하는 것이라고 볼 수 있다. 신문산업자본가의 이러한 활동은 순환의 각 단계에서 작용하는 이윤율의 결정요인에 따라 다양한 증대방안을 사용하는 것으로 나타난다.

먼저 제1단계에서 신문산업자본가는 가급적 낮은 가격으로 생산요소(생산수단과 노동력)를 구매하여 이윤율을 증대시키길 원하는데 이때 윤전기나 신문용지와 같은 생산수단의 구매에 국가의 개입을 필요로 한다. 이에 따라 국가는 신문산업에 대해 이들 생산수단의 수입허가와 관세인하 또는 이의 구입자금을 저리(低利)로 융자받을 수 있도록 하는 등 유리하게 개입한다.

한편 이 단계에서 신문산업에 자금을 조달해 주는 국내자본(은행)과 제국주의 자본(차관)을 생각할 수 있는데 신문산업이 이들의 자금에 의존한다는 사실은 신문산업자본가로 하여금 원리금(元利金)을 갚기 위해 이윤증대(자본의 논리)에 더욱 투철하도록 재구조화한다고 볼 수 있다.

이 밖에도 통신기사를 제공하여 신문의 사용가치를 증대시키고 제조원가를 낮추도록 하는 국제통신사와 국내통신사(연합통신)를 들 수 있다. 그러나 국가를 제외한 제 요인들의 개입은 국가를 매개로 하여 존재하거나 또는 그 스스로의 논리에 따른 것으로 국가에 비해 상대적으로 미약하다고 하겠다. 그것은 시중은행과 연합통신이 주식소유 상황에서 볼 수 있듯이 사실상의 국영기관의 성격을 띠고 있음에서도 잘 나타난다.

다음에 제2단계에서 신문산업자본가는 생산수단과 노동력을 결합하여 상품(신문)을 생산하는데 이 과정에서 자신의 이윤증대 목적과 일치하는 신문을 만드는 데서 나타나는 현상이 있다. 즉 신문의 교환가치는 그 내용인 정신적인 사용가치를 담지자로 하고 있으므로 정신적인 사용가치는 그에 주목하여 신문산업에 유리하게 개입하는 제 요인들의 요구를 충족시켜 주는 성질이어야 할 것이다.

그러나 생산의 담당자인 기자(정신노동자)는 지식인(인텔리겐차)의 속성을 갖고 있다. 그러므로 기자는 신문의 사용가치를 사회의 진보적 발전에 부응하도록 만들려는 측면을 지니는데, 신문자본가와 제 요인은 이러한 현상을 막기 위해 기자에 대하여 다양한 통제방식을 취하게 된다. 여기서 가장 두드러진 요인으로 신문자본가와 함께 국가를 들 수 있다. 신문자본가의 통제는 노동과정에 대한 일반적인 통제의 근거인 해고의 권리에 정신노동자의 특성을 고려하여 이를 강화시키기 위해 높은 임금을 지불하는 것이 특징이다. 국가의 통제는 신문의 내용이 자신의 존립과 평가를 비롯한 사회체제의 재생산에 미치는 영향이 막대한 데 따라 법, 제도 등의 공식적 방식과 회유, 압력 등의 비공식적 방식을 병행하며 신문의 사용가치가 지배이데올로기와 일치하도록 강제한다. 여기서 이러한 국가의 통제는 신문자본가의 이윤증대와 계급적 기반에 따른 신문 내용의 결정방향과 일치한다고 하겠다.

끝으로 제3단계에서 신문산업자본가는 신문판매를 통해 생산과정에서 증식시킨 잉여가치를 실현시키는데 이때 신문상품의 특성상 신문 자체로부터 나오는 신문수입과 신문판매로부터 창출된 독자를 광고주에 팔아넘기는 데서 나오는 광고수입의 두 가지 형태를 갖는다. 이들 신문수입과 광고수입은 밀접한 관계를 맺고 있는데 신문의 판매로부터 나타난 판매부수가 다시 그 양과 질에 따라 사용가치를 가지며 교환(판매)을 가능하게 한다.

신문수입은 부수와 구독료에 의해서 결정되는데 전자를 늘리기 위해서 신문산업은 치열한 경쟁을 하는데, 이러한 경쟁에 따라 신문의 내용이 흥미 위주의 저속하고 자극적이며 선정적인 경향을 띠기도 한다. 그러나 전자와 달리 후자의 경우 신문산업의 카르텔을 형성하여 정기적으로 구독료를 인상시키고 또 판매에 부수되는 우편요금이나 철도요금의 상대적 인하(제3종 우편물 인가 등을 통해서 다른 상품에 비해서 낮도록 책정하는)를 위해서 국가와 교섭한다. 이와 함께 자체적으로 지방에 대한 공동 운송을 실시하여 비용을 절감하고 또 부수공개를 금지하여 판매경쟁을 제한하기도 한다.

광고수입은 앞의 신문부수에 의해 결정되는 광고단가와 역시 그로부터 영향받는 광고량에 의해서 결정된다. 그러나 한국의 경우 부수공개제도가 없기 때문에 광고수입에 의한 신문부수의 영향을 정확히 파악하기는 곤란하다. 이에 따라 광고수입의 증대는 신문지면의 정기적인 증면이나 단수조정, 카르텔에 의존하여 이루어진다고 하겠다. 오늘날 신문산업의 판매수입 중 광고수입은 가장 큰 비율을 차지하고 있는데, 그에 따라 광고를 제공하는 광고주(국내독점자본)의 신문산업에 대한 영향력이 확대된다고 하겠다. 그것은 주로 광고의 효과를 높이기 위한 편집과정에의 개입(광고와 기사의 결합, 광고를 뒷받침하는 기사게재)과 광고주인 국내독점자본의 성장에 따른 중소기업의 몰락(독과점형성)이나 이윤추구과정에서 나타나는 제 현상(노동조건의 악화, 공해유발 등)이 빚어내는 부정적인 이미지를 호의적으로 바꾸기 위한 의도적인 보도, 편집이라고 하겠다. 이러한 목적은 또 독점자본으로 하여금 직접 신문산업에 진출하도록 하는 동기로 작용하기도 하는데 대표적인 예로 중앙일보를 들 수 있다. 한편 이와 반대로 신문산업이 높은 성장을 통해 다각경영과 기업집중을 확대해 나가기도 하는데 한국의 5대 신문사는 모두 그러한 경영에 해당한다.

이상에서 한국 신문산업의 성격을 결정하는 가장 중요한 요인으로서 신문산업자본가를 들어 살펴보았다.

2〉 자본

20세기에 들어와 자본주의의 발달은 주기적으로 과잉생산과 저소비로 특징되는 공황을 일으켜 체제의 위기에 직면한다. 산업자본은 이러한 위기를 극복하기 위해 공급을 축소시키지 않고 인위적으로 수요를 창출하며 판매를 촉진시키는 방법을 사용하게 된다. 이러한 방법은 주로 광고를 통해 이루어지는데 신문광고도 그중의 하나이다.

따라서 신문산업은 광고를 통해 전체 산업자본 순환의 보조적 역할을 한다고 볼 수 있다. 이러한 광고의 성격은 신문산업에도 영향을 미쳐 오늘날 광고수입의 증대로 신문산업의 존립 목적이 광고에 있는 것으로 보일 정도이다.

광고가 신문산업에 미치는 영향은 광고주인 국내독점자본이 신문산업의 성격을 결정하는 주요한 요인임을 뜻하는데 그것은 상품광고나 국내독점자본의 이미지에 대한 직접적인 개입 외에도 편집의 성격을 구조적으로 결정하는 것으로 나타난다.

편집의 내용에 대한 구조적 결정은 먼저 광고의 존재 그 자체가 신문부수에 영향받는 데서 나오는 것으로 가급적 많은 독자를 확보하기 위해 주로 흥미 위주의 선정적인 기사를 싣는 것이다. 이와 함께 광고의 목적에서 나오는 소비주의의 조장을 들 수 있다. 선정적인 내용 외에도 향락적이고 퇴폐적인 내용을 담은 기사는 자본주의 이데올로기인 '물질만능주의'를 조장하여 상품의 무분별한 소비를 촉진시키는데 이는 결국 독점자본의 이해와 일치하는 것이다.

이 밖에도 국내독점자본의 형성에서 볼 수 있는 매판적 성격을 들 수 있다. 그것은 신문산업이 국내독점자본에 기여하는 역할이 제국주의 자본과 밀접한 연관을 맺고 있음을 의미한다. 즉 제국주의 상품이나 상표를 선호하는 이데올로기를 조장함으로써 제국주의 자본의 이익을 실현시킨다고 하겠다.

이상에서, 한국 신문산업의 성격에 영향을 미치는 요인으로서 국내독점자본을 들고 그것이 매판성을 띠고 있으며 신문의 내용을 자본주의 이데올로기와 제국주의 이데올로기로 구조화함을 보았다.

3〉 국가

신문산업의 국가에 대한 경제적 성격으로 조세와 각종 성금모금운동을 들 수 있다. 이들은 모두 국가 활동의 물질적 기반으로 사용되는데 특히 후자의 경우는 대대적인 캠페인과 함께 이데올로기적인 효과를 수반하기도 한다. 즉 '평화의 댐 성금모금'의 경우 분단 이데올로기와 그리고 '이웃돕기성금모금'의 경우 자본주의 이데올로기와 각각 관련된다고 할 수 있다. 그러나 국가의 경제적 성격은 앞의 신문자본가나 국내독점자본에 비해 매우 미약하다고 하겠다.

(2) 이데올로기적 성격

앞에서 살펴본 한국 신문산업의 경제적 성격은 다시 '신문'의 정신적인 내용을 일정하게 규정하는 요인으로 작용한다. 이에 따라 한국 신문산업은 경제적 성격과 더불어 이데올로기적 성격을 가진다고 할 수 있다.

이러한 이데올로기적 성격은 주로 신문산업자본가와 자본 및 국가에 의해서 이루어지는데 이 중에서 가장 중요한 요인으로 신문산업자본 순환운동의 각 단계에서 다양한 방식으로 개입하고 있는 국가를 들 수 있다.

이러한 개입은 그 반대급부로서 국가가 신문산업의 편집과정에 영향을 미치는 근거로 작용하게 된다. 이와 함께 국가는 특히 직접적 생산단계에서 보도, 편집의 담당자로 신문의 내용을 결정하는 기자를 직접 통제하는데 그것은 한편으로 복지, 후생제도나 해외연수제공 등을 통해 혜택을 베풀면서, 다른 한편으로 보도증(프레스카드)의 발급이나 보도지침 등을 통해 기사 내용을 일정하게 제한하는 방식으로 이루어진다.

이러한 과정을 통해 국가는 대부분의 기사를 통제할 수 있는데, 그렇지 못할 경우에는 특정 기자에 대한 압력을 통해 보완하기도 한다.

이에 따라 신문이 담아서 독자에게 전달, 유포시키는 이데올로기로 먼저 제국주의지배를 정당화하며(친미), 다음에 이러한 체제를 유지시키고(분단), 끝으로 앞의 두 가지를 포함하여 포괄적인 목적을 위한 것(자본주의) 등을 들 수 있다. 이들의 내용과 형성방식을 '친미' 이데올로기부터 살펴보자.

국가의 편집과정에 대한 개입은 특정 이데올로기의 형성, 유포인데 그것은 국가의 발생과 존립기반에서 나온다. 즉 한국사회의 국가는 일제패망 이후 한반도에 대한 미, 소의 분단에서 출발 남한의 경우 3년간의 미군정을 거친 뒤 기본적으로 강력한 통제를 통치수단으로 하는 정부와 함께 비대한 관료조직을 갖추는 것으로 특징 된다. 이러한 국가는 그 후 40여 년간의 역사에서 보듯이 미국과 밀접한 관계를 맺으며 큰 영향을 받아 왔는데 그것은 한국사회의 국가형성에서부터 미국이 행해 온 역할에 따른 것이라고 하겠다. 따라서 국가의 신문산업에 대한 이데올로기적 개입대상으로 친미이데올로기를 들 수 있다.

친미이데올로기는 또한 국가 이외에도 한국 신문에 대해 외신뉴스

공급을 가장 많이 하고 있는 미국계 국제통신사인 UPI와 AP에 의해서도 이루어지고 있다. 이 밖에도 미국의 국가기구인 USIS와 CIA의 활동을 비롯해 미국계 다국적 기업의 영향을 들 수 있겠다.

이상에서 한국 신문산업의 이데올로기적 성격의 하나로 친미이데올로기를 들고 이에 개입하는 국가와 국외요인 등을 살펴보았다.

다음으로 '분단'이데올로기를 들 수 있다.

한국에서 분단의 형성은 세계자본주의체제의 시각에서 보아야 하는데 먼저 미국의 대소전진기지로서 의미를 갖는 점이다. 이로 인해 형성된 국가는 그러한 기능을 수행하면서 스스로를 재생산하여야 하므로 필연적으로 '국방'과 '안보'를 강조하게 된다. 따라서 국가는 이와 같은 분단이데올로기를 신문의 내용에 담도록 한다고 볼 수 있다. 이러한 예는 유신치하 신문의 활동에서 엿볼 수 있는데 그 당시 유신은 박정희 독재정권의 연장수단임에도 불구하고 '한국적 민주주의'로 미화되었다. 한편 이는 또 한국사회의 군사적·경제적 분야를 비롯한 제 부문에서 상대적으로 유리한 위치에 있는 미국의 특수한 입장과도 궤를 같이한다고 하겠다.

끝으로, 자본주의 이데올로기는 신문이 담는 가장 주된 내용으로 앞의 두 이데올로기와 같이 특정 목적을 위한 것이라기보다는 그것을 포함하는 포괄적인 것이라고 하겠다. 먼저 이는 신문자본가의 내적 논리에서 나오는데 그것은 신문자본가가 신문을 인쇄하기 위한 인쇄기와 종이, 즉 무엇보다도 우선 자본을 자기의 수중에 넣고 있는 계급이기 때문이다. 즉 자본주의 사회는 양대 계급인 자본가와 노동자를 축으로 하므로 지배계급은 그들을 유지시키는 체제를 재생산하여야 하는데 그러기 위해서는 피지배계급인 민중이 물화된 의식을 갖도록 하는 것이다.

이에 따라 신문은 탈정치화, 신비화 및 파편화된 내용을 담아 민중을 정치에서 체계적으로 배제시키며 퇴폐적이고 향락적인 분위기 속에서 소비주의를 조장하며 각각 국가와 독점자본의 재생산에 기여한다고 할 수 있다. 자본주의 이데올로기는 또 신문의 사용가치를 위해 조작, 정형화되어 안정된 교환가치를 부여하므로 신문산업의 경제적 논리와도 부합한다고 하겠다.

2) 요약 및 본 연구의 한계와 제언

본 연구는 한국 언론현상의 성격을 그 가장 대표적인 분야라 할 수 있는 신문산업을 분석대상으로 하여, 정치경제학적 접근을 통해 밝혀보고자 한 것이다.

커뮤니케이션 현상에 대한 정치경제학적 접근은 1970년대 이후 주로 유럽과 북미에서 이루어져 왔는데 이들의 연구시각과 논리는 각각 약간씩 다르기는 하나 대개 매스미디어를 그 산업적 측면에서 고찰하여 그것이 경제적 성격과 이데올로기적 성격 모두를 갖고 있다고 주장하는 점에서 공통된다.

본 연구는 이러한 정치경제학적 접근 방법을 그 출발이라 할 수 있는 막스의 정치경제학적 입장에서 재검토함과 동시에 제3세계라는 한국적 현실에 맞추어 주체적으로 적용하였다. 즉 한국의 신문산업 역시 일반산업과 같이 무엇보다도 그 산업자본의 순환운동으로부터 규정되며, 이에 따라 산업자본이 스스로 이윤증대를 추구하며 확대재생산하는 과정 속에서 그 성격을 구조화한다고 본 것이다.

본 연구는 특히 이러한 측면을 좀더 분명히 밝히기 위해서 신문산

업자본가(발행인), 신문산업정신노동자(기자), 국가, 자본, 민중 및 제
국주의세력 등을 신문산업에 작용하는 제 요인으로 두고 이들이 상호
작용을 하여 신문산업에 미치는 영향을 산업자본순환의 3단계인 생산
요소 구매, 직접적 생산 및 판매단계로 나누어 체계적으로 구명해 보
았다.

그 결과 한국의 신문산업도 위의 연구들과 마찬가지로 경제적 성격
과 이데올로기적 성격 모두를 지니는 것으로 나타났다. 이들의 내용
을 구체적으로 살펴보면 전자의 경우에는 신문산업 내에 존재하는 신
문자본가로부터 나타난 경제적 성격을 비롯하여 신문산업 외에 존재
하는 자본과 국가 등을 그리고 후자의 경우에는 전자의 요인들에 의
해서 규정되어 나타나는 '친미', '분단' 및 '자본주의' 등의 이데올로기
를 각각 두드러지게 나타난 것으로 들 수 있다.

그러나 본 연구는 다음과 같은 점에서 몇 가지 한계를 갖는다고 할
수 있다.

첫째, 본 연구가 사회구성체의 틀을 사용하였음에도 불구하고 계급
론적 시각에서의 주체설정이 미흡한 점이다. 즉 신문산업의 내적 요인
중에서 주체적인 존재라 할 수 있는 기자에 대하여 그 통제되는 측면
에만 주목한 반면, 신문산업자본가나 국가 등의 통제요인에 대응하는
측면을 충분히 다루지 못한 것이다. 이는 신문산업 외의 요인 중에서
비슷한 위치에 있는 민중에 대하여도 마찬가지라고 할 수 있다.

따라서 앞으로의 연구는 기자, 민중과 같은 요인을 주체로서 설정,
대안을 제시하고 또 이들의 대응 등을 포함하여 폭넓게 이루어질 필
요가 있다고 하겠다.

둘째, 본 연구의 분석에 사용된 개념의 구체적인 내용과 자료의 해
석방법이 갖는 객관성의 문제이다. 예를 들어 정신적인 사용가치(신문

의 내용)나 정신적인 원료(통신기사 등)와 같이 그 내용에 대한 논의가 충분히 이루어지지 않은 개념을 사용한 결과 그러한 개념은 물론 이를 사용하여 전개해 나간 논리에 오류가 있을 수 있다는 점이다.

이러한 한계는 한국 신문산업에 대한 본 연구가 그것이 성립되기 위해서 요구되는 개념의 정립 및 분석틀 설정 등에 대한 최소한의 연구성과마저 갖추어지지 못한 현실 속에서 이루어진 데 기인한다. 이는 자료의 해석에서도 비슷하게 나타나는데 그것은 본 연구의 주된 자료로서 이용된 감사보고서의 자본, 매출액 및 제조원가 등에 대한 수치가 단순히 신문에 의해서만 이루어진 것이 아님에도 불구하고 엄격한 구분 없이 그대로 이용된 것이다.

따라서 앞으로의 연구는 실제적인 현상분석과 더불어 이러한 분석을 진행하는 데 필요한 구체적인 개념, 분석틀 및 자료해석방법 등에 대한 검토를 병행해야 한다고 본다.

셋째, 본 연구의 주된 분석 시기를 1980년 이후 비교적 현재의 시점으로 설정한 데 따라서 그 이전의 시기에서 볼 수 있는 한국 신문산업의 발생사적 측면에서 나타나는 성격형성의 구조적인 과정을 체계적으로 다루지 못한 점이다.

이로 인해 오늘날의 한국 신문산업의 성격이 그 이전과 어떻게 다르며 또 그러한 차이에 작용하는 요인들은 무엇인가에 대해서는 충분히 밝히지 못했다.

따라서 앞으로는 한국 신문산업의 역사적인 변화과정에 대한 체계적인 연구가 요구된다고 하겠다.

|참고문헌|

■ 자 료

대경회계법인, 중앙일보사 강사보고서, 1985-6.

대양회계법인, 서울신문사 감사보고서, 1985-6.

동원회계법인, 동아일보사 감사보고서, 1985-6.

동화회계법인, 조선일보사 감사보고서, 1985-6.

매일경제신문사, 회사연감, 1978-87.

민주언론운동협의회, 말, 1-16호(특집호포함).

민주언론운동협의회, 말소식, 1-12호.

삼덕회계법인, 연합통신 감사보고서, 1985-6.

서울신문사 편찬위원회, 서울신문사십년사, 1985.

영화회계법인, 한국일보사 감사보고서, 1985-6.

중앙일보, 동양방송 사사편찬위원회, 중앙일보 이십년사, 1985.

한국 신문협회, 한국 신문협회 20년, 1982.

한국 언론연구원, 한국 신문방송연감, 1977-87.

한국 언론연구원, 신문과 방송, 1979. 3-1987. 8.

한국 언론연구원, 원보, 1-4호.

■ 국내문헌

강상호, 이원락 편역, 현대자본주의와 매스미디어, (미래사, 1986).

강명구, "커뮤니케이션의 문화론적 접근에 관한 소고", 한양대 언론학
　　　보 제6집, 1985.

강현두(편), 대중문화론, (나남, 1987).

궁천실, 이내영 역, 경제원론, (백산서당, 1985).

김광식, '분단국가의 성격과 민족문제', 외대학보, 1987. 10. 13.

김경근, '언론 민주화 없이 정치민주화 없다', 월간조선, '86. 8.

김규환, '최근의 한국 언론', 서울대 신문연구소학보 제22집, (1985).

김남석, "한국 언론제도 연구 시각의 비판적 고찰", 경남대사회과학논
　　집, 1987.

김대환, 자본주의의 이해, (비봉출판사, 1986).

김수행, '제국주의 국가분석과 한국국가의 외세규정성' 외대학보, 1987. 9. 22.

김승수, "자본주의 커뮤니케이션과 뉴스의 사회생산", 한대학보, 1986.
　　3. 27. 4면.

김용기, 박형준, "한국 대중매체의 사회적 성격", 공동체문화2집(공동
　　체 1984).

김정탁, "누가 신문기자가 되는가", 신문연구 42호, (관훈클럽, 86, 겨울).

김진홍, 언론통제의 정치학, (홍성사, 1983).

김희자, '한국의 지배구조', 고대신문, 1987. 5. 18.

김호진, 제3세계의 정치경제학, (한울, 1986).

녹두편집부 편, 세계철학사Ⅱ, (녹두, 1985).

박명진, "구조주의 관점에서 본 내용분석 방법", 인석박유봉박사 회갑
　　기념논총, (전예원, 1981).

박무승, 신문경영론, (탐구당, 1972).

박용상, 언론의 자유와 공적과업, (교보문고 1982).

박용상, 언론의 자유와 책임, 한국 언론 연구원, 언론인 연수교재, 81-18.

박운태(편), 현대경제학 사전, (경영사, 1978).

박찬희, '월간조선사태의 전말', 월간조선, 87. 11.

박형준, '계급론' 연세춘추, 1987. 6. 29.

박현우, "한국사회의 지배계급과 국가", 외대학보, 1987. 11. 3.

박호진 편, 문화, 계급, 선전, (백산서당, 1986).

방정배, 자주적 말길이론, (나남, 1985).

변형윤 외, 분단시대와 한국사회, (까치, 1985).

배인준, '철저해부 한국방송광고 공사', 신동아, 86. 6.

서정우, "한국공영방송의 이념과 과제", 한남대학교 청림29, 1986.

서관모, '한국사회의 계급구조', 대학신문, 87. 5. 18.

송건호, 민주언론, 민족언론, (두레, 1987).

송건호 외, 민중과 자유언론, (아침, 1984).

오진환, "개발도상국과 언론철학", 신문학보 제7호(1974).

원우현, 한국미디어 문화비평, (나남, 1987).

원우현, "한국 언론제도의 구조에 관한 서술적 고찰", 신문학보 제14
호(1981).

원우현, '신동아 사태에서 본 언론과 국가이익', 신동아, 87. 11.

이강수, "한국 신문의 제도적 성격에 대한 커뮤니케이션시스템 접근
방법" 동저, 매스커뮤니케이션사회학, (나남, 1987).

이상우, 한국 신문의 내막, (삼성사, 1969).

박 정권하의 언론탄압', 신동아, 1986. 10.

이상희, "사회체제와 Mass Communication" 한국사회학 3집, (1967).

이상희, "매스미디어 존재 양식에 대한 일고찰"

서울대 신문연구소학보 제9집, (1972).

이상희, 커뮤니케이션과 이데올로기, (한길사, 1983).

이수원, "자본주의에서의 미디어 생산물의 결정요인에 관한 연구",

서울대 신문학과 석사학위논문, 1987.

이병철, 호암자전, (중앙일보사, 1982).

이정춘, 커뮤니케이션 사회학, (범우사, 1984).

이환의, 매스컴 경영론, (열화당, 1975).

임근수, 언론과 역사, (정음사, 1984).

임영일, 이성형 편역, 국가란 무엇인가, (까치, 1985).

임채정, "밀지사건 공판시말", 신동아, 87. 7.

정상환, "매스커뮤니케이션의 정치경제학적 접근", 한국외국어대 홍보학과석사학위논문, 1987.

정수경, "한국 매스미디어 기업의 경영실태에 관한 조사연구", 서울대 신문연구소학보 제4집, (1968).

주동황, "미디어 제국주의론의 두 가지 구성개념에 대하여", 서울대 신문연구소학보 제23집, (1986).

주동황, '도이치 이데올로기'에 나타난 Verkehr 개념의 분석: 커뮤니케이션의 형성과 발전에 관하여, 서울대 신문학과 석사학위논문, 1985.

장하진, 1950년대 한국사회구조에 관한 계급론적 연구, 이화여대박사논문, 1985.

차배근, 미국 신문사, (서울대 출판부, 1984).

채 백, "미디어 제국주의에 관한 일 고찰" 서울대 신문학과 석사학위논문, 1983.

채 백, "문화적 종속과 한국" 문화운동론, (공동체, 1986).

최대훈, "신문통신기업 실태조사보고" 서울대 신문연구소학보 제2집, 1965.

최정호, '신문의 날을 맞이하여' 중앙일보, 1987. 4. 6.

최종수, "한국 신문의 구조적 성격에 관한 연구" 연세대박사논문, 1986.

추광영, 국가적 특성과 언론통제제도의 상관 분석적 연구, 신문학보, 제14호(1981).

추광영, "1960-70년대의 한국의 사회변동과 매스미디어" 성균관대 사회과학연구소, 한국사회의 변동, (성균관대출판부), 1986.

추광영, "커뮤니케이션학의 접근방법과 쟁점", 서울대 사회과학 연구소, 사회과학과 정책연구, 24집 1986, 여름.

추광영, "언론의 독점화 경향과 사회적 책임" 기독교사회문제연구소
    편, 언론과 사회, (민중사, 1983).

추광영, 커뮤니케이트권과 제3세계의 논리, 성곡논총 13집, (1982).

팽원순, "한국 정부와 통신사통합정책" 신문학보 제19호, (1983).

팽원순, 매스커뮤니케이션 법제이론, (법문사, 1985).

팽원순, "언론기본법", 대학신문, 1987. 5. 14.

팽원순, "완전한 언론자유가 국익" 신동아, 1987. 11.

한국사회학회(편), 한국사회와 갈등의 연구, (현대사회연구소, 1985).

한국산업사회연구회, 산업사회연구 제1집, (한울, 1985).

한인형, 그람시 문화이론의 실천적 특성에 관한 일고찰, 서울대 석사
    학위논문, 1987.

한국민중사연구회 편, 한국민중사 I. II, (풀빛, 1986).

■ **외국문헌**

宮川實, 經濟學講議2, 資本主義 生産樣式, 이내영 역, 경제원론, (백산
    서당, 1985).

Althusser, L., For Marx, (London; Allen Lane, 1969).

Althusser, Lenin and Philosophy and Other Essays, (New York;
    Monthly Review Press, 1971).

Althusser, L. and Balibar, E., Reading Capital, (London; NLB, 1970).

Bottomore, T.(eds.), A Dictionary of Marxist Thought, (Harvard
    University press, 1983).

Freiberg, J. W., The French Press, (New York; Praeger, 1981).

Glucksman, M. Structuralist Analysis in Comtemporary Social Thought:
    A Comparison of the Theories of Claude Levi-Strauss and Louis

Althusser,

정수복 역, 구조주의와 현대 마르크시즘, (한울, 1983).

Golding, P. The Mass Media, (Harlow: Longman, 1974).

Golding, P. and Murdock, G., "Confronting the Market; Public and Press diversity", in J. Curran(ed.), The British Press: a Manifesto, (Macmillan, 1978).

Gramsci, A., The Prison Notebooks, 이상훈 역, 옥중수고 I - 정치편, (거름, 1986).

Haye, Yves de la, "The Genesis of the Communication Apparatus in France", in Mattelart, A. and Sieglaub, S.(eds.), Communi- cation and Class struggle, Vol. I, (New York: International General, 1979).

Jakubowski, F., Ideology and Superstructure, 윤도현 역, 이데올로기와 상부구조, (한마당, 1987).

Kim Seung-soo, "Marketing Ideology: Media as a Means of Con- fronting Popular Resistance", A Report to the University of Maiduguri, Nigeria, 1987.

Kim Seung-soo, The Communication Industries in Modern China: Between Maoism and the Market, a thesis submitted for the degree of Doctor of Philosophy, the University of Leicester, 1987.

Lee Hyo seong "Overcoming Reified and Administered Communication: A critical Analysis of Theodor W. Adorno's Theory of the Culture Industry" Chapter II.

Marx, K., "Preface to a Contribution to the Critique of Political Economy" in K. Marx and F. Engels Selected Works Vol.1. (Lawrence and Wishart, 1970).

_____, German Ideology(London: Lawrence & Whishart, 1964).

Mattelart, A. and S. Sieglaub(eds), Communication and Class Struggle, Vol. I (New York; International General, 1979),

Murdock, G. and Golding, P. "For a Political Economy of Mass Communication", in Milliband, R. and Saville, J.(eds.) The Socialist Register(London: Merlin Press, 1974).

Nam Sun-woo, "Newspaper under Tribulation: The Present Day Korean Press?" Gazette 24(1978).

Poulantzas, N., "The Petty Bourgeosie, Traditional and New", 박현우(편역), 사회계급론, (백산서당, 1986).

Smythe, D., Communications: Blindspot of Western Marxism, (1976).

Smythe, D., Dependency Road: Communication, Capitalism, Consciousness and Canada, (New Jersey: Ablex Publishing Corporation, 1981).

Williams, Raymond., Marxixm and Literature, 이일환 역, 이념과 문학, (문학과 지성사, 1982).

and Administered Communication; A Critical Analysis of Theodor u Adorno's Theory of the Culture Industry a dissertation submitted for the degree of Doctor of Philosophy. North-western University. 1987.

History and Class Conseriousness 박정준. 조만영 역, 역사와 계급의식, (거름, 1986)

한국 언론 구조의 변화에 관한 연구:
노무현 정부 시기를 중심으로

한국 언론 구조의 변화에 관한 연구:
노무현 정부 시기를 중심으로[1]

1. 문제의 제기

1987년 민주화 이후 한국 언론[2]은 끊임없이 변화하고 있다. 언론의
변화는 먼저 매체 종류의 증가와 더불어 같은 종류의 매체 내에서도
발행기관이나 채널이 증가하는 등 양적 측면에서 나타났다. 노태우
정부 시기 이후 새로운 신문이 잇달아 창간된 이래 1991년 서울방송
(SBS)에 이어 1995년에는 지역 상업방송과 케이블방송의 출범으로
방송 채널이 크게 늘어났고, 2002년에는 위성방송 스카이TV가 개국
했고, 2005년에는 모바일을 통한 방송서비스인 위성 DMB, 그리고
2006년에는 지상파 DMB가 등장했다. 또한 1990년대 초에 등장한 인

---

1) 이 글은 한국 언론의 성격을 구명하는 일련의 연구(이진로, 1988, 2003,
   2004)에 이은 것으로 2006년 한국언론정보학회 봄철학술대회(2006. 4. 29.
   서강대) 발표 논문(이진로, 2006)을 일부 수정, 보완한 내용이다. 작성 시
   점상 2007년의 상황은 포함되지 않았다.
2) 언론의 정의는 다양하게 논의되지만 여기서는 한국언론2000년위원회
   (2000, 20~21쪽)에서 밝히듯이 신문, 방송 등의 대중매체에서 시사성과
   공공성을 지닌 내용을 전달하거나 토의하는 행위로 저널리즘과 동의어로
   보아 '세상에서 일어나는 사건이나 현상을 보도하고 그 가운데서 주요한
   공공의 관심사에 대해 논평이나 해설'이라고 메시지와 매체를 분리하기
   어려운 경우에는 혼용하고 새로운 매체인 인터넷을 포함시킨다고 본다.

터넷은 빠르게 성장해 이제 뉴스 전달과 여론 형성의 주요 매체로 자리잡았다.

이러한 양적 발전은 언론의 역할이라는 질적 측면에도 적지 않은 변화를 가져오고 있다. 즉 1980년대 전두환 정부의 보도 지침에서 나타났던 국가기관의 언론에 대한 강력한 통제와 직접적 영향이 노태우 정부 이후에는 국가의 보다 완화된 통제와 간접적 영향 방식으로 바뀌었다. 이어 문민정부로 불리는 김영삼 정부하에서는 이제 언론은 국가의 통제로부터 벗어나 상당한 자유를 누렸고, 국가는 언론에 대한 새로운 대응방안으로 세무조사를 진행했지만 공개되지 않은 채 타협적 방식으로 매듭지었다. 그러나 국민의 정부로 자임한 김대중 정부하에서는 국가와 언론은 다양한 쟁점을 둘러싸고 팽팽한 긴장 관계를 유지했고, 언론 측에서는 정부의 정책 추진 배경에 문제를 제기하며 비판보도를 집중했고, 이에 대해 국가는 세무조사를 통해 탈세액을 추징하고, 명예훼손과 같은 법적 소송 등을 통해 언론에 대응해 왔다. 언론의 자율성이 강화되는 추세는 노무현 정부 시기에도 이어졌다. 2004년의 국회의원 총선거를 앞두고 일어난 국회의 노무현 대통령 탄핵 소추안이 가결되기까지 노무현 대통령에 비판적인 언론의 역할이 컸다. 그러나 탄핵 소추안 가결 이후에는 반대로 주요 지상파 공영방송과 노무현 대통령에 우호적인 언론의 영향이 컸다. 또한 2005년에 일어난 황우석 서울대 수의대 교수의 줄기세포 연구 조작을 둘러싼 언론 보도에서는 국가기관인 서울대학교의 조사 결과 발표와 검찰의 수사 진행과 무관하게 언론 내부의 갈등이 상당 기간 지속되었고, 인터넷 매체 이용자인 네티즌을 중심으로 구성된 황우석 옹호 모임은 비교적 언론 보도에 영향받지 않는 현상을 드러냈다.

또한 언론과 자본의 관계도 변화했다. 1980년대 언론은 비민주적인 정부에 통제받았으나 상대적으로 재벌의 비리를 폭로하는 경우도 빈번해 자본의 비윤리적인 행태와 위법적 이윤 추구를 비판적으로 보도했다. 그러나 국가의 통제가 완화되고 매체별 경쟁이 가속화되고, 언론의 수익성과 경영기반이 약화되면서 자본에 대한 비판은 크게 줄었다.

한편 언론에 포함되는 매체의 범위도 크게 변화했다. 언론의 이미지가 주로 신문과 방송에 국한된 데서 이제는 인터넷으로 확대되었다. 새로운 매체인 인터넷은 통신에서 출발했고, 기존의 신문과 방송에 비해 자본과 국가로부터 훨씬 덜 제약을 받았다. 또한 인터넷의 접근 비용 대비 높은 정보 활용 가치도라는 특성은 시민과 국가, 자본의 중심 매체로 선택받도록 했다. 특히 인터넷은 단순한 정보의 제공과 획득이 가능하다는 점 외에, 동시적 또는 비동시적으로 상호 작용이 가능한 쌍방향성 그리고 많은 분량의 정보를 손상 없이 신속하게 전달 가능한 디지털 속성을 갖고 있다. 이로 인해 시민과 국가로서는 인터넷의 이용자들이 정치적 여론 형성과 정책 참여에 적극적이라는 점에서 인터넷을 사이버민주주의의 공간과 효율적인 정책 수단으로 높이 평가한다. 그리고 기업으로서는 인터넷을 상품의 광고와 판매가 가능한 점에서 전자상 거래 기능에 주목한다. 이처럼 인터넷은 시민과 국가, 자본 모두의 경제적 효율성을 높인다. 왜냐하면 기존에 실제 현장(오프라인)에서 많은 비용을 투입하여 행해 온 다양한 정치, 경제적 구조를 가상공간(온라인)의 저비용 고효율 구조로 바꾸기 때문이다.

이처럼 언론을 변화시키는 다양한 측면들은 이제 한국 언론의 구조가 어떻게 변화하고 있고, 변화된 언론 구조의 특성은 무엇인가에 대한 연구의 필요성을 제기하고 있다. 이 글은 매체 내외의 양적, 질적 변화가 가져온 한국 언론의 구조 변화를 살펴보고, 그 요인을 탐색하고자 한다. 주요 연구 방법은 언론이 경제적 및 정치적 기능을 수행한다는 정치경제학적 접근 방법에 입각하되 다양한 비판적 연구의 이론과 개념을 함께 적용할 것이다. 또한 언론에 대해 영향을 미치는 국가, 자본, 시민 등 주요 사회구성체의 역학 관계에 초점을 맞추는 분석틀을 바탕으로 하여 이와 관련된 문헌 연구와 주요 사례 분석 방법을 적용하고자 한다.

본 논의의 진행 순서는 먼저 2장에서 기존 문헌을 검토한 다음에, 비판적 연구를 비롯해 정치경제학적 연구 방법과 분석틀을 소개하겠다. 또한 최근의 비판적 이론을 적용한 한국 언론의 분석을 시도하고, 1980년 이후의 시기별 언론 구조를 주요한 변화를 중심으로 검토할 것이다. 3장에서 노무현 정부 시기 언론 구조의 특성을 구명하고, 결론 부분에서 이러한 한국 언론 구조의 함의를 제시하겠다.

2. 이론적 논의와 분석틀

1) 기존 연구 검토

언론과 정부의 관계와 언론의 역할에 대한 접근은 사회 구조를 고정적인 것으로 볼 것인가, 아니면 가변적인 것으로 볼 것인가에 따라 확연히 달라진다. 시버트 등(F. Siebert, T. Peterson & W. Schram, 1956)이 『언론의 4이론』을 통해 언론은 정치체제별로 서로 다른 기능을 수행한다고 주장하고, 네 가지 유형으로 자유주의 이론, 권위주의 이론, 소련 공산주의 이론, 사회적 책임 이론 등을 제시한 것은 전자의 대표적인 경우이다. 이러한 시각은 언론의 위상을 간명하게 제시하고는 있으나, 언론을 정치체제의 하위적 요소로 두고, 일방적으로 규정되는 점을 강조할 뿐, 언론의 역동성과 변화하는 정치체제에 미치는 영향을 충분히 포착하지 못하는 점에서 한계를 지닌다.

우리나라의 언론 구조를 연구하는 대부분의 연구는 부분적으로 가변적인 시각을 가미하고 있으나 대부분 언론이 기존 사회체계를 구성하는 하위체계에 지나지 않고 변화의 여지가 적다는 점에 주목하고 있고 앞서의 연구틀을 크게 벗어나지 못하고 있다.

윤영철(1995)은 1980년 이후에 등장한 세 정권을 통해 권력 구조의 변동이 언론통제의 유형 변화에 미치는 영향력을 분석하고, 각각의 특성을 5공정권의 '국가흡수적 언론통제', 6공정권의 '포섭적 언론통제' 그리고 김영삼 정권의 '자유주의적 언론통제'로 구분했다. 그는 강압과 유인의 강약을 기준으로 〈표 1〉과 같이 권력 행사 수단에 따른 언론통제 유형을 분류했다.

〈표 1〉 권력 행사 수단에 따른 언론통제 유형

강 압	유 인	
	약	강
약	자유주의적 (김영삼 정권)	포섭적 (6공정권)
강	억압적	국가흡수적 (5공정권)

자료: 윤영철(1995, 190)에서 재구성.

박승관과 장경섭(2000)은 〈표 2〉과 같이 시기별로 한국의 언론-국가 관계를 분석하였는데, 최근의 한국 언론이 초국가적 권력을 행사한다고 파악했다. 그 이유는 국가 등 전통적 권력체제의 정통성 약화와 시민사회의 조직화와 권위 창출 미흡이라는 '권위의 공백' 상황에서 얻어진 일종의 어부지리적 성격인데, 이에 따라 한국 언론은 지배

집단 내에서 분파 투쟁 중 이기적인 자기 목표에 봉사한다고 지적한
다. 그들은 또한 언론권력의 강화가 정치민주화의 결과로 얻어졌으나,
민주주의의 공고화나 시민사회의 민주역량 강화에는 기여하지 못하고
있다고 비판하고, 언론이 정치 과정에 대해 과도하게 간섭하고 주도
할 경우 정치 자체를 해체시킬 것을 우려한다.

〈표 2〉 한국에서의 시기별 언론 - 국가 모형과 특성

시 기	이론모형	국가정책	언론기능
~1961	자유주의	갈등/견제	정치언론
1961~1972	권위주의	강압/동원	개발언론
1972~1987	후견주의	강압/후견	제도언론
1987~2000	조합주의	경합/협약	권력언론

자료: 박승관과 장경섭(2000, 102)에서 재구성.

한편 이재경(2003)은 1950년대와 1960년대부터 현직에 근무해 온
원로 언론인 9명에 대한 심층인터뷰를 통해 한국 사회와 언론자유의
조건을 연구했는데, 각 정부별로 자유도는 〈표 3〉과 같다.

〈표 3〉 정부별 자유도

정부	이승만	박정희	전두환	노태우	김영삼	김대중
자유-통제	자유	극심한 통제	자유의 확산	상당한 자유	상당한 자유	교묘한 통제

자료: 이재경(2003, 65)에서 재구성.

한편 최경진(2003)은 정부와 언론의 상호 작용 방식에 따라 정치체
계와 언론체계가 그 존립과 유지를 위하여 기능적으로 상호 의존하는
상호 의존 모델, 정치권력 우위 모델, 언론 우위 모델, 상호 공생 모
델, 상호 침투 모델 등 다섯 가지를 제시했다. 각각의 특징을 살펴보

면 첫째, 상호 의존 모델은 가장 전통적인 모델로 정치체계는 정책 결정이나 정책 홍보 그리고 언론체계는 비판적 관찰과 감시 기능 등을 통하여 상호 견제하고 통제하는 관계를 맺고 있다. 둘째, 정치권력 우위 모델은 정치권력이 언론에 우세하게 지배하고, 언론은 자칫 정치적 도구의 하나로 기능한다. 셋째, 언론 우위 모델은 정치체계가 언론체계에 훨씬 더 의존하는 민주주의가 고도로 발달하고 언론의 자유가 충분히 보장된 현대 민주주의 사회체계에서 흔히 나타난다. 넷째, 상호 공생 모델은 상호 비판과 협조를 병행한다. 다섯째, 상호 침투 모델은 상호 의존 모델보다 더욱 구체적이고도 적극적인 행위를 하는 것으로 정치는 언론에 영향을 미치고 언론 역시 그 힘을 정치적으로 도구화한다.

이상의 다양한 모델은 한국 언론을 이해하는 데 유용했지만, 언론에 영향을 미치는 국가, 자본, 시민 등의 다양한 주체에 대한 고려가 미흡함으로써 설명력이 제한되었다. 제한된 설명력을 가진 언론 이론이 언론 변혁을 향한 바람직한 모색에 성공하기 어려운 것은 자명하다. 따라서 이 글은 언론 현상을 다양한 사회 구성 주체들이 영향력을 행사하며 때로는 갈등하고, 때로는 화합하는 역동적인 관계로 접근함으로써 언론 구조의 변화를 체계적이고 논리적으로 파악하고자 한다.

2) 정치경제학적 연구

자본주의 사회는 정치체제가 자본의 영향에 따라서 형성되고, 자본의 이익을 유지, 확대하기 위해 개입하는 과정에서 시민의 저항에 직면하게 되는데, 이때 언론은 어떤 방식으로든 자본, 정부, 시민의 상호 작용적 역학 관계에 개입하게 되면서 그 위상 역시 역동적으로 변화된다. 따라서 자본주의 언론에 관한 접근에 있어서는 이처럼 사회의 제 세력의 구조적 관계와 활동 논리에 주목하는 정치경제학적 시각이 요구된다고 할 수 있다.

언론에 대한 정치경제학적 연구는 1960년대 이후 영국의 간햄(N. Garnham, 1981, 1990), 머독(G. Murdock, 1982, G. Murdock and P. Golding, 1974, 1979, 1996), 골딩(P. Golding, 1974, P. Golding and G. Murdock, 1978), 스마이드(D. Smythe, 1976, 1981), 모스코(V. Mosco, 1996) 그리고 맥체스니(R. McChesney, 1999) 등에 의해 연구되었다. 이들은 19세기 말 이후 서구 산업자본주의 사회가 직면한 구조적 모순의 해결 과정에서 정치적·경제적 지배집단이 문화의 자본주의적 편입을 통해 이윤을 확대하는 과정에서 언론을 사적 기업화하고 지배적 이념을 전달하고 판매하는 역할을 강조했다. 이에 따라 지배적 세력은 다양한 방법으로 언론과 문화를 조작하여 이윤을 추구함은 물론 사회에 대한 통제를 강화할 수 있다. 이러한 현상은 자본주의 발달에 따라서 부분적으로 변화하고 있으나 언론이 한편으로 그 정신적 내용에 이데올로기를 담아 전달, 유포하고, 다른 한편으로 물질적 토대의 유지, 확대를 위해 경제적 이윤을 추구하는 성격이 강화된다는 점에서 본질적으로 공통점을 지닌다.

그러므로 정치경제학은 자본주의 사회의 미디어 분석에서 가장 중요한 측면은 언론 기업의 소유·통제 관계를 밝히는 것으로 보아 미디어 기업의 소유·경영 구조에 관심을 집중하고 있으며(Garnham, 1983), 미디어 기업이 생산하는 생산물의 이데올로기적 성격도 그것이 상품으로서 생산되고 분배되는 과정에 의해 결정되는 것으로 보아서 문화의 상품화 조건 및 생산·분배 과정 등을 주로 연구한다.

이들 중 대표적인 머독과 골딩(Murdock and Golding, 1974, 1979)의 연구는 기본적으로 미디어가 제일 먼저 '후기 자본주의' 경제 질서 안에서 상품을 생산하고 분배하는 산업적이고 영리적인 조직이라며 미디어 생산물의 경제적 역학과 이데올로기의 생산을 분리시키지 말 것을 주장한다. 예를 들면, 그들은 영국에 대중적인 급진적 일간지가 없는 것을 기본적으로 엄청나게 비싼 시장 참여 비용과 광고 수입의 불공평한 분배로 보는 것이다. 또한, 신문뉴스의 경우 생산수단의 소유 및 통제로 인해 이데올로기와 점차 일치해진다고 주장한다. 이 밖에도 쿠란은 영국의 경우 경제적 차원의 언론통제가 성공하여 정치적 변화를 막아 왔다고 지적하고 있다.(Curan, 1979) 머독(Murdock, 1982)은 대기업과 언론 산업의 통제에서 언론 내용에 대한 소유(경영)자의 힘이 결정적임을 실증적인 자료로 보여준다.

이러한 시각은 1980년대 이후 한국 언론에 대한 접근에서도 다양하게 소개되어 언론 현상에 대한 설명력을 높였는데(이상희 편, 1983, 김지운(역), 1993, 1999, (편역) 1990, 김지운 외 역, 1993), 1945년 해방 이후 한국 언론의 구조 개편 과정에서 국가, 자본, 시민의 개입 논리를 밝히고(김해식, 1992, 박용규, 1988, 조항제, 1994, 주동황, 1992), 언론 통폐합의 시행과 유지 과정에서 언론의 정치적, 경제적 이중성이 주요한 작용 논리임을 규명하고(이진로, 1988, 이범수 외, 1989), 1987년 언론자유화 이후 언론의 경쟁 격화로 언론 산업의 독과점에 따른 문제점을 지적하고(김승수, 1998, 이효성, 1989 및 1996, 정연우, 1994), 문화적 측면에 주목하여 방송과 광고에 주목한 연구(신태섭, 1997, Yim Dong-uk, 1989)를 비롯해 언론 노동의 변화와 그 영향을 구명한 연구(임영호, 1999) 등을 들 수 있다.

한국 언론에 대한 정치경제학적 연구의 기본 논리는 언론은 언론 산업으로서 존재하고, 일반 산업과 같이 무엇보다도 산업자본이 스스로 이윤 증대를 추구하며 확대재생산하는 과정 속에서 그 이데올로기적 성격을 구조화한다는 것이다. 즉 한국 언론 역시 경제적 성격과 이데올로기적 성격 모두를 지니고 있다. 구체적으로 경제적 성격의 경우에는 자본과 국가, 시민의 상호 작용과 역학 관계 결과가, 그리고 이데올로기적 성격의 경우에는 경제적 성격의 요인들에 의해서 규정되어 나타나는 다양한 가치나 또는 사회적 요구가 시대별로 각각 다르게 나타난다.(이진로, 1988)

3) 분석틀

자본주의 사회에서 언론과 연관한 사회 구조를 파악하는 대체적인 이론틀은 이브드라하예(Yve de la Haye, 1979), 김해식(1992), 박용규(1988), 이진로(1988), 이범수 외(1989), 이효성(1989), 조항제(1994), 주동황(1992) 등에 의해 검토된 바 있는데 대부분 사회의 주요 세력인 국가와 자본, 시민이 언론과 함께 역학 관계에 따라 다양한 구조를 형성하는 것으로 파악한다.

이 글에서는 이러한 구조적 시각을 상호 작용 측면에서 접근하고 영향의 정도를 고려할 때 더욱 역동적인 측면에서 파악할 수 있다고 보았다. 즉 국가, 자본, 시민은 각각의 존재 논리와 필요성에 따라 언론에 개입하고, 영향을 받으므로 주요 주체와 언론의 관계를 언론에 대한 일방적인 과정으로 접근해서는 실체를 구명하기 어렵기 때문이고, 작용과 반작용이라는 상호 작용 측면에서 접근할 때 균형 있고 올바른 이해가 가능할 것이다.

이 과정에서 논리 전개의 주요한 축은 어디까지나 언론에 있다. 언론 현상은 언론을 중심 대상으로 보고 다양한 문제점을 언론 내부의 요인에서 찾을 때 보다 현실적일 수 있기 때문이다. 따라서 여기서 논의하는 국가, 자본, 시민은 모두 별개로 독립된 주체와 현상이라기보다는 언론을 매개로 하여 움직이고 의미를 지닌다고 할 수 있다.

아울러 이 글에서 주목하는 것은 언론 현상의 고정불변적 측면보다는 언론과 다양한 주체 간의 상호 작용에서 변화하는 측면이다. 즉 언론을 역동적으로 파악할 때 언론은 수동적인 대상이 아니라 능동적인 주체로 파악되고, 언론 문제를 스스로 해결하는 데 적극적으로 나설 수 있기 때문이다.

3. 노무현 정부 시기 언론 구조

1) 1980년대 이후 한국 사회 언론 구조의 변화 과정

노무현 정부 시기 언론 구조에 대한 이해를 위해서는 1980년대 이후 한국 사회 언론의 변화사를 간략히 살펴볼 필요가 있다. 여기서는 이진로(2003)가 시기적으로 정치, 경제적 변화에 따라 정리한 언론 구조를 소개하겠다. 먼저 1980년 전두환 정부가 시민의 민주화 요구를 누르고 출발, 권위주의적인 통치체제를 구축하였다. 언론은 이러한 권위주의적인 통제 구조에 편입되어 정권의 체제 유지에 순응하면서 존재했다. 하지만 1987년 시민의 민주화 운동 이후 출범한 노태우 정부는 권위주의 통치를 완화했고, 언론자유를 확대시켰다. 언론은 자유

화로 인해 한편으로 기존에 제약됐던 체제와 정부에 대한 비판적 보
도를 일부 허용받았다. 하지만 언론 산업은 다른 한편으로 다수의 새
로운 신문사와 방송사의 설립 등 양적으로 늘어난 언론 시장 상황 속
에서 치열한 수용자 및 광고 확보 경쟁에 들어갔다. 이후 문민정부를
표방한 1993년의 김영삼 정부 시기부터 언론은 국가에 대한 상대적
자율성을 누리면서 자본에의 상대적 종속성을 내면화해 왔는데, 1998
년에 출범한 김대중 정부 기간에는 언론사 세무사찰을 전후로 하여
기존 언론에서 높은 비중을 차지해 온 조선, 동아 등 주요 신문과 국
가 간의 갈등이 첨예하게 촉발되는 한편, 새롭게 등장한 인터넷을 통
해 국가와 이를 유지시키는 기존 구조 및 그 참여자에게 부정적인 뉴
스가 신속하고 지속적으로 생산, 확산되면서 시민의 입장을 강화하고
있다. 이 과정에서 자본은 이제 신문 광고와 방송 광고를 통해 언론
수입 구조의 상당 부분을 차지하고, 인터넷상에서 상품 광고와 상품
판매 기능을 활용하여 전체적으로 언론에 대해 우월한 관계에 있다.
이 장에서는 시기별로 변화하는 언론과 국가, 자본, 시민의 관계를 중
심으로 살펴보겠다.

첫째, 전두환 정부(1980~1988) 시기 언론 구조는 언론에 대한 국
가와 자본의 우위 속에서 시민의 위상이 매우 미약했다(〈그림 1〉).
전두환 정부는 시민의 정치적 민주화 요구를 무력으로 탄압하며 등장
한 뒤, 언론사 통폐합과 언론인 해직 등을 통해 정부가 통제하기 쉬
운 언론 구조를 만들어 낸 다음에 언론사와 언론인에 대한 다양한 경
제적 지원제도를 병행하며 언론이 정부에 유리하게 보도하는 시스
템[3] ― 권언 유착 관계 ― 을 형성해 갔다[4].

---

3) 언론의 보도는 정부의 규제를 받아 이루어졌다. 문화공보부 홍보조정실은

〈그림 1〉 전두환 정부 시기 언론 구조

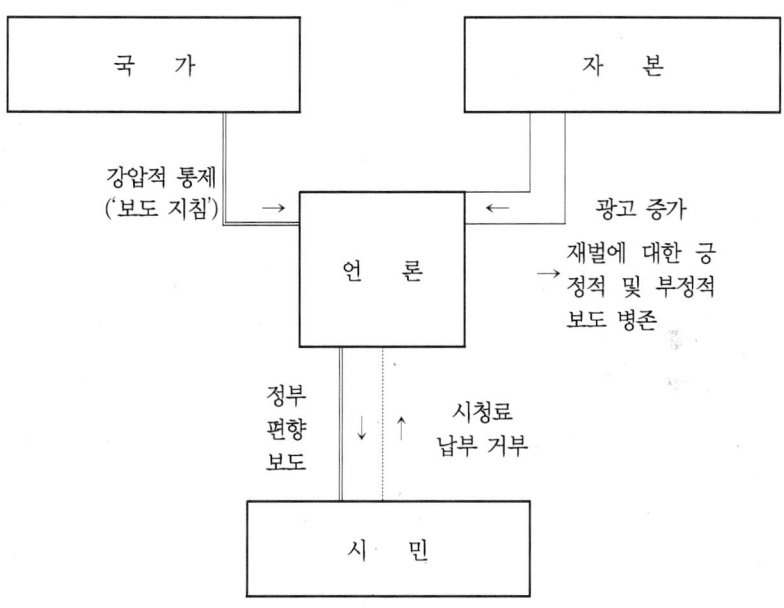

주: 선은 통제와 영향력의 정도를 나타내는데, 이중선은 매우 강력한 정도를, 점선은 상
  당한 정도를 그리고 실선은 매우 미약한 정도에 해당한다.
자료: 이진로(2003, 279)

이 시기 주요 언론사는 신규 사업자의 시장 진입이 봉쇄된 가운데,
과점 상태에서 자본의 규모가 1980년에 비해 1986년에는 약 7배로 늘
어났고(이진로, 1988), 광고매출액의 경우에는 1981년에서 1988년까지

언론에 대해 정권에 유리한 기사를 크게 보도하고, 불리한 보도는 적게
  보도하도록 지시하는 보도 지침을 전달했다.
4) 필자의 '1980년대 신문산업에 대한 연구'(이진로, 1988)에서는 전두환 정
  부기의 한국 신문이 기업적 성장을 추구해 나가면서 국가는 물론 재벌 등
  자본의 지원과 혜택에 힘입은 바가 컸고, 한편으로는 국가와 자본의 지원
  에 대한 대가로, 그리고 다른 한편으로는 국가의 물리적 통제에 순응하여
  지배 이데올로기적 역할을 충실히 수행한 구조적 측면을 밝힌 바 있다.

매년 평균 약 15%씩 늘어나는 등 안정적으로 성장했다.(한국언론2000
년위원회, 2000, 41쪽) 김남석(1998)은 일간신문의 경쟁 구조가 독과
점체제(1980~1987)에서 시장 경쟁을 최소화한 카르텔 형태로 운영되
면서 유사한 내용을 보도하였고, 광고 수입에의 의존도를 심화시켰고,
개별적인 보급망 구축을 강화한 점이 특징이라고 지적했다.

1980년대의 방송은 언론 통폐합에 따라 공영방송체제를 갖추었으
나,[5] KBS의 경우 대통령과 정부 중심의 편향 보도로 방송을 철저히
정권의 통치 도구로 전락시켰고, 그로 인해 KBS는 시청료 거부 운동
이란 광범위한 시민의 저항에 직면하는 등 방송의 신뢰도가 크게 저
하되었다.(이효성, 1996)

둘째, 노태우 정부 시기(1988~1993)의 언론 구조는 언론에 대한
국가의 통제가 완화되고, 자본의 통제 구조가 강화되면서, 시민 역시
자신을 위한 매체에 관심을 갖는 점이 특징이다(〈그림 2〉). 노태우
정부는 1987년의 6·29 선언을 통해 시민의 민주화 요구를 수용하여,
언론자유화 조치 등 제반 민주화 제도를 실시한 이후 출범했다. 이
정부는 언론기본법을 폐지하고, '정기간행물등록에 관한 법률'과 '방송

---

5) 1970년대 한국 방송은 높은 성장을 바탕으로 자본 축적을 이루기에 용이
   한 여건이었지만, 정부의 정책적 규제하에서 복합대기업화(동아일보와 동
   아방송, 중앙매스컴)를 이루었다.(조항제, 1994) 프로그램 편성과 제작에
   서는 시청률을 겨냥한 상업적 경향이 정부의 이데올로기적 요구에 영향
   을 받은 결과 사회교양프로그램에서는 부분적 관철이 이루어졌으나, 오락
   프로그램에서는 자본의 논리에 밀려 별다른 영향을 발휘하지 못했는데,
   유신체제라는 강력한 권위주의 체제하에서 한국 방송의 성격은 자본주의
   적 한계에 의해서 우선적으로 규정되었다.(조항제, 1994) 다시 말해 1970
   년대의 방송은 산업적 측면에서 성장을 이루었으나 정치적으로는 강력한
   통제를 특징으로 하는 박정희의 유신정부하에서 지배이데올로기를 확산
   시키는 역할을 수행했다.(이진로, 2004, 184)

법'을 제정했다.

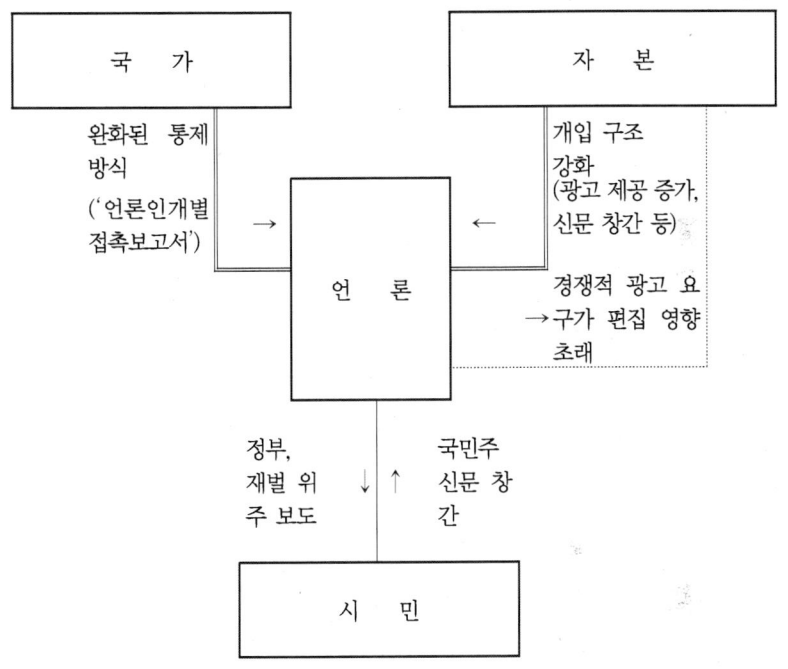

〈그림 2〉 노태우 정부 시기 언론 구조

자료: 이진로(2003, 282)

노태우 정부는 보다 완화된 언론통제 방식을 사용하여 문화공보부의 보도 지침 대신에 언론사별로 편집에 영향을 미치는 간부를 대상으로 지속적인 협조 요청과 회사별 동정을 파악하는 개별 접촉 방식을 사용하였으나, 새롭게 제정된 '정기간행물 등록에 관한 법률'에서 엄격한 시설 기준과 자의적인 등록 취소 조항 등을 통해 언론의 통제를 의도한다고 비판받았다.[6]

이 시기의 변화로 시민 언론의 출범과 언론에 대한 재벌의 영향력

증가 구조화를 들 수 있다. 먼저 국민주로 창간된 한겨레신문은 시민이 언론 주체임을 보여주는 또 하나의 사례였다.[7] 다음에 재벌의 대언론 영향력 확대는 현대그룹의 문화일보 창간 등 다수의 재벌이 언론 산업에 투자한 것과 더불어 신문 산업의 수입 중 광고 수입의 비율이 높아지면서 광고주의 영향력이 커진 것에서 찾을 수 있다. 또한 신문의 증면, 방송사의 신설은 언론 산업의 경쟁이 치열해짐을 의미했고, 이에 따라서 광고주인 재벌, 대기업과 같은 자본이 언론에 대해 더욱 큰 영향력을 행사하게 되었다.[8]

　방송의 경우 언론자유화는 공영제의 큰 틀에는 영향을 미치지 않으면서 방송사 내부에서 노동조합 형성을 가능하게 했지만(조항제, 2002), 여전히 정부는 인허가권과 인사권을 통해 간접적이지만 상당한 통제를 행사했다.(정용준, 1995) 한편 인터넷의 토대가 된 컴퓨터통신(computer mediated communication)이 데이콤에 의해서 처음 서비스됐고, 1988년

---

6) '정기간행물 등록에 관한 법률'의 제6조 3항에 규정된 시설기준조항은 "일반 일간신문은 타블로이드 2배판 4면 기준의 신문지를 시간당 2만 부 이상 인쇄할 수 있는 능력을 가진 윤전기와 대통령이 정하는 부수 인쇄 시설을 갖춰야 등록이 된다."는 내용을 두고 있는데, 이 경우 당시를 기준으로 신문을 발행하기 위해서는 약 30억 원의 자본이 소요된다. 그리고 내용이 등록된 발행 목적이나 발행 내용을 현저하게 반복하여 위반한 경우 문공부장관이 6개월간의 발행 정지를 하거나 등록 취소 심판을 청구할 수 있도록 했다.

7) 이범수 등(1989)은 한겨레신문이 기존 언론과는 달리 2만 7천 명이란 국민 대중을 주주로 하여 설립자본금 50억 원을 모금한 점에서 특징이 있고, 이러한 신문사의 자본 구성이 민중의 이익과 입장을 대변하는 민중지가 가능함을 보여준다고 지적한다.

8) 언론의 광고 수입 의존 현상은 이전부터 존재했지만, 변화된 매체 환경에 따라 재벌의 광고에 의존하는 비중이 높아지고, 그에 따라 언론의 보도에 대한 영향도 두드러지게 나타나기 시작한다.

1,185명의 이용자는 1992년에는 11,729명으로 늘어났다.

셋째, 김영삼 정부 시기(1993~1998)의 언론 구조는 정부와 언론의 협조를 넘어서 언론의 권력화가 시도되었고, 이에 대한 시민 세력의 반대를 불러일으켰다. 신문 산업의 수익성 저하에 따른 재벌의 투자 축소나 또는 분리 추세가 강해진 것이 특징이다(〈그림 3〉).

〈그림 3〉 김영삼 정부 시기 언론 구조

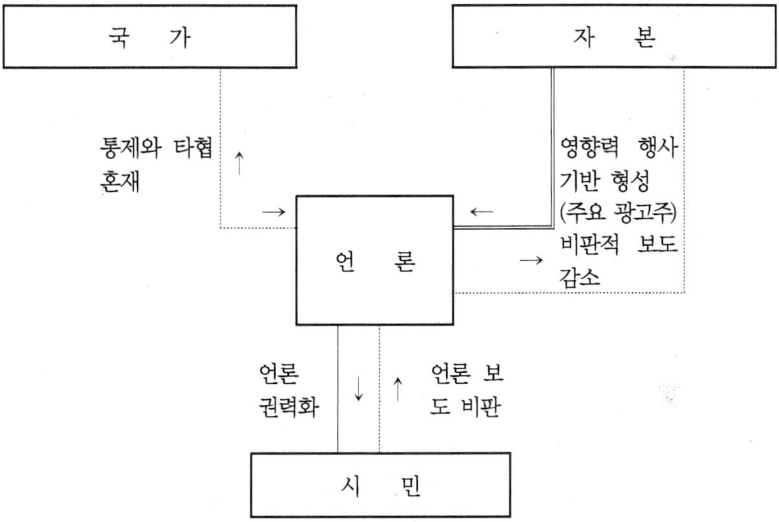

자료: 이진로(2003, 285)

민주주의 추세의 진전에 따라서 정부의 언론통제가 약화됐고, 언론사 세무조사 결과를 비공개하는 점에서 언론의 영향력이 커졌음을 보여주었다. 정부 전반기에 이루어진 개혁정책은 시민과 언론의 지지를 받았으나, 점차 후반기에 들어서 언론의 정부에 대한 비판적 보도를 둘러싸고 언론과 정부 간의 갈등은 심화됐으나 정부의 강압적 조치로 이어지지는 않았다.

방송 역시 1990년대는 서울방송(SBS)을 비롯한 지역 민영 텔레비전의 도입으로 방송 산업의 경쟁 현상이 확대되고, 상업주의 경향이 심화되는 가운데 상대적으로 정치와 관련된 갈등은 감소했다.(원용진, 1998)

자본은 언론 산업에 대한 광고 증가로 언론에 대한 영향력을 키워 나갔으나, 문화일보와 경향신문 등의 적자 누적은 재벌의 투자 대상으로서의 가치를 상실시켰다. 시민은 초기 언론의 확대된 자유가 알 권리와 일치한다고 보았으나, 점차 언론의 권력화에 대해 문제를 제기했다.9) 집권 말기의 차기 대통령 선거 과정에 대한 일부 신문의 개입은 언론개혁의 필요성을 높였다.(김승수, 1999)

넷째, 김대중 정부 시기(1998~2003)의 언론 구조는 정부와 보수적 입장의 언론 사이의 갈등이 심각했고, 시민은 언론의 개혁을 요구했고, 언론은 자본에 대한 비판 논조를 줄였던 것이 특징이다.10) (〈그림 4〉)

---

9) 임영호(2001)는 피에르 브르디외(Pierre Bourdieu)의 이론을 빌려 언론사 운영의 배경으로 이익 단체들과 네트워크를 형성하여 다양한 사업에 영향력을 행사하고 경우에 따라서는 불응집단에 대해서는 보복할 수 있는 점에서 권력 자본의 축적이 가능하고, 이것이 언론권력을 형성하여 공정한 시장 질서를 이탈하고 무시하도록 만든다고 설명한다.

10) 안상운(2001, 326쪽)은 언론사의 관행화된 내부 검열로 인해 정치권력이나 재벌 등 광고주 그리고 사주 중 특수이해집단에 의해 정보가 차단되거나 왜곡·변형되고, 그 과정에서 편집자와 기자들이 점차 수동화되어 조직 내의 관료적 구조가 만들어 내는 준거틀에 의해 움직여진다며 언론의 자유가 시민의 관심 사항과 거리가 멀어짐을 지적한다.
　"언제부터인지 신문 지면이나 방송에서 통일 문제나 인권 문제, 노동자·농민·서민·장애자 등 소외 계층의 문제가 슬그머니 사라져 버렸거나 줄어들고 있다. 국민의 거센 반발을 불러일으킨 국민연금이나 의료보험제도가 '공익광고'의 미명하에 일방적으로 주입되고 있다. 지난 95년 101명

〈그림 4〉 김대중 정부 시기 언론 구조

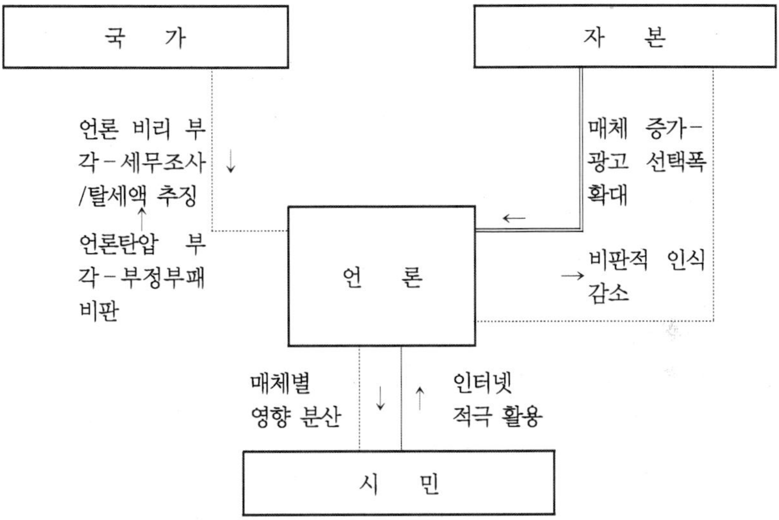

```
┌─────────────────────┐          ┌─────────────────────┐
│        국  가        │          │        자  본        │
└─────────────────────┘          └─────────────────────┘

  언론 비리 부                          매체  증가-
  각 - 세무조사  ↓                      광고 선택폭
  /탈세액 추징                          확대
                    ┌──────────────┐
  언론탄압  부       │              │  ← 
  각 - 부정부패      │    언  론     │    비판적  인식
  비판              │              │  →  감소
                    └──────────────┘
          매체별      ↓  ↑  인터넷
          영향 분산          적극 활용
              ┌──────────────────────┐
              │        시  민         │
              └──────────────────────┘
```

자료: 이진로(2003, 289)

  1997년에 초래된 외환 부족에 따른 IMF의 지원 및 관리체제라는
열악한 환경에서 출범한 이 정부는 북한에 대한 포용정책의 전개 등
일련의 정책을 둘러싸고 보수적 입장의 언론과 사사건건 갈등을 빚었
다. 이러한 상황에서 정부는 시민 단체가 언론개혁을 주장하자, 적극
수용하여 세무조사를 실시했다. 일부 신문은 상당한 금액의 추징금을
부과당했고, 이후 정부의 정책 실패와 부정부패 혐의를 적극 보도했

의 목숨을 앗아간 대구지하철공사장 폭발사건은 4대 지방선거를 앞두고
있어서인지 생방송되지 못했고 그 시간에 고교야구경기가 방송되었다. 그
런데도 방송사 내부에서 문제 제기조차 되지 않았다. 박세리의 골프 열풍
이 있고 난 뒤 골프장의 호나경오염 문제를 보도한 언론은 거의 찾아볼
수 없다. 과거에는 편파·왜곡 보도가 비판의 대상이 되었지만 이제는 아
예 무보도의 상태이기 때문에 비판의 대상 자체가 사라져 버렸다."

다. 한편 인터넷은 시민 중심의 미디어로 성장했다.[11] 인터넷의 즉각
성과 쌍방향성은 기존 언론의 정부, 자본과의 유착을 통한 언론통제
를 극복하는 점에서 주목을 끌었다.

방송 경영 환경은, 지상파 방송을 중심으로 볼 때, 다양한 방송 매
체 간의 심화된 경쟁으로 인해 점차 어려워졌다. 지상파 방송의 점유
율은 1998년 99%에서 2000년 88%, 2001년 79%, 2002년 76% 등 지
속적인 하락세를 나타냈는데, 이는 케이블방송 등 신규 매체와의 경
쟁에 영향을 받았기 때문이다.

지금까지 살펴본 정권별 언론 구조를 언론을 둘러싼 국가, 자본, 시
민과의 역동적인 관계를 통해 살펴보았다. 그러면 각 정부별 언론 구
조 변화의 요인은 무엇인가? 이진로(2003)는 언론계 내외의 정치적,
경제적, 정보적 요인을 들고 있다. 각각의 내용은 다음과 같다.

첫째, 강력한 민주화 요구가 정치적 요구에 해당한다. 보도 지침,
KBS의 일방적인 정부 편향 보도는 그 자체로 비민주적 현상이었고

---

11) 한국언론2000년위원회(2000, 25쪽)는 인터넷의 빠른 증가 추세가 지속된
다면 한국의 신문과 방송은 심각한 도전에 직면하게 된다고 지적한다.
"더욱이 디지털 기술로 인해 매체의 영역이 허물어져 간다는 점에 유의
한다면 인터넷의 도전은 기존 매체에 더욱 심각하다. 지금까지 신문과
TV는 서로 영역을 구분해 존속해 왔다. 신문은 저널리즘 매체로서, TV
는 오락 매체로서 각기 영역을 구획해 존립해 온 것이다. 그러나 이제
그러한 상황은 끝이 났다. TV와 인터넷이 합쳐진 웹 TV, 인터넷상에서
신문의 레이아웃 그 자체를 재현하는 전자신문 등 인터넷을 축으로 미디
어의 융합이 이루어지고 있는 것이다. 신문·잡지·방송·출판·라디오·
영화 등 기존 매체가 인터넷에서 혼연일체가 되어 가고 있는 추세다.
뉴미디어의 쌍방향성도 기존의 신문이나 방송에는 도전이 아닐 수 없다.
디지털 기술로 무장한 뉴미디어의 등장으로 매스미디어가 생산하고 공급
하는 정보를 수용자가 일방적으로, 수동적으로 이용할 수밖에 없었던 시
대는 막을 내리게 되었다."

민주화를 가로막았다. 이에 대해 시민은 강하게 반발했다. 결국 시민 세력은 1987년 민주화 운동을 성공시켰다. 이후 국가는 언론 개입과 압력을 줄였다. 또한 전두환 정부에 이어서 등장한 노태우 정부는 언론의 자유화를 포함한 시민의 민주주의 요구를 부분적으로 수용했다. 그러나 시민이 쟁취한 언론의 자유는 시민의 권리를 옹호하기보다는 언론사의 이익을 위해 행사되는 경향이 늘었다. 노태우 정부와 김영삼 정부 시기 언론의 대통령 선거에 대한 개입은 언론의 정치적 영향력을 확대시켰고, 이는 다시 시민의 비판 대상으로 등장했다. 이에 따라 상대적으로 진보적 시민의 입장을 강조한 김대중 정부와 노태우 정부의 출범 이후 메이저 신문으로 불리는 주요 언론과의 갈등이 심화됐다. 메이저 신문은 정부의 언론 탄압이라고 주장했지만, 진보적 시민과 정부는 오히려 언론이 스스로의 이익을 위해 여론을 왜곡시킨다고 비판했다.

둘째, 언론 산업의 이윤 증대 및 자본의 성장 추구가 경제적 요인에 해당한다. 먼저 언론사의 이윤 증대 요구는 전두환 정부 기간 중에 카르텔체제하에서 다양한 지원을 통해 확보됐다. 언론자유화 이후 노태우 정부 시기에는 신문의 경우 증면 경쟁을 통해 매출액과 이익 증가를 꾀했다. 광고 지면의 증가는 광고를 통해 상품의 판매를 촉진하고, 언론의 호의적인 보도로 유리한 경제 환경을 조성하려는 재벌과 대기업 등 자본의 성장 추구와도 일치했다. 그런데 과도한 경쟁 과정에서 신문 산업은 양극화됐고, 비교적 대규모의 자본을 축적한 신문 기업을 중심으로 점차 과점 시장적 성격을 강하게 띠기 시작했다. 또한 신문 기업의 수입 중 광고 비율이 커짐에 따라서 재벌 등 거대 광고주인 자본의 영향력에 취약한 구조를 띠기 시작했다.

셋째, 정보적 요인은 양적 측면과 질적 측면으로 나누어 살펴보겠다.[12] 먼저 양적 측면은 언론이 생산하는 상품의 가장 중요한 특성은 정보이며,[13] 이러한 정보의 경쟁력은 양적으로 풍부하고, 질적으로 탁월하다는 점에 있다. 따라서 언론으로서는 신문의 경우 증면을 통해 다양한 기사를 제공하며 더 많은 독자를 확보하고, 아울러 광고 수입의 증대를 가져올 수 있다. 또한 방송 역시 방송 시간의 연장을 통해 더 많은 프로그램을 제작, 단기적으로 광고 수입과 장기적으로 프로그램 판매 수입을 늘리는 것이 가능하다. 즉 언론자유화 이후 다양한 언론 관련 정책들은 기본적으로 언론사의 입장에서 정보의 양적 증가와 일치하는 방향으로 이루어졌고 정착되어 왔다.

또한 신속 및 정확하고, 유연하게 활용할 수 있는 정보가 시민의 알 권리를 충족시킬 매체로 선택된다는 것이 정보적 요인이다. 중·상층 수용자를 겨냥했던 신문은[14] (이효성, 1989), 한편으로 경쟁이

---

12) 이효성(1989, 19쪽)은 언론이 국가의 경제 상태에 대해 필요한 정보를 제공하고 광고를 매개함으로써 자본주의 체제가 원활히 기능하도록 돕는다고 말하는데, 언론의 담고 있는 정보는 국가의 정당성에 대한 정보를 유포하고, 사회적 조정과 유지에 기여하고, 시민의 실생활에 도움을 주는 등 다양하게 작용한다.
"특히 오늘날과 같이 경제가 국가정책에 의해 심대한 영향을 받는 경우 경제정책을 담당한 국가기구나 그 담당자들을 취재·보도함으로써 언론은 경제 영역이 원활히 기능하도록 돕는다. 자본주의 국가의 기능이 기본적으로 자본의 축적과 재생산이기 때문에 그런 국가기관이나 그 담당자들의 활동을 취재·보도하는 것은 곧 자본주의의 원활한 기능에 기여하는 것이 된다."

13) 이상철(2001)은 뉴욕타임스의 경우 제2차 세계대전 이후 여러 차례의 위기 때마다 뉴스를 강화하여 생존, 발전했음을 지적하면서, "언론 산업은 위기일수록 광고보다는 뉴스를 강화할 필요가 있다. 언론 산업에서 광고는 아무리 중요해도 필요조건은 되지만 충분조건은 되지 못한다."며 뉴스의 중요성을 강조한다.

14) 이효성(1989, 31쪽)은 언론이 주로 중·상층을 대상으로 정보를 생산하

치열해지는 상황에서 많은 수용자를 확보하기 위해 늘어난 지면에 다양한 정보를 포함하게 됐고, 다른 한편으로 김대중 정부 이후 다소 진보적인 정책을 표방하는 데 대응해 찬반을 뚜렷이 표명하기 시작했다. 이에 따라 신문의 독립적인 논조와 신뢰성에 대한 시각도 바뀌어 방송과 인터넷이 점차 그러한 역할을 맡게 됐다.[15] 시민은 신문, 방송 매체에 의존했던 일방적 정보 수용 구조에서 탈피하여 상호 작용적, 동시성과 비동시성, 디지털성 등에서 쌍방향성을 지닌 인터넷으로 관심을 전환했다.

2) 노무현 정부 시기 언론 구조

노무현 정부 시기(2003~2007)의 언론 구조의 특징은 인터넷의 등장, 신문의 당파적 갈등 심화 그리고 방송의 공정성 저널리즘 논란 등 크게 세 가지를 들 수 있다. 먼저 인터넷의 등장과 관련해 노무현

는 논리를 다음과 같이 설명한다.

"대개의 언론 특히 고급정보를 담은 언론은 처음부터 중·상층을 겨냥하여 생산되고 선전된다. 그들이 그런 언론의 소비율이 높고 상품구매력도 높아 비싼 광고를 많이 유치할 수 있기 때문이다. 또 광고를 많이 유치하여 광고 수입이 높아지면서 언론 생산에 더 많은 투자를 할 수 있어서 양질의 정보를 더 많이 생산할 수 있다. 그렇게 되면 구매력이 높은 독자를 계속 유지하고 확대할 수 있다."

15) 시민의 매체 이용 형태가 변화하고 있음은 특히 신문의 경우 20대 연령층을 중심으로 독자의 수와 소비 시간이 크게 감소하고 있어 1988년의 경우 신문을 읽지 않거나 신문 읽는 시간이 하루 30분 이하라고 응답한 비율이 약 32%였던 데 비해 1998년에는 약 71%로 두 배 이상 늘어났고, 신뢰도 측면에서도 5점 척도의 평균 점수가 TV 3.41점, 인터넷 3.17점에 비해 신문은 3.07점으로 상대적으로 낮은 편이다.(한국언론2000년위원회, 2000, 34~35쪽 및 한국언론재단, 2000)

정부의 출범 과정인 2002년 제16대 대통령 선거 후보자 선출 과정과
대통령 선거 과정에서 모두 인터넷의 정치적 역할이 크게 나타났다.
즉 기존에 언론을 구성하는 주요 매체로 신문과 방송이 해당됐다. 하
지만 인터넷을 통한 여론 형성과 정치적 행동의 가능성이 현실화되면
서 언론의 지평은 인터넷까지 확장되었고, 인터넷의 영향력은 중요한
국면마다 신문과 방송이 감당하기 어려운 곳에서 나타났다.

인터넷을 통해 시민이 정치 세력을 형성하여 영향력을 행사했음을
실증시킨 '노사모(노무현을 사랑하는 모임)'는 강력한 정치 매체로서
인터넷의 등장을, 사회 주체 측면에서는 시민의 역량 강화를 각각 알리
는 신호였다. 노사모는 특정 이익에 기반을 둔 이익집단이나 또는 특정
이데올로기에 편향된 정치집단이 아닌 상황에서 출범하여 지역감정 해
소, 사이버 공간을 통한 정치 세력 형성 등을 일반 시민이 수행했고, 참
여 정치의 길을 열었다는 점에서 긍정적으로 평가받았다.(김명아,
2003) 노사모는 1987년 민주화 운동을 경험했고, 정보화에 적극적이고,
기득권과 구질서를 거부하는 집단이 중심이 되었고, 새천년민주당에서
실시한 '국민참여경선제'와 2000년 총선에서 인터넷을 동원한 정치 참
여를 시도했고, 노무현 대통령의 당선을 가져왔다.(박동진, 2004)

인터넷은 노사모 이외에도 중요한 사회적 사안에 직면할 때마다 여
론을 형성하며, 관련 정책 형성에 영향을 미쳤다. 예컨대 2004년 대통
령 탄핵에 대한 국회의 소추안 가결과 시민의 저항, 총선에서 대통령
과 입장을 함께하는 열린우리당의 다수당 점유 및 헌법재판소의 탄핵
안 부결 등에 이르기까지의 과정에서 담론의 한 중심에서 시민의 목
소리를 전달하고 관철했다.

인터넷이 이처럼 주목을 받은 이유는 비교적 저렴한 비용으로 매체
에 접근할 수 있고, 매체의 기능이 정보와 의견의 전달과 공유뿐만

아니라 정보 가공, 유통 및 생산에 참여할 수 있도록 하는 등 풍부한 기능을 제공하기 때문이다. 노사모의 활동 과정에서 인터넷과 결합되었던 이동통신(모바일 커뮤니케이션)은 앞으로 DMB와 와이브로 서비스로 확대되는 과정에서 더욱 큰 효과를 낼 것으로 전망된다.

둘째, 신문이 상대적으로 보수적 입장과 진보적 입장을 둘러싸고 갈등을 벌이는 한편 치열한 매체 간 경쟁에서 소수 신문만이 안정적 경영을 이루었고, 다수의 신문은 수익성이 악화되는 어려움을 겪으면서 정치적 측면과는 별도로 경제적 측면에서 신문의 미래를 우려하는 상황이다.

신문의 정파적 입장은 2004년 대통령 탄핵 전후를 둘러싼 언론의 보도에서 잘 나타났다. 탄핵 이전의 보수적 입장의 언론 보도는 대통령이 국회의원 총선거에 간여하여 헌법을 위반했다는 한나라당과 다른 야당의 주장을 크게 다루었고, 이는 국회의 탄핵으로 연결되었다. 그러나 탄핵 이후 이들 신문은 방송과 인터넷으로부터 탄핵의 부당함을 거세게 지목받으면서 비판에 직면했다.

또한 이어진 국회의원 총선거 과정에서 대부분의 신문이 중립성과 객관성을 내세웠지만, 실제 보도와 논평은 그렇지 못했기 때문에 특정 정당에 대한 지지를 밝힐 것을 요구받기도 했다. 미국에서도 개인의 사적 소유인 신문의 공정성은 사설에서 후보자에 대한 지지를 표명하되, 보도에서는 객관성과 형평성을 더욱 높이는 방식으로 이루어지는 점에서 신문 스스로 당파성을 밝히는 것이 공정성을 지키는 것이라는 주장이 제기됐다.

탄핵에 대한 헌법재판소의 판결에서 기각으로 결정된 이후 일부 보수적 입장의 과점 신문은 이른바 정부 비판―'대통령 때리기'―을 지속했고, 이는 정부와 일부 언론의 갈등 관계가 적대적 수준으로 여겨질 정도였다. 이처럼 보수적 입장의 과점 신문이 17대 총선을 앞두고 탄핵 파동과 잇따른 폄하 발언으로 대통령, 열린우리당과 대립의 각을 세웠다가 총선과 탄핵 기각 이후 짧은 냉각기를 가진 바 있다. 그런데 다시 이처럼 첨예하게 사사건건 갈등을 드러내는 배경에는 단순히 정치적 입장의 대립뿐만 아니라 상업적 목적이 포함된다.

왜냐하면 정부와 여당이 소수 과점 신문의 여론 시장 지배로 민주주의와 민생을 위한 개혁정책 추진이 어렵다고 보고, 시장 지배적 신문의 점유율을 제한하고, 편집권의 독립을 강화하는 언론개혁법안을 추진했기 때문에 규제 대상이 되는 조선, 중앙 등의 신문이 직접적 영향을 받는다는 이유로 강한 반발을 보였다. 실제로 한 신문은 신문법의 제정 이후 위헌 소송을 통해 문제를 제기했다. 방송의 다채널화와 다매체 경쟁 시대를 맞아 신문 시장의 위기가 갈수록 심화하고 있는 것도 한 요인이다. 흔들리는 시장에서 충성스런 고정 독자와 광고주의 확보는 생존의 필수조건인데, 이들 신문은 상대적으로 보수적인 독자의 취향에 맞는 취재와 편집을 선택한 것으로 신문이 특정 시각에 충실함으로써 관심의 극대화를 추구하는 편집 전략은 상업적 측면에서 강력한 영향력을 발휘할 수 있기 때문이다.16)

---

16) 양문석은 노무현 정부 시기 의제 설정 과정에서 언론 매체 간의 상호 영향과 연쇄 작용에 대해 주목했다. 조선, 중앙, 동아와 같은 보수적 논조의 조간신문이 설정한 의제는 같은 날 아침 07:00 전후의 라디오 시사프로에서 신문 브리핑 등의 형식으로 소개되고, 이는 09:30경에 이루어지는 인터넷 매체의 포털뉴스 판갈이에 반영된다. 이러한 뉴스 의제는 다시 석간 문화일보와 오후의 라디오 시사 프로그램 그리고 15:00 전후의 인터넷 포털뉴스 판갈이로 다시 연결되면서 당일 저녁 20:00 또는 21:00 뉴스에서 마무리된다고 주장한다. 그는 특히 이 과정에서 신문과 방송 매체를 연결해 주는 매체로서 인터넷을 지적한다.(2006. 4. 28. 한국언론정보학회 봄철학술대회 토론 중 발언)

셋째, 방송 저널리즘의 공정성을 둘러싼 논란이 매우 활발하게 진행됐다. 대통령 탄핵 직후 KBS와 MBC의 뉴스 보도를 통해 국회의 탄핵 결의안 가결 과정을 생생하게 보여줬으나 이는 시민의 공분을 자아냈기 때문에 한나라당과 보수적 입장의 언론으로부터 불공정하다고 지적됐다.[17] 언론 학회는 방송 보도가 편향적이라는 보고서를 제출했다가 불공정한 보고서로 지적되는 등 학자들마저 공정성 논란에 휩쓸렸다.[18]

이상의 특징은 노무현 정부 시기 중 가장 큰 사건인 대통령 탄핵 관련 보도를 중심으로 푸코의 담론(談論) 이론 시각에서 분석할 때 상당한 공통성을 보인다.

한나라당과 민주당은 2004년 4월 탄핵안 가결 후 지지율이 크게 떨어지자, 방송의 '편파 보도론'을 비롯해 촛불시위 '동원론' 등을 내세웠고, '음모론'을 제기하기도 했다. 푸코의 담론 이론은 원래 지식과 권력의 관계를 설명하는 이론이다. 그러나 사회적으로 발생한 사건이 현상을 파악하는 인식의 새로운 기준으로 작용하고, 이러한 경험을 바탕으로 성립된 담론이 시민의 가치 판단에 영향을 준다고 보기 때문에 언론 보도가 시민의 현실 인식과 대응 및 다시 언론에 대한 시민의 영향을 논리적으로 이해하도록 도움을 준다.

삼각형 내각의 합이 180도라는 것은 유클리드 기하학에서는 진리이고 다른 주장을 허용하지 않는 힘을 발휘하지만, 지구가 평면이 아니

---

17) 문종대(2004, 119)는 공정성 기준에 대해 똑같지 않은 언론사가 상호 다른 가치를 추구하고 있음에도 불구하고 똑같은 기준으로 언론 보도를 할 것을 요구하는 언론의 공정성에 대한 가치일원주의는 국가의 지속적인 개입을 요구한다고 지적한다.

18) 언론 학회 보고서의 공정성 여부 지적에 대해서는 이진로(한국일보 2004. 06. 17.)의 칼럼을 참고할 것.

고 둥글게 존재함을 인정하는 비(非)유클리드 기하학에서는 더 이상 영향력을 발휘하지 못한다. 이처럼 주장은 사실의 입증 여부에 따라 설득력이 달라진다는 점을 보여준다.

탄핵이란 사건은 시민으로 하여금 국회의 긍정적 역할에 대한 최소한의 기대감을 상실케 하고, 새로운 인식틀로 국회에 대한 평가와 지지 정당을 크게 바꿨다. 국회의 담론을 수용해 온 시민 담론이 이처럼 탄핵에 대해 거부 반응을 보인 원인은 노무현 정부 시기 언론의 세 가지 환경 변화와 관련된다.

먼저 언론의 자유가 확대되면서 대통령과 그 측근에 대한 비판과 폭로가 활발해졌고, 부패를 조기에 진화하고 최소화했다는 점이다. 언론이 정권 초기 6개월 동안에도 부패 혐의가 있는 많은 대통령 측근을 자리에서 떠나도록 했고, 이는 노무현 정부의 부패 정도를 줄였다. 둘째, 언론 영역의 다양화로 과거 국회 담론을 일방적으로 전달하고 확대해 온 과점 신문의 영향력이 축소되고 시민 담론을 지향하는 다수의 신문과 방송 그리고 인터넷 매체의 영향력이 확대됐다. 특히 인터넷은 시민의 현실 인식에 신속성과 전문성을 부여할 뿐만 아니라, 촛불집회의 매개체로 작용하면서 국회 탄핵 담론의 확산을 막았다. 셋째, 정부의 대선 자금 수사와 언론의 정치인 부정부패 보도로 인해 고정관념(Stereotype)화한 '차떼기' 담론이 국회 탄핵 결정의 근거와 정당성을 약화시켰다. 시민 담론은 언론을 통해 비판받아 온 국회의 대통령 탄핵 소추 결정에 대해 수긍하지 못했다.

이처럼 국회 담론을 거부한 시민 담론의 형성은 '편파 보도'나 '음모'에 의해서가 아니라, 오히려 부패한 대통령 측근을 조기에 솎아내고, '차떼기' 국회의원의 비리를 밝히고, 국회가 다수의 힘을 앞세워 탄핵 소추를 가결한 과정을 충실히 보도한 데 따른 것으로 볼 수 있다.

한편 노무현 정부 시기 언론 구조의 특징 중 하나로 신문의 정부 비판적 보도에 대해 반론 보도 신청이나 인터넷을 통한 해명에 적극적이라는 점이다. 이는 인간이 현대의 과학과 기술에 내재된 목적합리성을 넘어서 진정한 자유와 해방을 실현시킬 수 있는 능력을 갖출 수 있음을 제안했던 하버마스의 의사소통행위 이론을 향한 측면에서 해석될 때 긍정적인 의미를 지니지만 언론자유의 제약으로 연결될 때는 부정적인 결과를 낳을 수 있다.

먼저 긍정적인 측면으로는 의사소통행위의 참여자가 상대방에게 이해 가능성, 진리성, 정당성, 진실성 등 네 가지 타당성을 요구하고 상대방의 발언을 수용하고 반론을 제기하는 것은 물론 이와 더불어 유보도 가능할 경우 다른 어떤 대화 행위보다도 우월하기 때문에 하버마스는 자유스러운 환경에서의 적극적인 토론을 높이 평가한다. 이상적인 담화 상황 속에서 이루어지는 자유로운 의사소통의 결과 얻어지는 의사소통적 합리성의 증대는 개인이 살아가는 생활 세계가 정치적 공동체인 국가나 또는 일반 사회를 의미하는 체계에 의해서 일방적으로 규정되는 상태(식민지화)로부터 벗어나 인간적이고 해방된 사회로 이끌 것으로 기대되기 때문이다. 하버마스는 생활 세계의 합리화 속에서 상호 조정을 위해 돈과 힘 등 비언어적 수단에 의존하는 경향이 발전되는 상황에서 커뮤니케이션에 의한 합의에 근거하여 사회 통합의 영역을 넓혀 가는 일이 현대 사회가 해결해야 할 과제라고 강조하고 논의와 통찰만으로 합의에 이를 수 있는 합리적인 공론의 영역 (the public sphere)을 확보하는 제도를 만들어야 한다고 주장했다. 정부의 적극적인 반론 요구와 해명이 공론장을 지향한다면 매우 바람직한 현상이 될 수 있다.

그러나 과점 신문이 정부 비판의 성역을 넘나드는 등 횡포에 가까

울 정도로 언론의 자유를 누린다고 볼지라도, 정부는 언론의 자유 일
반의 중요성을 강조하는 논리가 시민들에게 지지받고 있음을 주목해
야 한다. 미국의 정치인 토머스 제퍼슨은 "신문 없는 정부보다 차라
리 정부 없는 신문을 선택하겠다."고 말했다. 그러나 대통령이 된 후,
언론자유를 남용하는 신문에 대해 법적 조치의 필요성을 절감했다.
언론과 정부의 갈등 관계는 상식이다. 시계추처럼 움직이는 언론의
대응이 지나칠 수도 있다. 이럴 때조차, 아니 이럴 때일수록 정부는
볼테르가 말했듯이 "내가 비록 당신의 말에 동의하지 않을지라도 당
신의 말할 권리는 최후까지 지키겠소."라는 정신으로 언론정책을 펴
야 한다. 왜냐하면, 민주주의 사회는 표현의 자유를 기반으로 하므로
정부와 언론의 갈등과 대립은 일정한 범위에서 생산적이기 때문이다.
표현의 자유는 정부가 무소불위의 권력을 행사하지 않도록 견제하고,
새로운 정치 세력에게 지지 기반을 확산시키는 기회를 제공한다는 점
에서 시민의 권리이기 때문이다.

　지금까지 살펴본 노무현 정부 시기 언론 구조의 특성은 '인터넷＝
시민', '신문＝보수적 정치 세력과 자본' 그리고 '방송＝진보적 정치
세력과 국가' 등과 같이 매체별로 역학 관계가 다르게 나타났다는 점
이다(〈그림 5〉).

<그림 5> 노무현 정부 시기 언론 구조

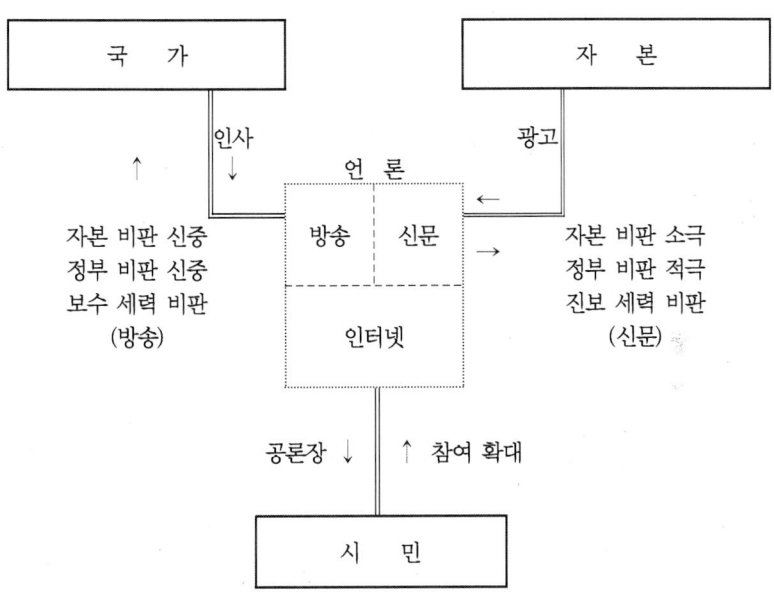

언론을 둘러싼 점선은 각 주체의 상호 침투의 활성화를 그리고 신문, 방송, 인터넷 경계의 끊어진 실선은 매체별 융합을 각각 의미함.

즉 인터넷의 경우 시민을 중심으로 한 활동 공간을 제공했다. 신문의 경우 보수적 입장의 과점 신문은 한나라당과 같은 보수적 정치 세력과 입장을 공유하고, 광고 의존에 따른 자본의 영향력 아래 있었다. 방송의 경우 공영방송으로 불리는 KBS와 MBC의 경우 사장의 임명 과정에서 정부의 의사가 반영될 수 있다는 점과 탄핵 관련 사안 등에서 시민의 분노를 보도하는 과정에서 상대적으로 진보적 정치 세력이나 또는 국가의 입장을 충실히 보도했다고 지적받는 점에서 다른 정부 시기와는 다른 특징을 보여줬다.

4. 결 론

이 글은 한국 언론이 1980년 이래 지금까지 다양한 측면에서 구조적 변화를 이루었음을 살펴보고 노무현 정부 시기 언론 구조의 특징을 밝히고자 했다.

1980년 이후의 한국 언론은 전두환 정부 시기(1980~1988), 노태우 정부 시기(1988~1993), 김영삼 정부 시기(1993~1998), 김대중 정부 시기(1998~2003) 그리고 노무현 정부 시기(2003~2007) 등으로 나눌 수 있다.

먼저, 전두환 정부 시기에 언론은 권위주의적 국가에 의한 강압적 통제에 놓여 있으면서 보도 활동의 세세한 부분까지 영향을 받았다. 그러나 자본에 대해서는 재벌과 대기업의 문제점에 대한 보도가 비교적 활발히 이루어졌고 광고 경쟁 매체가 제한된 상황에서 별다른 압력을 받지 않았다. 시민에 대해서는 카르텔체제의 안정적인 시장 구조에 온존하며 관행적인 정부 편향 보도를 수행하는 과정에서 일방적인 이데올로기적 역할을 수행해 오다가, 이러한 사실이 누적되어 폭로되고, 집단적인 저항을 불러일으켰다.

다음에 노태우 정부 시기에 언론은 언론 기본법의 폐지에 따라 새로운 매체들이 기존에 비해 대거 신설되면서 자유경쟁체제로 들어갔다. 국가의 언론에 대한 개입이 완화되어 비공식적이고 개별적 차원의 통제로 전환되었고, 완화된 통제 시도도 언론 단체로부터 비판받게 되면서 더욱 줄어들어, 언론은 국가로부터 비교적 자유스러운 입장에서 활동했다. 그러나 자유경쟁체제는 언론으로 하여금 자본의 통제에 취약하게 만들었다. 왜냐하면 언론이 광고 수입을 늘리기 위해

서는 자본에 더욱 의존하도록 만들었기 때문이다. 반면에, 자본으로서
는 광고 매체를 선택할 수 있다는 측면에서 언론에 대한 개별적 대응
이 가능했고 이에 따라 언론 보도에서 자본을 비판하는 정도가 더욱
약화됐다.

  그리고 김영삼 정부 시기에 언론은 점차 대등한 입장에서 국가와
상호 작용을 미칠 수 있을 정도로 권력을 행사하기도 했다. 그동안
언론은 국가로부터 일방적인 영향을 받아 왔으나 이제 좀더 자유로운
대통령과 국회의원 선거가 실시되면서 일정 정도 영향을 미치는 것도
가능해졌기 때문이다. 또한 보다 민주적인 집단으로 구성된 정부의
정책 추진 과정에서 언론의 입장과 반응을 중시하게 되자, 시민의 여
론에 영향을 미치는 점에서 그 사회적 위상이 높아졌다. 자본의 경우,
언론 내의 경쟁이 치열해짐에 따라 기존의 불리한 구조가 지속되었고,
이에 따라 자본의 입장에서는 직접적인 언론 소유에 대해 재고하고,
언론사에 대한 소유 주식을 조정하는 등 공식적인 관계를 축소하기도
했다. 한편 언론은 시민의 주요한 정보원으로 국가와 자본에 대한 이
미지 형성과 대응에 일정한 영향을 미쳤으나, 자본에 대한 편향된 보
도와 국가에 대한 불균형한 보도로 인해 권력화되었다는 비판을 초래
했다.19)

---

19) 안상운(2001, 333쪽)은 권위주의 정권하에서 언론의 자유가 제한된 상황
   하에서 언론의 책임을 묻기 어려웠지만, 민주화 시대에 언론자유가 확대
   된 상황하에서는 잘못된 보도에 대한 책임 의식이 중요하다고 주장한다.
   "과거 권위주의 체제하에서 언론이 권력으로부터 탄압을 받고 있을 때
   는 언론의 '책임'보다는 언론의 '자유'를 더 중요한 가치로 인식하였다.
   그러나 우리 사회가 전반적으로 탈권위주의적 민주화의 길로 들어선 다
   음에는 언론에 대해서도 그 '자유'뿐만 아니라 '책임'도 함께 요구하고
   있다. 국민들은 더 이상 취재 보도에 있어 이른바 성역을 인정하거나 언
   론의 과오를 지켜만 보고 있지 않다. 또 언론도 성역이 있음을 내세울

또한 김대중 정부 시기에 언론은 대통령 선거 과정에 개입 정도를 둘러싸고, 감정적인 대립을 벌인 후 국가의 언론개혁 제기 및 전격적인 세무조사에 대한 강력한 반발과 탈세액 추징 등으로 인해 상당한 경제적 타격을 받고 위상이 흔들렸다. 그러나 정부의 직접적인 통제를 받지 않는 상황에서 지속적인 비판 보도를 유지하고 있는 점에서 독립적이고 대등한 관계를 유지했다. 자본과의 관계에서는 언론계의 경쟁이 더욱 치열해지는 상황에서 여전히 광고를 매개로 하여 상당한 정도의 비공식적 통제 구조 속에 있다. 또한 시민과의 관계에서는 다양한 매체의 이용가능성으로 인해 개별 매체의 영향력이 감소하는 한편 새로운 매체인 인터넷이 시민에 의해 선호되고, 급속히 확산하는 과정을 겪었다.

노무현 정부 시기에 언론은 인터넷이 대통령 선거 과정에서 영향력을 발휘하고 그 후 사회의 주요 이슈를 제기하는 등 주도적인 매체의 하나로 자리매김했다. 신문은 보수적 입장의 과점 신문과 다양한 입장의 신문으로 나뉘어서 당파적 갈등을 보였다. 신문법의 개정에 따라 신문 시장이 개선될 가능성을 보였으나 현실적으로 과점 구조는 유지됐다. 방송의 경우 지상파 공영방송의 정부 편향 보도 및 공정성 논란이 있었으나, 케이블방송, 위성방송, 위성 및 지상파 DMB 사이의 경쟁이 심화되면서 전체적으로 지상파 방송의 영향력은 축소됐다.

이러한 언론 구조의 변화 요인으로는 1980년 이후 김대중 정부 시

수도 없고, 언론의 자유를 이유로 하여 마냥 이해해 달라고 힐 수도 없는 것이 지금의 현실이다.
이런 상황에서 국민들이 언론의 무책임한, 불공정한 보도에 대하여 자기 목소리를 내기 시작한 것이다. 이러한 현상은 언론의 소비자이자 수용자인 국민들의 정당한 권리 주장이다."

기까지 정치적 측면에서 언론과 사회의 강력한 민주화 요구, 경제적 측면에서 언론의 광고 수입 확대와 자본의 상품 판매를 위한 광고 수단 확보, 그리고 정보적 측면에서 양적으로 풍부한 정보와 질적으로 탁월한 정보를 생산하고 소비할 필요성 등을 들었는데(이진로, 2003), 이는 노무현 정부 시기에도 적용될 수 있다. 이러한 요인들은 앞으로도 언론을 변화시키는 주요 동인으로 작용할 것이다.

|참고문헌|

김남석(1998). 신문산업 구조조정의 방향. 『저널리즘 비평』, 제24호, 48~52.

김명아(2003). 사이버공동체와 사회자본의 형성. 『지역사회학』, 제5권 제1호.

김승수(1998). 방송구조 조정의 진정한 의미. 『저널리즘 비평』, 제24호, 2
8~35.

김승수(2001). 언론의 자유인가, 언론 독재의 자유인가. 『언론개혁』, 제2호,
2001 여름호, 244~254.

김지운 편(1990). 『매스미디어 정치경제학』. 나남.

김지운, 방정배, 정재철(2000), 『비판커뮤니케이션』. 커뮤니케이션북스.

김해식(1992). 「1960년대 이후 한국언론의 성격변화과정에 대한 사회학적
연구: 국가, 자본, 언론자본, 제국주의의 영향을 중심으로」. 서울대
학교 대학원 사회학과 박사학위논문.

문종대(2004). 언론 공정성 개념의 재개념화. 『한국언론정보학보』, 27호,
2004년 겨울, 93~122쪽.

박동진(2004). 전자적 공론장과 16대 대통령 선거. 『2004 IT 정책 연구자
료집: 정보기술과 정치 · 사회의 변화』. 한국전산원.

박승관 · 장경섭(2000). 한국의 정치변동과 언론권력: 국가 - 언론관계 모
형변화. 『한국방송학보』. 통권 14 - 3호 81~113쪽.

박용규(1988). 「미군정기 한국 언론 구조의 형성과정에 관한 연구」. 서울
대학교 대학원 신문학과 석사학위논문.

양승목(1995). 한국의 민주화와 언론의 성격 변화. '자율언론'의 딜레마.
유재천(외) 『한국 사회변동과 언론』. 서울. 소화. 93~146쪽.

원용진(1998). 『한국언론민주화의 진단』. 커뮤니케이션 북스.

윤영철(1995). 사회변동과 언론통제. 유재천(외), 『한국 사회변동과 언론』,
181~225쪽.

이범수, 이진로, 조항제(1989). 1980년대 한국 언론정책의 성격. 학술단체

협의회, 『1980년대 한국 사회와 지배구조』, 171~197.

이상철(2001). 매체환경 변화와 언론개혁. 『관훈저널』, 제78호, 2001 봄, 2
0~27.

이재경(2003). 언론인 인식을 통한 한국 사회와 언론자유의 조건연구. 『한
국언론학보』 47권 2호. 54~77쪽.

이진로(1988). 「1980년대 한국신문산업에 대한 연구」. 서울대학교 대학원
신문학과 석사학위논문.

이진로(2003). 한국 언론의 국가, 자본 및 시민 등과의 관계 변화에 관한
역사적 연구: 1980~2003. 『언론과학연구』, 제3권 2호, 2003. 8, 27
1~301쪽.

이진로(2004). 한국 공영방송의 사회적 성격에 관한 연구: 노무현 정부
초기 한국방송공사(KBS) 사장 선임 과정. 『언론과학연구』 제4권
2호, 2004. 8, 177~208쪽.

이진로(2006). 노무현 정부 시기 언론 구조에 관한 연구: 2003~2006. 한
국언론정보학회 2006년 봄철 정기학술대회 발표논문집. 173~194.

이효성(1989). 『정치언론』. 이론과실천.

이효성(1996). 『한국언론의 좌표』. 커뮤니케이션북스.

임영호(2001). 저널리즘과 시장경제, 그 묘한 함수관계. 『관훈저널』, 제78
호, 2001 봄, 79~87.

정연우(1994). 「한국 신문산업에 대한 산업조직론적 연구」. 중앙대 신문학
과 박사학위논문.

정용준(1995). 「1990년대 한국 방송구조의 공익성에 관한 연구: 국가, 시
장, 시민사회의 관계를 중심으로」. 서울대 신문학과 박사학위논문.

조항제(1994). 「1970년대 한국 텔레비전의 구조적 성격에 관한 연구: 국
가정책과 텔레비전 자본간의 관계를 중심으로」. 서울대학교 대학
원 신문학과 박사학위논문.

조항제(2002). 『한국의 민주화 미디어 권력』. 서울. 한울아카데미.

주동황(1992). 「한국정부의 언론정책이 신문산업의 변천에 미친 영향에

관한 일고찰」. 서울대학교 대학원 신문학과 박사학위논문.

최경진(2003). 한국의 정부와 언론의 갈등적 관계에 관한 일 고찰: 참여정부
의 언론정책을 중심으로.『언론과학연구』, 제3권 3호. 95~132쪽.

한국언론2000년위원회(2000).『한국언론의 좌표』. 관훈클럽.

Curan J. & M. Gurevitch(1993). Mass Media and Society. London:
Arnold. 김지운 역(1993).『현대언론과 사회』. 나남.

Garnham, N(1981). Contribution to a Political Economy of Mass
Communication, G. C. Wilhoit et al.(eds.). Mass Communication
Review Yearbook, vol.2. Beverly Hills: Sage. 이상희 편(1983).
『커뮤니케이션과 이데올로기』. 83~122.

Garnham, N(1990). Capitalism and Communication: Global Culture and
the Economics of Information. London: Sage.

Golding, P(1974) The Mass Media. Harlow: Longman.

Golding, P. and Murdock, G.(1978). "Confronting the Market, Public
and Press diversity", in J. Curran (ed.), The British Press: a
Manifesto, Macmillan.

Golding. P. and G. Murdock, G(1993), Culture, Communication and
Political Economy. J. Curran et al.(eds.). Mass Media and
Society. London: Arnold. 15~32. 김지운 역(1993).『현대언론과
사회』. 나남. 33~63.

McChesney, R(1999). Rich Media, Poor Democracy: Communication
Politics in Dubious Times. University of Illinois Press.

McChesney, R., Wood, A. & J. Foster(1998). Capitalism and Information
Age: The Political Economy of the Global Communication
Revolution. New York: Monthly Review Press. 김지운 역.『커뮤
니케이션 기술혁명의 정치경제학』. 커뮤니케이션북스.

Mosco(1996). The Political Economy of Communication. London: Sage.

김지운 역(1998). 『커뮤니케이션 정치경제학』. 나남출판.

Siebert, F., Peterson. T. & W. Schram(1956). Four Theories of the Press. Urbana.

Champaign: University of Illinois Press.

Murdock, G(1982). "Large Corporations and the Control of the Communication Industry", In M. Gurevitch, T. Bennet, J. Curran, & J. woolaott(eds.). Culture, Society and the Media. London: Routledge. 118~150.

Murdock, G. and P. Golding(1974). "For a Political Economy of Mass Communication", in Milliband, R. and Saville, J. (eds.). The Socialist Register. London: Merlin Press.

Murdock, G. and P. Golding(1979). Capitalism, Communication and Class Relations. J. Curran et al.(eds.). Mass Communication and Society, Beverly Hills: Sage. 이상희 편(1983). 『커뮤니케이션과 이데올로기』. 153~193.

Smythe, D(1976). Communications: Blindspot of Western Marxism. 1976.

Smythe, D(1981). Dependency Road: Communication, Capitalism, Consciousness and Canada. New Jersey: Ablex Publishing Corporation.

Yim, Dong-uk(1989). Changing Patterns of Cultural Imperialism, From Simple to Diverse: A Korean Case. Center for Mass Communication Research. University of Leicester. Ph.D. Dissertation Thesis.

제3부: 이명박 정부시기 한국 언론의 정치경제학

2008년 한미 쇠고기 협정 관련 촛불 집회의 커뮤니케이션 구조 연구

2008년 한미 쇠고기 협정 관련 촛불 집회의 커뮤니케이션 구조 연구[1]

1. 문제의 제기

2008년 4월 미국산 쇠고기 수입과 관련한 협상 결과에 대한 국민의 저항 과정은 한국사회의 새로운 미디어 현상을 보여줬다. 2007년의 대통령선거에서 정치 담론을 주도한 것은 신문 매체의 메이저로서 흔히 조중동으로 불리는 〈조선일보〉, 〈중앙일보〉, 〈동아일보〉였다. 하지만 2008년의 쇠고기 협상에서 주목받은 미디어는 방송에서 〈MBC〉, 신문에서 〈경향신문〉, 〈한겨레신문〉 그리고 포털사이트에서 〈다음〉 등이다.[2]

특히 이 중에서도 4월 29일 〈MBC〉의 〈PD수첩〉에서 보도한 광우병 소의 위험성 보도와 5월 5일 1백만 명을 넘어선 포털사이트 〈다음〉에서 진행 중인 이명박 대통령 탄핵 서명 인원의 규모와 증가 속도는 전국에 걸쳐 미국산 쇠고기 협상의 재협상 주장과 관련한 시민의 저항 확대와 촛불모임 개최 등에 큰 영향을 주었다.

쇠고기 협상과 관련한 주체와 논란의 진행 과정 그리고 관련 매체는 각각 다양하게 나타났다. 먼저 시민의 경우 인터넷과 〈경향신문〉, 〈한

---

1) 이 글은 필자의 기존 발표(2008a, 2008b)를 재구성, 보완한 내용이다.
2) 〈조선일보〉, 〈중앙일보〉, 〈동아일보〉를 각각 지칭할 때는 조선, 중앙, 동아로 그리고 함께 지칭할 때 조중동이라고 표현한다. 〈경향신문〉, 〈한겨레신문〉은 각각 경향, 한겨레로 표현한다.

겨레신문〉 등을 중심으로 광우병으로부터 안전하지 않은 미국산 수입 소의 문제점에 대한 정보를 공유했다. 시민은 인터넷의 서명 사이트와 문화제 형식의 촛불집회에 참여했고, 미국산 수입 쇠고기 협상에 대한 반대 입장을 강화했다. 이후 TV를 통해 중계된 청문회와 주요 방송의 시사프로그램을 통해 저항 분위기가 확산되어 갔다. 2008년 2월 대통령에 대한 취임 시점의 지지율이 50%를 넘어섰으나 100일을 전후로 하여 20% 내외로 그리고 6월 중순에는 10%대 내외로 크게 떨어졌다.

정부와 한나라당은 시민의 항의가 미국산 쇠고기의 안전성을 잘 모르고 움직이는 행동으로 파악했다. 또한 인터넷 서명운동, 촛불시위 등 쇠고기 논란의 배후에 정치적 의혹이 있다고 보았다. 즉 반미, 반정부 세력이 국민이 민감하게 여기는 먹거리 문제와 연계시켜 공포와 불안을 조장한다는 의구심을 제기한 것이다. 조중동의 보도는 전반적으로 정부의 입장을 반영했다. 주요 신문을 통해 미국산 수입 쇠고기가 광우병으로부터 안전하다는 광고도 집행됐다. 방송통신위원회가 인터넷 포털 〈다음〉에 대해 탄핵서명사이트를 비롯해 불리한 정보에 대한 압력을 행사한 것으로 언론이 전하기도 했다. 하지만 의혹을 해소하겠다는 5월 7일의 청문회와 이후 벌어진 TV 토론 등을 통해 미국산 쇠고기의 광우병 위험을 해소시키지 못했고, 오히려 협상 과정에서 미국의 입장에 관한 정보를 오역하는 등 미흡한 점을 지적받았다.

그리고 통합민주당의 경우 시민의 입장을 반영하기 위해 청문회를 통하여 쇠고기 협상이 미국 측의 입장을 일방적으로 받아들였고, 광우병의 위험을 증가시켰다는 점을 강조하면서 특별법 추진을 검토했고, 고시 연기, 재협상 추진 등을 주장했다.

이와 함께 한국 시민의 미국산 쇠고기에 대한 반발기류를 차단하기 위한 미국 정부의 적극적인 해명이 뒤따랐다. 미국 농무부(USDA)는

5월 4일 일요일 오후 기자회견을 열어 광우병 논란을 포함해 미국산 쇠고기의 안전성을 강조하고, 미국에서도 문제가 된 육가공업체의 불법도축 의혹과 검역시스템에 대해 설명했다. 미국의 주요 언론 월스트리트저널도 미국산 쇠고기의 안전성을 강조하면서 우리 언론과 인터넷의 잘못된 보도를 지적했다. 어디까지나 미국의 입장을 충실히 반영했다. 하지만 한국에서 시민의 저항이 확대되자 광우병 발생 시 한국의 미국산 쇠고기 수입 중단이 GATT에 위배되지 않을 경우 수용을 검토할 의사가 있음을 밝히기도 했다.

이글은 미국산 쇠고기 협상 결과 보도를 둘러싸고 사회의 주요 주체별, 매체별 보도의 시기별 변화에 주목하고 커뮤니케이션 구조 변화의 주요 특징을 살펴보고자 한다. 접근 시각은 매체 현상을 경제적 측면에서 접근하는 정치경제학적 접근이다. 구체적인 분석 방법은 상황의 변화 시점인 국면의 특징을 드러내는 자료를 분석하는 역사적 연구방법이다. 이 과정에서 인터넷 영향의 확대에 주목하여 정보사회에서 적용될 수 있는 정치경제학의 내용을 보완적으로 제안하고, 적용할 것이다.

2. 연구문제와 연구방법 및 주요 개념의 정의

1) 연구문제

이 글의 연구문제는 다음과 같다.

첫째, 신문 매체의 한미 쇠고기협정과 관련한 촛불집회에 참여한 시민의 커뮤니케이션 구조는 무엇인가.

둘째, 한미 쇠고기협정과 관련한 촛불집회 담론과 관련한 주체별 및 매체별 커뮤니케이션 구조는 어떤 특징을 지니는가?

2) 연구방법 및 분석틀

위의 연구문제를 풀어나가는 방법으로 문헌연구와 더불어 신문과 인터넷에 나타난 주요 자료를 분석에 사용하였다. 자본주의 사회의 주요 세력인 국가와 자본, 시민이 언론과 함께 역학관계에 따라 다양한 구조를 형성하는 것으로 파악한다.

이 글에서는 한미 쇠고기 협상과 관련한 언론 보도를 주체별 상호 작용과 변화의 역동성을 파악함으로써 매체 자본의 정치경제학을 새롭게 구성할 수 있다고 보았다. 즉 이번 사례에서 나타난 국가, 시민, 언론(조선, 중앙, 동아, 경향, 한겨레 등의 신문과 인터넷의 〈다음〉 포털사이트, 방송의 MBC 〈PD수첩〉 등)은 각각의 존재 논리와 필요성에 따라 담론에 개입하고, 영향을 받는다. 이 과정에서 각 주체의 상호 작용에 따른 관계 변화의 특성을 정치경제학적 측면에서 밝힐 것이다.

구체적 분석은 변화의 계기와 과정 그리고 영향에 대해 주목하는 역사적 연구 방법에 설 것이다.[3] 이 과정에서 논리 전개의 주요한 축은 어디까지나 언론에 둘 것이다. 언론현상은 언론을 중심 대상으로 보고 다양한 문제점을 언론 내부의 요인에서 찾을 때 보다 현실적일 수 있기 때문이다. 그리고 여기서 논의하는 국가, 자본, 시민은 모두 별개로 독립된 주체와 현상이라기보다는 언론을 매개로 하여 움직이

---

3) 그로스버그(Grossberg, 2006)는 이러한 시각에 대해 국면주의(conjuncturalism)로 표현하고, 사회 주체의 다양한 실천에 따른 갈등과 균형 과정이라고 설명한다.

고 의미를 지닌다고 할 수 있다. 또한 언론 현상의 고정불변적 측면
보다는 언론과 다양한 주체간의 상호작용에서 변화하는 측면이다. 즉
언론을 역동적으로 파악할 때 언론은 수동적인 대상이 아니라 능동적
인 주체로 파악된다.

3) 주요 개념의 정의

이러한 연구문제를 풀어가는 분석과정에서 논의될 주요 개념은 다
음과 같이 정의한다.

첫째, 먼저 국가의 경우 정부와 여당을 포함한다. 정부는 쇠고기 협
상의 추진 주체로서 협상 결과를 정당화하는 입장이다. 여당은 국회
를 구성하는 다수당이다.

둘째, 시민의 경우 여론조사를 통해 한미 쇠고기 협상에 부정적 태
도를 보이고, 광우병의 위험성 증가에 대해 우려하는 응답자가 70%
내외에 이른다는 점에서 협상 결과를 부정하고, 재협상을 주장하는
입장이다.

셋째, 매체로는 신문, 방송, 인터넷 등이 포함된다. 매체의 보도 태
도는 개별 신문이나 또는 방송, 인터넷 포털 사이트 등을 통해 다르
게 나타난다. 여기서는 특히 신문의 경우 이른바 조중동으로 불리는
조선, 중앙, 동아의 경우 상대적으로 정부와 입장을 공유하여 협상 결
과에 긍정적이고 시민의 반응에 비판적인 반면에, 경향과 한겨레의
경우 정부의 입장에 비판적이고 시민의 반응에 우호적이다. 하지만
이러한 입장은 상황 전개와 사안에 따라 부분적으로 또는 상당한 정
도로 다르게 나타날 수 있다. 또한 인터넷의 경우 포털 사이트 〈다음〉
은 대통령에 대한 탄핵 서명 사이트가 개설된 점에서 특별히 주목을

끝었다. 포털 사이트의 논의 역시 네티즌이 참여하는 주제에 대해 주
장자의 판단에 따른 찬반의 입장이 다양하게 전개된다.

그리고 국가와 시민, 매체별 태도의 변화는 시기별로 다르게 나타
날 수 있다. MBC의 PD수첩이 한미 쇠고기 협정의 결과 향후 광우병
의 위험성 증가에 관한 보도와 대통령 탄핵 서명 100만 명 돌파, 고
시 관보 게재 유보, 2008년 6월 10일 전국적으로 100만 명 참가를 목
표로 한 촛불집회 등은 새로운 국면을 형성한다는 점에서 각 주체의
상호작용과 변화에 영향을 주는 사건에 해당한다.

넷째, 커뮤니케이션은 두 가지 의미를 지닌다. 하나는 촛불집회의
발의와 유지 및 진행, 평가 등에서 시민이 정보를 공유하고 행동하는
현상이다. 다른 하나는 각 주체별, 매체별 담론의 형성과 확산 활동이
다. 하지만 실제 분석 과정에서 양자의 구분은 엄격하지 않을 수 있
고, 필요시 언론의 보도와 이에 대한 시민의 반응을 포함한 커뮤니케
이션을 함께 다루겠다.

3. 쇠고기 협상과 커뮤니케이션

1) 협상 결과에 대한 언론의 보도와 시민의 대응

한미 쇠고기 협상 타결 관련 소식이 4월 18일 이후 본격 보도됐다. 매
체별로 다양한 입장을 보여줬다. 조중동과 경향, 한겨레의 보도 논조가
대조된다. 상대적으로 조중동의 경우 정부의 협상 결과에 대해 중립적이
거나 또는 지지하는 입장이었다. 경향과 한겨레는 비판적 시각이 강했지

만 충분한 주목을 받지는 못했다. 네티즌과 시민단체 그리고 통합민주당 등은 광우병 위험에 주목하여 반대논리를 전개했다. 이 과정에서 협상에 관한 정보가 제한된 가운데 미국산 수입소의 광우병 위험 가능성을 제 고시킨 주요 자료는 2007년 쇠고기 수입 재개와 관련해 논의됐던 조중동과 한나라당의 비판 내용과 논리였다. 조중동은 기존의 주장과 달라진 주장을 전개한 데 따라서 네티즌의 거센 비판에 직면했다.

〈표 1〉 한미 쇠고기 협상 이후 시기별 주요 상황 변화(2008년)

시 기	상 황
4.17	한미 쇠고기 협상 타결
4.30	'PD수첩' 광우병 의혹 제기
5.2	1만여 명 '1차 촛불집회', 청계광장
5.6	美농무부 '광우병 안전하다'
5.7	'쇠고기 청문회' 격론
5.8	한 총리 "상황 발생 시 쇠고기 협정 개정 요구"
5.13	美 "'문제되면 수입중단' 수용"
5.20	한미 '광우병 차단' 명문화
5.22	李대통령 대국민담화 "쇠고기 문제 송구"
5.24	민주노총, 전교조 합류. 공기업 민영화, 교육문제로 이슈 확대. 촛불집회 첫 가두시위
5.29	정부 쇠고기 고시 관보 게재 강행
6.2	농식품부 쇠고기 고시 관보 게재 유보
6.3	'30개월 이상 소, 수출 금지' 美에 요청
6.5	북파 공작원 단체 등 보수진영 맞불 집회. 촛불집회 72시간 릴레이 집회
6.10	6.10 21주년 최대 촛불집회-100만 촛불 대행진
6.12	김종훈 "미국과 쇠고기 '추가협상'"
6.13	'공영방송 수호' 이슈 확대, 여의도 대규모 집회

*자료: 네이버(2008.6.15) 뉴스 코너의 '쇠고기 협상 이후'에 소개된 보도 내용 및 경향신문 촛불집회 경과(2008.6.16: 3)에서 재구성

협상 결과의 내용이 점차 밝혀지면서 언론의 대립적 입장이 격화됐다. 문제 제기도 활발하게 이루어졌다. 경향과 한겨레의 활발한 보도는 네티즌으로부터 긍정적 평가를 받았다. 한미 쇠고기 협상은 주요 쟁점이 광우병 위험에 따른 국민의 건강 위협을 비롯해 검역 주권 상실 등으로 다양하게 확산됐다. 이에 따라 시민의 관심도 급격히 커졌다. 이 과정에서 주로 네티즌의 인터넷 블로그와 댓글, 경향신문과 한겨레신문 그리고 MBC의 시사고발 프로그램인 PD수첩 등이 큰 영향을 미쳤다. 개별적으로는 비교적 소수에게 영향을 미쳐온 한미 쇠고기 협상에 대한 이들의 비판적 주장은 조중동이 지배해온 담론의 굳건한 장벽을 넘어서기 시작했다.

특히 MBC의 PD수첩은 이번 한미 쇠고기 협상이 미치는 영향에 관해 영상물을 통해 전달함으로써 시민의 인식 형성과 상황 판단에 상당한 영향을 미쳤다. MBC의 PD수첩 보도는 2008년 4월 29일(화)과 5월 13일(화) 두 차례에 걸쳐 이루어졌는데, 광우병의 위험이 비교적 실감되지 않은 상황에서 방영된 첫 보도가 더욱 주목받았다. 주요 내용은 시민의 입장에서 광우병의 위험을 막고 예방하기 위해 미국산 쇠고기의 안정성에 대한 알권리와 국민 건강 주권의 중요성을 다루었다. 구체적으로 도축장 관리 및 검역 주권, 동물성 사료 관리, 이력추적제, 국제수역사무소(OIE)의 광우병과 관련한 관리 기준 변화 문제 및 광우병에 걸리기 쉬운 유전 형질 등의 문제를 다루었다.

이러한 보도에 대해 조중동과 한나라당이 혹세무민 이라며 맹비난에 나섰다. PD수첩과 네티즌들은 이러한 내용이 2007년 이루어진 조중동과 한나라당의 미 쇠고기 수입 비판과 모순이라고 반박했다.

〈표 2〉 네티즌이 공유하는 조중동의 2007년 광우병 위험 보도 내용

신문별	2007년(노무현 정부 기간 중)
조선일보	[사설] 미국 쇠고기 안전 확신 책임은 미국의 몫 [사설] 광우병, 제대로 알려야 농림해양수산위, 광우병 대책 '오락가락' 100개國이상 광우병 위험 "오락가락 정책이 광우병 공포 확산" [시론] 광우병과 알츠하이머……서유헌 [이규태 코너] 인간 광우병 [의견] 애완동물 사료는 안전한가 [건강] 광우병 공포 확산……한국 안전지대 아니다 일본 광우병 우려 화장품 판매금지 [팔면봉] 우리 대책은 "문제 터진 뒤에 봅시다?" "소 골·등골·눈 먹지 마세요" [우리나라는 안전한가] '음식물 찌꺼기 사료' 광우병 발병 논란 [사설] "우리는 광우병 걱정 없다"? 광우병 환자 수 '빙산의 일각' [과학] 인간 광우병 병 걸린 쇠고기 먹으면 감염……사망률 100% 광우병 파악 못한 죄책감에 日보건소 여직원 자살 [캐나다] '사스·광우병 공포' 확산 [기자수첩] 광우병에도 '힘의 논리' [책마을] 오염, 당신의 자녀가 맛있게 먹고 있다 [미니 칼럼] 공업용 먹어도 害없다?
중앙일보	[사설] 미, 쇠고기 검역 제대로 하고 개방 요구해야 美 왜 한국 쇠고기 시장 집착하나 [이슈추적] 왜 미국산 쇠고기서 뼈 자꾸 나오나 美쇠고기 등뼈·갈비만 11차례 나와 미국, 한미 쇠고기 협상 부진에 "깊은 실망" 미국산 쇠고기 갈비통뼈 또 발견 [뉴스 in 뉴스] 추석 때 미국산 갈비·등뼈 먹을까 식품 관리 선진국서 배우자 - "투명성이 최선" 가공 없이 정보 공개 홍문표 "美 쇠고기 59% 검역위반……은폐 의혹" 구미한우협회 "美쇠고기 판매 중지하라" 30개월 넘는 뼈 있는 미국산 쇠고기까지 올 추석 때 들어올지도 [취재일기] '쇠고기 협상' 과연 이긴 걸까?
동아일보	몹쓸 광우병! 한국인이 만만하니? 미-영국인보다 더 취약 뭐? 미국산 늙은 쇠고기 한국만 먹는다고? 일본은 20개월, 한국은 30개월 미만 수입, 7월 쇠고기 협상 때 사육기간 더 낮춰야

* 자료: 네티즌"조중동 PD수첩 비난은 붕어 기억력 때문" [프런티어타임스] 2008년 05월 02일 (금) 오후 05:26(김석 기자)에서 재구성.

시민이 경향과 한겨레, MBC 그리고 인터넷을 중심으로 광우병 위험의 심각성에 관한 정보 공유를 확산시키는 과정에서 촛불집회와 인터넷 서명운동도 영향을 주었다. 촛불집회는 매체를 통해 이루어진 시민의 정보 공유를 집회 현장에서 체험하도록 했다. 이처럼 정보의 체험은 시민이 획득한 정보에 대한 신뢰성 제고와 추가적 정보 획득의 필요성을 가져왔다. 네티즌의 블로그와 댓글에서 조중동에 대한 부정적인 평가와 경향과 한겨레에 대한 긍정적 평가가 확산된 배경이다. 또한 시민은 잇달아 보도되는 새로운 의혹과 사실에 대한 관심을 보이면서 매체 접근 빈도를 증가시켰다. 인터넷 서명운동 또한 비슷한 기능을 수행했다. 촛불집회가 오프라인, 즉 현실공간에서의 공동체 형성이라면, 인터넷 서명운동은 온라인 상의 촛불집회에 해당한다. 서명운동에 참여하는 네티즌은 뜻과 행동이 같은 시민들을 온라인 상에서 체험하면서 한편으로 기존에 확보한 정보의 신뢰성을 높이고, 다른 한편으로 기존의 입장을 강화하는 새로운 정보를 찾는다. 하지만 서명운동은 130만 명대에서 정체했다. 네티즌은 사이트 운영자의 조작 의혹을 제기했지만 구체적인 입증 근거를 제시하지는 못했다. 외부의 개입이 없을 경우 서명에 참여할 정도로 현 정부에 비판적이고, 활동적인 네티즌의 규모가 130만 명 선이라고 추정할 수 있다. 그런 점에서 주춤하는 서명운동의 기능은 서명 사이트가 포함된 다음의 아고라 토론 광장에서 수행됐다.

촛불집회와 인터넷 서명운동 그리고 아고라 토론 광장에서 공유된 미국산 쇠고기와 관련한 정부의 입장과 대응에 대한 비판 정보는 여론조사에 반영됐다. 2008년 2월 취임 전의 대통령 당선인의 대통령직 수행 전망 조사에서 74.4%에 이르던 긍정적 시각이 취임 직후 50.8%의 지지율로 나타났다. 하지만 한미 쇠고기 협상 이후 5월 초와 6월 초 실시된 여론조사 결과는 대통령 지지도가 20%대로 급락했다. 여론조사의 반응에는 쇠고기 협상 부분만 반영된 것은 아니다. 대운하 추진을 비롯해 공기업 민영화, 물가 인상을 초래한 환율정책 등도 포함됐다. 지지율은 6월 중순경 리얼미터의 조사에서, 12.1%(찬반을 기준으로 할 때)에서 7.4%(답변 문항에 중립을 포함하고, 지지하지 않는 것으로 해석할 때)로 더 하락했다.

이처럼 여론조사의 낮은 지지율은 정부와 한나라당 그리고 조중동으로 하여금 여론의 실체를 보여줬고, 일부 변화된 대응을 가져왔다. 정부의 경우 초기에 한미 쇠고기 협상 결과에 대한 소극적 대응으로 시민의 불만을 증폭시켰다. 또한 시민의 높은 반대 의사에도 불구하고 미국산 쇠고기의 광우병 위험성 감소 대책을 제시하지 못했다. 오히려 고시를 강행하기로 하고, 관보 인쇄에 들어갔다. 관보의 제본 중단은 한나라당의 건의 수용 형식으로 이루어졌지만, 대체로 정부의 입장은 시민이 주장해온 미국산 수입 쇠고기의 안전성을 높이는 방향의 재협상 요구를 수용하는 데 미흡했다.

<표 3> 이명박 대통령 지지율 추이

시기	외뢰사 및 조사기관	지지율(%)	비 고
2008.2.6	한국갤럽	74.4	당선인 수행 전망
2008.2.19	중앙일보	56.8	당선인 대상 조사
2008.3.2	한국갤럽	52.0	
2008.4.2	한겨레, 리서치플러스	50.8	
2008.5.7	한나라당 여의도연구소	28.5	
2008.5.14	CBS, 리얼미터	23.3	
2008.5.26	CBS, 리얼미터	29.6	
2008.5.28	CBS, 리얼미터	24.3	
2008.6.2	KBS, 미디어리서치	17.2	
2008.6.2	YTN, 한국리서치	17.1	
2008.6.2	조선일보, 한국갤럽	21.2	
2008.6.4	CBS, 리얼미터	16.9	
2008.6.16	내일신문, 한길리서치	7.4	'그저 그렇다'를 제외할 경우 12.1%

자료: 주요 신문의 보도 내용. 시기는 조사 시점 또는 보도 시점임.

지지율 하락은 정부의 입장을 지지해온 언론에 대해 영향을 주었다. 5월 말 다음의 아고라 광장에서 활동하는 일부 네티즌이 〈조중동〉 광고 끊기 공세를 시작했다. 이들은 특히 조선일보를 대상으로 시민의 입장을 반영하지 않는 상품으로 규정하고, 소비자운동 차원에서 불매운동을 추진했다. 신문 상품의 경우 불매운동은 구독 중단 또는 절독으로 나타난다. 하지만 신문기업의 수입 중에서 광고 판매 수입의 비중이 70-80%에 이를 정도로 높기 때문에 절독 중심의 불매운동 효과는 비교적 낮다. 따라서 이들은 광고주를 대상으로 광고 게재 중단 요구를 제기했다. 광고 중단의 근거로 광고주 판매 상품에는 광고비가 포함됐고, 그러한 광고비의 부담 주체는 소비자인 점에서 소비자의 입장에 반하는 신문에 광고를 게재하는 것은 소비자의 이익에 반한다는 논리다. 상당수의 광고주는 해당 기업 홈페이지에 사과의 안내문을 제시하고, 시민의 요구 수용 의사를 밝혔다. 광고 중단 운동으로 초래된 광고의 감소는 조중동의 발행면수 감소로 이어졌고, 광고 수입 역시 상당히 줄었다. 이에 따라 조선일보의 경우 한편으로 기존에 비해 시민의 입장을 보다 고려한 보도로 불만의 완화를 가져오려 했고, 다른 한편으로 "시민 권력에 의한 언론탄압"이라며 관련 시민을 대상으로 한 사법 대응 방침을 보였다. 포털 사이트 역시 시장 점유율에서 압도적인 네이버가 시민의 자유로운 여론 확산을 제약한다고 인식되면서 다음을 중심으로 활발한 검색 및 페이지 뷰 활동이 이루어졌다.

2) 촛불집회의 커뮤니케이션(정보 공유와 행동) 구조

시민의 촛불 집회 활동은 주로 인터넷에서 아고라 광장의 토론, 블로거, 기사의 댓글 활동 형식으로 이루어졌다. 또한 촛불집회 현장에서 주요 연사의 발표와 이에 대한 호응 그리고 거리 행진에서의 구호 참여 형식도 두드러졌다. 방송과 신문의 경우 필요한 정보를 획득하고, 비판하는 근거가 됐다. 이는 다시 인터넷 공간과 촛불집회의 활동으로 이어지면서 순환구조를 이루었다.

〈그림 1〉 촛불집회 시민의 커뮤니케이션 구조

한미 쇠고기 협상과 광우병 위험성에 대한 인터넷 토론, 블로거, 댓글 참여 →촛불집회 현장 참여→정부의 여론 수렴 미흡→방송과 신문 정보 평가→ 정부의 미흡한 여론 수렴에 대한 인터넷 토론, 블로거, 댓글 참여→촛불집회 현장 참여→정부의 정책 대응 미흡→방송과 신문 정보 평가→정부의 미흡한 정책에 대한 인터넷 토론, 블로거, 댓글 참여→촛불집회 현장 참여→주제별 정부의 대응 정도에 따른 시민의 커뮤니케이션 구조 형성과 순환

시민의 촛불집회에 대응하는 반대집회가 열리기도 했다. 반대집회는 주로 보수단체에 의해 진행됐는데, 촛불집회에 대응한다는 의미에서 맞불집회로 불렸다. 촛불집회와 맞불집회의 커뮤니케이션 구조는 몇 가지 점에서 대조된다.

〈표 4〉 촛불집회와 맞불집회의 특징 비교

구 분	촛불집회	맞불집회
주최자	소규모 카페의 회원과 연합체, 지도부가 없거나 또는 매우 느슨한 연계임.	특정 단체
참가자	10대에서 60대까지 연령과 계층을 초월한 집단	대부분 고령층
개최 방식	인터넷, 문자메시지를 통한 연락, 유모차를 끈 주부, 교복차림의 여학생의 자발적 참여, 지방에서는 자체 모임 개최	관광버스를 동원한 지방 회원 참가
주요 의제	미국산 쇠고기 수입 반대로 출발, 민영화, 대운하, 교육자율화, 방송공공성 문제로 다양화	촛불끄기가 1차 목적으로 친북좌파론이 주요 의제.
집회 내용	청소년과 예술인들의 즉석 공연, 전문가 토론회, 경찰과의 대치 상황에서도 풍자와 유머로 부드러운 분위기 유도	논리나 대안 제시보다는 구호 제창 반복, 강경 연설 중심으로 단조롭고 집회 내내 팽팽한 긴장감 형성, 사제 화염방사기와 LP가스통 출현(6월 14일 고엽제전우회 방송사 집회)
이미지	다양한 시민의 자발적 참여로 나날이 진화	과거 1960~1970년대 반공집회를 연상케 하는 장면과 구호 등장

*자료: 송진식 기자, 촛불은 21세기, 맞불은 1970년대식, 경향신문, 2008.6.16: 10을 중심으로 보완 정리.

촛불집회의 커뮤니케이션 구조에서 가장 중심적인 현상은 인터넷을 통한 쌍방향 커뮤니케이션 구조의 확보다. 이는 하버마스가 제기한 이상적인 커뮤니케이션 공간을 통한 공개장의 형성에 근접한 개념이다. 하버마스는 시민의 생활 세계 담론이 국가와 언론의 상업화로 인해 식민지화 되었다는 '생활세계의 식민화'로 설명한다. 이러한 상황에서 시민은 자유로운 의사를 표현할 수 없게 된다. 시민의 의견 표현이 제약될 때, 민주주의는 위기에 처한다. 따라서 시민의 자유로운 토론 공간인 공개장의 확보는 민주주의 사회의 유지와 발전을 위해 매우 중요하다. 이번 촛불집회는 시민이 인터넷을 통해 정보와 의견을 공유하고, 확산함으로써 민주주의의 가능성을 발견했다는 점에서 의미를 지닌다.

이와 함께 시민의 여론이 수렴되고 확산되는 과정에서 다수의 의사가 결집되고, 촛불집회로 구체화되면서 큰 영향을 미쳤다. 이러한 현상은 정보사회의 경제 현상을 설명하는 '롱테일 이론'의 적용 사례로 볼 수 있다. 롱테일은 아마존의 상품 판매 구조가 소수의 대량판매 상품, 즉 베스트셀러에 의존이 아닌 다수의 소량판매 상품에 의한 것으로 설명된다. 즉 인터넷을 통한 현상에서 소수의 파워엘리트에 대응하는 다수의 시민이 형성될 수 있다는 점이다. 파워엘리트가 큰 머리라면 다수의 시민은 긴 꼬리에 해당한다. 인터넷 현상에서 긴 꼬리가 더욱 길어질 경우 그 합은 충분히 의미를 지니거나 또는 머리의 영향을 넘어서기도 한다. 인터넷 포털 사이트에서 한미 쇠고기 협상에 대한 반대를 의미하는 대통령 탄핵 서명에서 100만 명을 넘어선 것은 주요 신문과 방송의 헤드라인 기사에 버금가는 효과를 지닐 수 있음을 시사한다. 이는 여론조사의 지지율이 50%대에서 20%대로 그리고 다시 10%대 내외로 변화함으로써 정부와 메이저 신문에 부인하기 어려운 실체적 의미로 전환된다. 이러한 특성을 롱테일 현상에 따른 누적성으로 표현할 수 있다. 요컨대 다수의 개인들이 인터넷을 통해 정보를 공유하고, 촛불집회를 개최하고, 참여하는 등 위상을 강화한 것은 정부와 언론에 의해 상대적으로 약자의 위치에 처했던 시민의 위상 변화 가능성을 시사한다.

한편 촛불집회를 통해 강화된 시민의 위상이 매우 일시적이고 취약한 측면에 주목할 필요가 있다. 왜냐하면 시민의 힘이 조직화되지 않을 경우 장기적으로 지속되기 어렵기 때문이다. 또한 정부와 메이저 신문의 경우 촛불집회 주최자와 참가자 그리고 광고주에 대해 광고 중단 요구를 제기한 개인과 집단을 대상으로 사법 처리를 진행함으로써 제약을 가할 수 있기 때문이다. 법적 처리 과정에서 시민의 위상이 보호받지 못할 경우 다양한 활동이 제한될 수 있다.

요컨대 촛불집회에 나타난 시민의 커뮤니케이션 구조는 인터넷과 촛불집회의 참여를 중심으로 수평성, 쌍방향성, 롱테일적 누적성은 민주주의 가능성을 높이지만, 정부와 메이저 신문의 공세를 효과적으로 방어하고, 장기적 지속 기반을 갖추지 못할 경우 취약한 입장에 처할 수 있다.

3) 촛불집회의 담론에 참여한 주요 매체를 통해본 커뮤니케이션(언론) 구조와 전망

대통령에 대한 지지도가 떨어진 것은 한미 쇠고기 협상에 대한 부정적 시각의 결과이다. 한미 쇠고기 협상과 관련한 여론조사의 결과도 부정적 평가로 나타났다. 5월 9일 MBC의 〈100분토론〉과 13일의 국회 한미 쇠고기 협상 청문회, 그리고 14일과 15일의 국회 한미FTA 청문회 등에서 제기된 쇠고기 협상에 대한 비판적 입장에 대해 정부는 일부 변화된 입장을 보였다. 먼저 미국 소의 광우병 발생 시 정부는 수입 금지를 내리겠다는 입장을 제시했다. 이는 미국의 협상 당사자가 GATT 조항에 따른다는 조건의 제시로 나타났다. 하지만 비판적 입장에서 볼 때, 이는 광우병의 위험을 사전에 막지 못한다는 점에서 한계를 지닌다. 다음에 통합민주당 등이 주장한 농림수산식품부의 고시 공포 연기에 대해, 접수된 이의를 검토한다는 이유로 수용한 것이다. 하지만 이 조치 역시 비판적 입장이 주장하는 재협상 방안을 통한 광우병 위험 가능성의 축소에 미치지 못한다는 지적을 받았다.

정부는 비판적 입장의 확산을 막기 위해 매체 정책을 활용하고 있다. 먼저 방송통신위원회를 통해 인터넷 담론의 제약을 그리고 다른 한편으로 촛불집회의 위법성을 지적하고, 관련자 처리를 추진했다. 인터넷 담론의 경우 방송통신위원회와 포털 사이트 〈다음〉의 담당자 사이에 전화 통화를 통해 이루어진 것으로 알려졌다. 이는 〈다음〉에서 탄핵서명사이트가 높은 방문객을 확보함에도 불구하고, 초기 화면에서 제시되지 않는 근거로 여겨진다. 정부의 촛불집회 개최와 관련한 불법성 논의도 부정적 입장의 확산을 제약하는 시도에 포함될 수 있다. 또한 촛불집회 기간 중 연인원 수백만 명의 시청자에게 현장 상황을 생생하게 중계했던 인터넷방송 아프리카의 책임자(문용식)를 구속한 것은 정부의 인터넷 활동 제약이 확대될 가능성을 시사한다.4)

이러한 시도는 정부의 물리력을 동원한다는 점에서 일정한 효과를 거둘 수 있지만, 그에 따른 정당성이 결여될 경우 시민의 의사 표현을 제약한다는 점에서 오히려 부정적 입장을 지속시키거나 또는 강화시킬 수 있다.

한미 쇠고기 협상은 언론 환경을 구성하는 주요 주체의 대립된 특성과 상호작용의 역동성을 보여준 점에서 언론의 구조와 전망을 제시

---

4) 나우콤은 특히 "인터넷 개인방송 아프리카는 지난달 25일부터 이달 10일까지 700만 명 이상이 생방송으로 촛불집회를 시청했을 정도로 온라인 시위의 메카로 떠올랐다"면서 "아프리카로 접속이 몰리자, 과잉 압박 수사로 촛불시위의 확산을 막으려는 정부 당국의 정치적 의도가 개입된 것은 아닌지 의심을 지울 수 없다"고 지적했다.
나우콤은 "검찰이 저작권 침해 방조에 대한 고소 사건을 빌미로 나우콤 대표를 구속해서 아프리카 서비스로 집중되는 국민의 관심을 막으려는 정부 차원의 의도가 개입된 것은 아닌지 의심스럽다"면서 "재판을 통해 혐의 없음을 밝히겠다"고 다짐했다.
누리꾼들은 이에 대해 "저작권 피해부분이 있으면 수사해야겠지만, 오비이락으로 촛불집회 생중계 방송사 대표를 구속한 것은 명백한 정치적 탄압의도가 있다"고 발끈하고 있다.
http://www.dailyseop.com/section/article__view.aspx?at__id=82931

하고 있다. 이와 관련된 주체별, 매체별 입장 및 각각의 대응을 검토하면 다음과 같다.

첫째, 주체별로 한미 쇠고기 협상을 추진한 국가와 협상 결과로 인한 광우병 위험 증가에 주목한 시민의 대립이 두드러졌다. 국가에는 정부와 한나라당 그리고 광우병 위험성 증가에 공감하지 않는 시민이 해당된다. 시민의 경우에는 한미 쇠고기 협상에 비판적인 입장의 시민으로 넓은 의미로는 촛불집회와 탄핵서명 참가자 등 활동적 집단을 포함해서 여론조사에서 정부와 해당 정책에 대해 부정적인 응답자가 해당된다. 통합민주당 등 야당의 경우 유사한 입장을 공유한다는 점에서 시민에 포함할 수 있다.

먼저 국가의 경우 정책 추진 과정에서 언론 중에서 상대적으로 조중동의 긍정적 보도를 높은 여론 지지도를 확보했다. 한미 쇠고기 협상의 경우 광우병 위험 증가라는 점에서 시민의 강한 반대에 직면했고, 이에 대해 광고 집행을 통한 정책 홍보를 비롯해 포털의 활동에 대한 규제 시도, 촛불집회를 통한 부정적 여론 강화와 확산에 대응했다. 여론조사의 전반적인 지지도 하락은 정부의 활동에 대한 부정적 측면을 보여주는 하나의 지표였고, 이에 따라서 시민의 입장을 전면 부정하기 어려운 상황에 직면했다.

다음에 시민의 경우 이명박 정부의 출범과 정책을 비교적 지지하는 입장을 보여줬다. 한미 쇠고기 협상의 경우 광우병 위험 증가라는 점에서 반대 입장을 보였고, 이 과정에서 상대적으로 시민의 입장에서 보도한 경향과 한겨레, MBC와 인터넷에 대해 긍정적 평가가 늘어난 반면에 시민의 입장 반영에 상대적으로 소극적인 조중동에 대해 부정적 평가가 확대됐다.

둘째, 매체별로 한미 쇠고기 협상 보도와 관련해 상대적으로 긍정

적인 조중동과 부정적인 경향, 한겨레, MBC, 인터넷 등으로 나누어
살펴볼 수 있다. 조중동의 경우 긍정적 입장의 보도는 2007년의 유사
한 주제에 대한 보도 태도와 다른 점에서 모순으로 지적됐고, 오히려
광우병의 위험성을 뒷받침하는 근거가 되었다. 경향과 한겨레의 경우
새로운 정보를 바탕으로 비판적인 의제를 지속적으로 제기하면서 시
민의 주목을 받았다. 또한 MBC의 PD수첩은 방송영상의 특성인 영상
을 통한 실감 효과를 높였고, 광우병의 위험에 대한 시민의 이해를
크게 넓혔다. 인터넷 아고라 토론 광장을 비롯해 블로그와 댓글을 통
한 시민의 광우병 위험성과 정부의 소극적 대응에 관한 정보 교류가
활성화됐고, 이는 여론조사에서 대통령과 정부의 정책에 대한 지지도
저하로 이어졌다. 이 과정에서 조중동에 대한 인터넷의 비판적 여론
도 형성, 확대됐고, 탄핵서명 참가자 100만 명 돌파 및 6월 10일 100
만 명 참여를 목표로 한 촛불집회를 전후로 하여 보도의 제목과 내용
및 칼럼 등에서 일방적인 정부 지지적 표현으로부터 일부 중립적 표
현으로 전환하기도 했다. 이러한 변화는 언론 매체의 주요 존립 근거
중 하나가 독자와 시청자 등 시민의 신뢰도에 있기 때문이다. 즉 언
론이 시민의 입장에 지속적으로 대립할 경우 신뢰도를 상실하고, 독
자와 시청자 이탈을 가져옴으로써 장기적으로 수입의 대부분을 차지
하는 광고수입의 감소를 의미하기 때문이다.

4. 결 론

이글은 미국산 쇠고기 협상 결과 보도를 둘러싼 커뮤니케이션 구조

를 파악하고자 했다. 커뮤니케이션 구조는 두 가지로 나누어 알아보았다. 하나는 촛불집회에 참여한 시민의 커뮤니케이션 구조이다. 다른 하나는 촛불집회에 대한 언론 보도에 관한 커뮤니케이션 구조이다.

먼저 촛불집회에 참여한 시민의 커뮤니케이션은 주로 인터넷과 촛불집회 현장을 중심으로 이루어졌다. 참가자들은 수평적, 쌍방향적, 롱테일 현상을 일으키는 누적적 커뮤니케이션 활동을 전개했다. 이는 인터넷→촛불집회→정부의 대응→언론보도→인터넷 등으로 이어지는 순환 구조를 형성하며 시민의 역량을 성장시켰고, 민주주의의 가능성을 높였다. 하지만 이러한 구조는 일시적이고, 정부와 메이저신문의 대응에 취약할 여지가 있다.

다음에 촛불집회에 관한 커뮤니케이션 구조는 정부와 시민의 대립을 둘러싼 이원화 구조를 가져왔다. 정부와 메이저신문이 광우병의 위험으로부터 안정성을 주장한다는 점에서 그리고 이에 대응하여 시민과 경향, 한겨레, MBC, 인터넷 등이 광우병의 위험을 감소시키기 위한 대책을 요구한다는 점에서 각각 입장을 공유했다.

주요 주체별, 매체별 보도의 시기별 변화의 특징은 다음과 같다. 첫째, 주체별로 한미 쇠고기 협상을 추진한 정부와, 정부의 협상 결과로 인한 광우병 위험 증가에 주목한 시민의 대립이 두드러졌다. 정부는 유리한 여론을 형성하기 위해 광고 집행을 통한 정책 홍보를 비롯해 포털의 활동에 대한 규제 시도, 촛불집회의 불법성 검토 입장을 취했다. 하지만 20%대로 하락한 여론조사의 대통령 지지도 하락 등에 따라서 시민의 입장을 전면 부정하기 어려운 상황에 직면했다. 시민의 경우 경향과 한겨레, MBC와 인터넷 등의 매체를 통해 한미 쇠고기 협상의 영향과 광우병의 위험성에 정보를 공유했고, 이러한 정보 제공에 상대적으로 소극적인 조중동에 주목했다.

둘째, 매체별로 한미 쇠고기 협상에 대한 보도와 관련해 상대적으로 긍정적인 조중동과 부정적인 경향, 한겨레, MBC, 인터넷 등이 대립했다. 조중동의 입장은 2007년의 부정적 보도와 모순이라는 점에서 설득력이 제한됐다. 경향과 한겨레의 경우 새로운 정보를 바탕으로 비판적인 의제를 지속적으로 제기했다. 또한 MBC의 PD수첩은 실감효과가 높은 영상을 통해 시민의 광우병 위험 인식도를 높였다. 인터넷 블로그와 댓글 그리고 촛불집회는 시민의 관심과 참여 및 정보 추구의 순환관계를 가져왔다. 여론조사에서 대통령과 정부의 정책에 대한 지지도 저하는 독자 이탈과 그에 따른 광고 수입 감소 가능성 증가로 인해 조중동의 보도 태도에 일부 영향을 주게 된다.

한편 한미 쇠고기 협상에서 나타난 정부와 시민이 대립한 언론 구조의 향후 전망에 관한 함의는 다음과 같다. 첫째, 시민의 언론에 대한 인식의 변화 가능성이 존재한다는 점이다. 이번 한미 쇠고기 협상의 경우 정부와 시민의 입장이 대립했다. 시민으로서는 타협하기 어려운 식품과 건강이란 주제였다. 주제의 심각성이 약할 경우 시민의 인식은 정부의 주장과 이를 지지하는 언론, 특히 조중동의 담론에 영향을 받았다. 하지만 주제의 심각성이 강한 상황에서 시민의 인식은 조중동의 담론을 거부하고, 적대적 입장으로 전환했다. 하지만 한미 쇠고기 협상의 주제가 시민의 경우 매우 중요하다고 할지라도, 부정적 평가가 장기적으로 지속되기는 힘들다. 따라서 장기적으로 시민의 언론에 대한 인식변화는 향후 이와 유사한 주제와 입장의 대립이 지속적으로 반복되느냐에 달려있다.

둘째, 경향, 한겨레, MBC, 인터넷 등에 대한 정부의 규제 시도가 증가할 것으로 전망된다. 왜냐하면 이번 시민의 정부에 대한 부정적 입장과 지지도 저하에는 광우병 위험성에 대한 심층적인 정보의 광범위한 공유가 존재했고, 이 과정에서 이들 언론이 중요한 역할을 수행했기 때문이다. 사회에 위험이 될 정보를 제공하여 피해를 예방하거나 최소화하는 활동은 언론의 기본적 환경감시 기능에 해당한다. 따라서 이들 언론이 환경감시라는 언론의 기본적 기능에 충실했다는 이유로 정부의 규제 대상이 될 경우 그 정당성이 결여된 점에서 언론과 시민의 광범위한 비판과 저항을 초래할 수 있다.

셋째, 조중동에 대한 시민의 일시적 비판과 정부의 의존 강화 현상이 예상된다. 조중동의 경우 시민의 비판이 지속될 경우 단기적 독자 이탈과 장기적 광고 감소로 이어지고, 신문의 성장이 저해될 수 있다. 따라서 조중동의 대응은 독자의 이탈을 방지하기 위해 시민에게 부정적인 사안에 대한 명시적 반대 입장을 취하기 어려운 방향으로 이루어지게 된다. 즉 향후 한미 쇠고기 협상에서 광우병의 위험성 증가를 외면했던 정부를 지지함으로써 시민의 비판에 직면하는 보도에 신중할 가능성이 있다. 하지만 정부가 시민의 지지를 받지 못할 경우 조중동에 대한 의존도를 높일 가능성도 함께 존재한다. 조중동으로서도 광고 감소로 인한 경영 위기의 탈피가 중요해진다. 또한 방송시장의 개방과정에서 뉴스전문채널의 확보를 통해 제한된 신문시장을 탈피할 필요성도 있다. 이 과정에서 정부의 미디어 정책이 상당한 영향을 준다. 그런 점에서 조중동이 정부와의 관계를 약화시키거나 또는 중단하기 어렵다. 따라서 조중동의 위상은 이러한 상황에서 다면적 이익을 추구할 가능성이 다분하다. 즉 이해관계가 밀접할 경우에는 유착과 협조 관계를 유지하되, 시민의 비판에 직면할 가능성이 높은 주제에 대해서는 중립과 견제 관계로 전환하는 것이다. 이러한 과정에서 조중동의 개별적 경영 여건과 문화 전통에 따른 입장의 차별화도 예상된다.

〈그림2〉한미 쇠고기 수입 협상을 통해 본 한국 언론의 구조와 전망

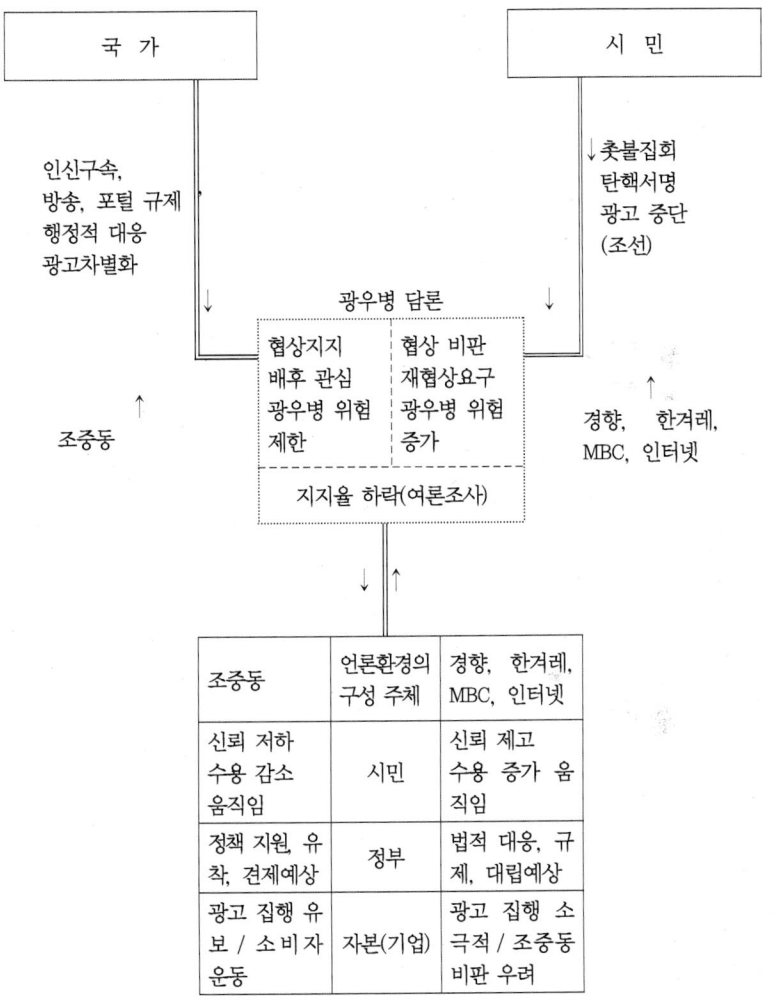

|참고문헌|

이진로(2008a). 매체자본의 정치경제학: 2008년 한미 쇠고기 수입 협상 보도와 언론 구조 분석. 한국언론정보학회 봄철학술발표대회 발표 자료(2008.5.16 부산대)

이진로(2008b). 2008 한미 쇠고기 협정 관련 촛불 집회의 커뮤니케이션 구조 연구. 부산울산경남언론학회 하계세미나 발표 자료(2008.6.19 동명대)

Grossberg, L. (2006). Does cultural studies have futures? Should it? (Or what's the matter with New York?): Cultural studies, contexts and conjunctures, Cultural Studies, 20(1), Jsnuary 2006, 72-81.

• 저자 •

이진로 　•약 력•

　　　　서울대학교 신문(현 언론정보)학과 학사 및 동대학원 석사
　　　　경희대학교 대학원 신문방송학과 박사
　　　　미국 퍼듀(Purdue)대학교 커뮤니케이션학과 방문학자(Visiting Scholar)
　　　　현재 영산대학교 신문방송학과 교수

　　　•주요논저•

　　　　「한국 컴퓨터 통신산업의 형성 및 성장에 관한 연구」(1997, 경희대 박사논문)
　　　　「컴퓨터 통신 담론의 이데올로기에 관한 경제정보학적 접근」(1999)
　　　　「한국 지역신문의 경영 구조 분석 및 개선 모델 연구」(2002)
　　　　「사이버 커뮤니티(가상 공동체)의 민주주의적 가능성과 한계에 관한 연구」(2003)
　　　　「선거보도의 문제점과 개선방향에 관한 연구」(2004)
　　　　「미디어 지형의 변화와 민주적 소통」(2007)

　　　　『한국 민주주의의 현실과 도전』(2007, 한울아카데미, 공저)
　　　　『정보사회의 이데올로기』(1999, 커뮤니케이션북스, 공저)
　　　　『지역 MBC 발전방안연구』(2004, 커뮤니케이션북스, 공저)
　　　　『방송학 개론』(2008, 커뮤니케이션북스, 공저) 외 다수

커뮤니케이션 구조의 정치경제학
시민, 자본, 국가, 언론의 상호작용과 역사

• 초판 인쇄	2008년 10월 10일
• 초판 발행	2008년 10월 10일
• 지 은 이	이진로
• 펴 낸 이	채종준
• 펴 낸 곳	한국학술정보㈜
	경기도 파주시 교하읍 문발리 513-5
	파주출판문화정보산업단지
	전화 031) 908-3181(대표)·팩스 031) 908-3189
	홈페이지 http://www.kstudy.com
	e-mail(출판사업부) publish@kstudy.com
• 등 　 록	제일산-115호(2000. 6. 19)
• 가 　 격	25,000원

ISBN　978-89-534-0304-8　93070 (Paper Book)
　　　　978-89-534-0305-5　98070 (e-Book)